DO INVENTÁRIO
DESCREVER
AVALIAR
E
PARTIR

DOMINGOS SILVA CARVALHO DE SÁ
Procurador-Geral Adjunto

DO INVENTÁRIO
DESCREVER
AVALIAR
E
PARTIR

6.ª Edição, revista e actualizada

DO INVENTÁRIO
DESCREVER, AVALIAR E PARTIR

AUTOR
DOMINGOS SILVA CARVALHO DE SÁ

EDITOR
EDIÇÕES ALMEDINA, SA
Av. Fernão Magalhães, n.º 584, 5.º Andar
3000-174 Coimbra
Tel.: 239 851 904
Fax: 239 851 901
www.almedina.net
editora@almedina.net

PRÉ-IMPRESSÃO | IMPRESSÃO | ACABAMENTO
G.C. GRÁFICA DE COIMBRA, LDA.
Palheira – Assafarge
3001-453 Coimbra
producao@graficadecoimbra.pt

Maio, 2008

DEPÓSITO LEGAL
272131/08

Os dados e as opiniões inseridos na presente publicação
são da exclusiva responsabilidade do(s) seu(s) autor(es).

Toda a reprodução desta obra, por fotocópia ou outro qualquer
processo, sem prévia autorização escrita do Editor, é ilícita
e passível de procedimento judicial contra o infractor.

> *Biblioteca Nacional de Portugal - Catalogação na Publicação*
>
> SÁ, Domingos Silva Carvalho de
>
> Do inventário : descrever, avaliar e partir. – 6ª ed. rev. e actualiz. - (Manuais universitários)
>
> ISBN 978-972-40-3402-7
>
> CDU   347

*À minha mulher Maria Teresa
Aos meus filhos Sofia e Filipe*

PREFÁCIO DA SEXTA EDIÇÃO

Chegou a vez de se mostrarem esgotados os exemplares da 5ª edição deste trabalho prático, tendo-nos sido dirigido o honroso convite para levar a cabo uma nova edição, convite esse a que acedemos com gosto.

O Código de Processo Civil, o Código Civil, alguns Códigos de Impostos e outros diplomas legais sofreram algumas alterações, sendo umas mais profundas que outras, o que nos obriga a efectuar pequenas correcções ao texto, sempre com a preocupação de o tornar o mais actualizado que for possível.

Entre 15 de Janeiro de 2005 e a presente data, foram publicados, entre outros, os seguintes diplomas introdutórios de alterações normativas que, de uma ou outra forma, atingem o processo de inventário:

– O Decreto-Lei n.º 303/2007, de 24 de Agosto, que entrou em vigor no dia 1 de Janeiro de 2008, no qual se vieram introduzir profundas alterações, essencialmente mas não só, no regime dos recursos em Processo Civil, tendo-se aproveitando a ocasião para alterar o valor da alçada dos tribunais da Relação e da 1ª instância.

As alterações relativas ao regime dos recursos aplicam-se, apenas, aos processos iniciados a partir de 1 de Janeiro de 2008.

– A Lei n.º 6/06, de 27/2, cuja vigência se iniciou em 27/8/06 e que aprovou o novo regime legal do arrendamento, repondo em vigor, com alterações, as normas do capítulo IV, do título II, do livro II, do Código Civil.

– A Lei n.º 14/06, de 26 de Abril, que acrescentou ao Código de Processo Civil a norma do artigo 138.º-A, relativa à tramitação electrónica dos processos.

– As Leis números 39-A/05, de 29/7; 60-A/05, de 30/12; o Decreto-Lei n.º 211/05, de 7/12 e o Decreto-Lei n.º 328/06, de 20/12, que introduziram alterações no Código do Imposto do Selo.

– O já referido Decreto-Lei n.º 328/06, de 20/12 e a Lei n.º 53-A/06, de 29/12 que introduziram alterações ao Código do IMT.

– A já referida Lei n.º 53-A/06, de 29/12 e a Portaria n.º 1433-A//2006, de 29/12, que introduziram alterações ao Código das Custas Judiciais.

– O Decreto-Lei n.º 324/07, de 28 de Setembro, que introduziu, para além do mais, os artigos 210.º-A a 210.º-R, no Código de Registo Civil, e a Portaria n.º 1594/2007, de 17 de Dezembro, que veio regulamentar os procedimentos simplificados de sucessão hereditária, os quais se encontram em vigor embora em período experimental que vigorará até 30 de Maio de 2008.

– A Portaria n.º 117/2008, de 6 de Fevereiro, sobre a tramitação electrónica dos processos judiciais, que entrará em vigor, na sua totalidade, até 30 de Junho de 2008.

– Finalmente, por ter sido publicado o Decreto-Lei n.º 34/2008, de 26/02/08, que introduziu diversas alterações, entre outras, no Código de Processo Civil e revogou o Código das Custas Judiciais, fazendo-o substituir pelo Regulamento das Custas Processuais, o qual entrará em vigor em 1 de Setembro de 2008, optámos por fazer alterações, desde já, ao texto respeitante à tributação no processo de inventário.

Aproveitou-se, ainda, para tentar depurar do texto algumas incongruências e afastar algumas gralhas que nele vêm persistindo.

Moreira da Maia, 4 de Abril de 2008.

PREFÁCIO DA QUINTA EDIÇÃO

Mostrando-se esgotados os exemplares da 4ª edição, torna-se imperativo levar a cabo uma nova.

O martirizado Código de Processo Civil sofreu, entretanto, novas alterações que atingem o rigor daquilo que deixámos expresso nesta obra. Por isso, impõe-se proceder a pequenas correcções, sempre com o objectivo de a tornar o mais actualizada que for possível.

Foram publicados, designadamente, entre 10 de Dezembro de 2002 e a presente data, os seguintes diplomas que importa levar em consideração:

– Decreto-Lei n.º 38/2003, de 8 de Março, que introduziu profundas reformas no âmbito do processo executivo e alterou, ainda, nomeadamente, as regras respeitantes às citações em Processo Civil.

– Decreto-lei n.º 287/03, de 12 de Novembro, que visou proceder à reforma da tributação do património, aprovando o Código do Imposto Municipal sobre Imóveis; o Código do Imposto Municipal sobre as Transmissões Onerosas de Imóveis e alterando e republicando o Código do Imposto de Selo; alterando os Códigos do I.R.S., do I.R.C. e do Notariado, bem como o Estatuto dos Benefícios Fiscais, ao mesmo tempo que revogou os Códigos da Contribuição Autárquica e da Contribuição Predial e do Imposto sobre a Indústria Agrícola e do Imposto Municipal da Sisa e do Imposto sobre as Sucessões e Doações.

– Decreto-Lei n.º 324/2003, de 27 de Novembro, que alterou e republicou o Código das Custas Judiciais, alterando, ainda, além do mais, o Código de Processo Civil.

– Decreto-Lei n.º 200/04, de 18 de Agosto, que alterou, rectificou e republicou o Decreto-Lei n.º 53/04, de 8 de Março, o qual revogou o Código dos Processos Especiais de Recuperação da Empresa e de Falência, criando o Código da Insolvência e da Recuperação de Empresas, que entrou em vigor em 15 de Setembro de 2004.

Aproveitou-se, ainda, a oportunidade para depurar o texto das inevitáveis mas inconvenientes gralhas, o que esperamos ter alcançado.

Moreira da Maia, 15 de Janeiro de 2005.

PREFÁCIO DA QUARTA EDIÇÃO

Mostrando-se esgotados os exemplares da 3.ª Edição, de 1998, e da sua reimpressão, torna-se necessário levar a cabo mais uma edição deste nosso despretensioso trabalho.

Entretanto, ocorreram, como vem sendo habitual, nestes últimos tempos, inúmeras alterações legislativas, a saber:

– Alteração à Lei Orgânica do Ministério Público – Lei n.º 47/86, de 15/10, através da Lei n.º 60/98, de 27/08, que estabeleceu o Estatuto do Ministério Público;

– Alterações ao Código de Registo Civil, aprovado pelo Decreto-Lei n.º 131/95, de 6/6, através dos Decretos-Leis números 375-A/99, de 20/9; 228/01, de 20/8; 273/01, de 13/10 e 113/02, de 20/4;

– O Regulamento dos Emolumentos dos Registos e do Notariado que foi aprovado pelo Decreto-Lei n.º 322-A/01, de 14/12;

– Alterações ao Código de Registo Predial, aprovado pelo Decreto--Lei n.º 224/84, de 6/7, através dos Decretos-Leis números 533/99, de 11/12, e 273/01, de 13/10;

– Alteração da Lei Orgânica dos Tribunais – Lei n.º 38/87, de 23/12 – através da Lei n.º 3/99, de 13/01, que estabeleceu a Lei de Organização e Funcionamento dos Tribunais Judiciais, a qual, por sua vez, foi alterada através da Lei n.º 101/99, de 26/7, e regulamentada através do Decreto-Lei n.º 186-A/99, de 31/5 e este, por seu turno, alterado através dos Decretos-Leis números 290/99, de 30/7, 27-B/00, de 3/3, e 246-A/01, de 14/9;

– A criação do Instituto de Gestão Financeira e Patrimonial da Justiça, através do Decreto-Lei n.º 156/01, de 11/5;

– A reforma da Lei Orgânica das Secretarias Judiciais e Estatuto dos Funcionários de Justiça – Decreto-Lei n.º 376/87, de 11/12 – operada através do Decreto-Lei n.º 343/99, de 26/8, por sua vez alterado pelos Decretos-Leis números 175/00, de 9/8, e 96/02, de 12/4;

– As alterações ao Código de Processo Civil, introduzidas pelos Decretos-Leis números 125/98, de 12/5, 375-A/99, de 20/9, 183/00, de 10/8, e Lei n.º 30-D/00, de 20/12;

– *A reforma do Código do Imposto sobre o Rendimento das Pessoas Singulares, introduzida pelo Decreto-Lei n.º 198/01, de 3/7;*
– *A revogação do antigo Regulamento do Imposto de Selo e a sua substituição por um Código de Imposto de Selo e Tabela Anexa, operada através da Lei n.º 150/99, de 11/9;*
– *A alteração ao Código de Processo Tributário e a sua substituição por um Código do Procedimento e do Processo Tributário, operada através do Decreto-Lei n.º 433/99, de 26/10;*
– *A criação de processos de natureza civil, da competência do Ministério Público e dos Conservadores do Registo Civil, efectuada pelo Decreto-Lei n.º 272/01, de 13/10;*
– *A conversão para Euros dos valores fixados em escudos em vários diplomas legais, efectuada através do Decreto-Lei n.º 323/01, de 17/12;*
– *A informatização do pagamento das custas, com a consequente alteração do Código das Custas Judiciais, que se verificou com o Decreto-Lei n.º 320/00, de 15/12;*
– *A alteração ao artigo 1143.º do Código Civil, introduzida pelo Decreto-lei n.º 343/98, de 6/11.*

Tantas e, por vezes, tão radicais alterações determinaram uma cuidadosa revisão do texto, tendo sido introduzidas variadas alterações, umas apenas de pormenor, outras mais extensas.

Aproveitamos, ainda, mais uma vez, para efectuar mais uma caçada à famosa gralha, a qual teima em habitar por estas paragens.

Tudo levamos a cabo com muito gosto e desejo de apresentar obra rigorosa, escorreita e, porventura, com alguma utilidade.

Moreira da Maia, 10 de Dezembro de 2002.

PREFÁCIO DA TERCEIRA EDIÇÃO

Desde que, pela última vez, se procedeu à actualização do texto, isto é, desde 20 de Janeiro de 1995, entraram em vigor as seguintes alterações legislativas:
  – A reforma do Código de Processo Civil, levada a efeito através do Decreto-Lei n.º 329-A/95, de 12 de Dezembro, que foi revisto pelo Decreto-Lei n.º 180/96, de 25 de Setembro e que entrou em vigor em 1 de Janeiro de 1997.
  – O novo Código das Custas Judiciais, aprovado pelo Decreto-Lei n.º 224-A/96, de 26 de Novembro, o qual também entrou em vigor em 1 de Janeiro de 1997.
  – O novo Código de Registo Civil, aprovado pelo Decreto-Lei n.º 131/ /95, de 6 de Junho, que entrou em vigor em 15 de Setembro de 1995.
  – O novo Código do Notariado, aprovado pelo Decreto-Lei n.º 207/95, de 14 de Agosto, o qual também entrou em vigor em 15 de Setembro de 1995.
  Tantas alterações legislativas e de tão grande importância determinariam profunda revisão do aludido texto.
  É certo que, no que diz respeito ao processo de inventário, o grosso das alterações havia sido introduzido através da Decreto-Lei n.º 227/94, de 8 de Setembro, que entraria em vigor em 7 de Março de 1995 e que determinou a revisão constante da segunda edição. No entanto, mesmo em relação às disposições reguladoras deste processo especial, a reforma do Código de Processo Civil veio introduzir algumas alterações, designadamente em matéria de prazos.
  Por isso, ao ser reeditada a obra, por se encontrar esgotada, não podia deixar de ser feita uma completa e minuciosa actualização, procurando-se, ainda, pôr fim à teimosa persistência de algumas gralhas, o que levámos a cabo com muito gosto.

Póvoa de Varzim, 20 de Março de 1998.

PREFÁCIO DA SEGUNDA EDIÇÃO

No dia 8 de Setembro de 1994, foi publicado o Decreto-lei n.º 227/94, o qual veio introduzir a reforma do processo especial de inventário.

Através desse diploma legal, cujas disposições entram em vigor 180 dias após a data da publicação, isto é, em 7 de Março de 1995, foram alterados 10 artigos do Código Civil; 44 artigos do Código de Processo Civil, sendo 43 respeitantes às regras do processo especial de inventário e 1 respeitante às regras do processo de jurisdição voluntária de autorização judicial para a prática de certos actos; 9 artigos do Código das Custas Judiciais; 2 artigos do Código do Notariado; 1 artigo da tabela dos emolumentos do registo e notariado e 3 artigos do Código de Registo Predial.

Além disso, foram revogados 12 artigos do Código de Processo Civil, com excepção de um número em cada um de dois desses artigos, e 1 artigo do Código das Custas Judiciais.

O referido diploma contém, ainda, três disposições transitórias:

– uma sobre a isenção de emolumentos de determinadas escrituras de partilhas;

(Note-se que a Lei n.º 39-B/94, de 27/12, Lei do Orçamento de Estado para 1995, veio introduzir alterações no artigo 93.º da Tabela Geral do Imposto de Selo, no sentido de isentar do referido imposto as escrituras de partilha de herança em que sejam interessados incapazes, ausentes em parte incerta ou pessoas colectivas, desde que o valor líquido a partilhar não exceda 50 000$00, bem como as escrituras de habilitação em que sejam habilitandos as referidas pessoas. Reduz a metade a taxa do imposto de selo das escrituras de partilha das referidas heranças, quando o valor destas ultrapassa os referidos 50 000$00).

– outra sobre o entendimento das remissões para o antigo inventário obrigatório;

– a terceira sobre a data da entrada em vigor e processos a que se aplicam as novas regras. De facto, estas só se aplicam a processos de

inventário de heranças abertas a partir do dia 7 de Março de 1995, isto é, heranças cujos autores faleceram após essa data. Quanto às demais, as regras do processo continuarão a ser as actuais.

(Atente-se, no entanto, que, com a publicação do Decreto-lei n.º 3/95, de 14 de Janeiro, foram introduzidas algumas excepções a esta regra. De facto, esse diploma legal contém um artigo único, do seguinte teor:

"1. É admitido o arquivamento dos inventários obrigatórios instaurados em consequência de sucessões abertas anteriormente à data da entrada em vigor do Decreto-lei n.° 227/94, de 8 de Setembro, se tal for requerido pelos representantes dos incapazes neles interessados ou pelo Ministério Público e desde que este, quando não seja o requerente, e os demais interessados, já citados para a causa, não deduzam oposição ao requerido.

2. No caso previsto no número anterior, se, em consequência do termo do inventário obrigatório, tiver lugar a realização de partilha extrajudicial, aplica-se o disposto no Decreto-lei n.º 227/94, de 8 de Setembro.

3. As disposições do Decreto-lei n.° 227/94, de 8 de Setembro, são aplicáveis à tramitação processual dos inventários facultativamente requeridos após a sua data de entrada em vigor, mesmo que fundados em sucessão antes dela aberta.

4. O disposto nos números anteriores produz efeitos a partir da data de entrada em vigor do Decreto-lei n.° 227/94, de 8 de Setembro.")

Com a reforma, o actual processo especial de inventário, em vez de ser regulado em 77 artigos, passou a sê-lo em 65 artigos mais dois números.

As mais importantes inovações introduzidas com a reforma foram as seguintes:

– desaparecimento da obrigatoriedade de instauração de inventário, nos casos de heranças deferidas a menores e incapazes judicialmente reconhecidos;

– possibilidade de os representantes legais dos incapazes aceitarem heranças deles e partilhá-las extrajudicialmente, em sua representação, depois de obtida a competente autorização judicial;

– desaparecimento das regras privativas dos incidentes do processo de inventário;

– desaparecimento da convocação do conselho de família para o processo de inventário;

– *alteração das regras como devem ser levadas a cabo as citações e as notificações;*
– *definição mais clara das intervenções no processo quer dos interessados, em geral, quer dos directamente interessados na partilha, com atribuição apenas a estes últimos e ao M.° P.°, nos casos expressos na lei, da legitimidade para o requerer;*
– *possibilidade de suspensão do processo;*
– *possibilidade de o fazer terminar na conferência de interessados;*
– *desaparecimento dos casos de primeira avaliação dos bens relacionados;*
– *desaparecimento completo do segundo arbitramento no processo de inventário;*
– *possibilidade de se requerer a avaliação de todos e quaisquer bens, na falta de acordo sobre a composição dos quinhões;*
– *possibilidade de se acordar, na conferência de interessados, na venda, total ou parcial, dos bens a partilhar;*
– *possibilidade de se fazer preceder o acordo sobre a composição dos quinhões da realização de um arbitramento;*
– *anteceder de avaliação a decisão sobre as reclamações acerca do valor dos bens;*
– *desaparecimento da ideia de que está implícito ao requerimento do inventário o pedido da redução das liberalidades inoficiosas;*
– *melhor esclarecimento da forma como o juiz deverá decidir os incidentes da reclamação de falta de bens a relacionar e da exclusão dos bens relacionados;*
– *melhor ajustamento da intervenção do credor da herança no processo;*
– *adaptação do Código das Custas às novas regras do processo de inventário.*

Tantas e tão grandes alterações certamente que justificariam a revisão cuidada e a actualização do presente trabalho, o que só poderia ser feito com a total reedição do texto, todo ele profundamente alterado.

Aproveitou-se, ainda, para tentar corrigir as gralhas e as insuficiências, que, infelizmente, continuam a pulular, apesar de se ter feito várias tentativas para as exterminar.

Póvoa de Varzim, 20 de Janeiro de 1995.

PREFÁCIO

Trata-se do texto escrito que serviu de base às conferências que o autor tem vindo a proferir desde 1985 no Centro de Estudos judiciários no âmbito da Formação dos Magistrados do Ministério Público.

Por isso, a preocupação fundamental foi a de produzir um trabalho prático, sem descurar, num ou noutro ponto, uma indagação de índole teórica, mas nunca exaustiva.

Também se partiu do princípio de que a linguagem técnica e os conceitos jurídicos utilizados eram já conhecidos, visto que o trabalho se destinava fundamentalmente a licenciados em direito.

Como apontamentos que são, não houve da parte do autor qualquer preocupação de ordem formal e estética.

Póvoa de Varzim, 25 de Outubro de 1991.

GENERALIDADES

No momento da morte natural de determinada pessoa física, titular de um determinado património (compreendido este como património autónomo de afectação especial, como uma universalidade de direito) levanta-se o problema da *SUCESSÃO* nesse património, vulgarmente chamado de *HERANÇA*.

No *âmbito* dessa herança são compreendidos, não só todos os objectos materiais pertencentes ao seu autor, mas também todos os seus direitos e obrigações, com excepção, obviamente, dos de natureza pessoal.

O direito à propriedade privada está constitucionalmente garantido, no art. 62.º da Constituição da República Portuguesa, bem como a sua transmissão em vida ou por morte.

A sucessão diz-se **voluntária**, quando se trata de sucessão *testamentária, ou contratual* e **legal**, quando se trata de sucessão *legitimária e legítima*.

À sucessão são chamados os herdeiros e os legatários, segundo uma determinada *ordem* de prioridade: os sucessores legitimários, os contratuais, os testamentários e os legítimos.

Com a chamada dos sucessores não fica, todavia, resolvido aquele problema da sucessão, já que a ninguém pode ser imposto um determinado benefício.

Para que a vocação sucessória produza efeitos práticos é necessário que seja seguida da ACEITAÇÃO do chamado.

Além disso, o chamado deverá gozar de capacidade sucessória, isto é, não deverá ter sido considerado indigno, nos termos do art. 2 034.º do Código Civil.

A *aceitação* da herança é, em regra, *espontânea*, mas poderá ser provocada, nos termos do art. 1 467.º do Código de Processo Civil, sendo de referir, quanto a este ponto, a actuação do M.º P.º, nos termos do disposto no art. 2 049.º do Código Civil.

A *aceitação* da herança pode ser *expressa*, quando o interessado outorga qualquer documento, ou intervém num inventário instaurado por si ou por outrem, ou pode ser *tácita*.

Ao contrário do que dispunha o Código Civil de 1867, não nos fornece a Lei qualquer *definição* de aceitação tácita, embora se considere que continua válida a que se continha no § 2.º do art. 2 027.º daquele diploma legal: – "É tácita, quando o herdeiro pratica algum facto de que necessariamente se deduz a intenção de aceitar, ou de tal natureza que ele não poderia praticá-lo senão na qualidade de herdeiro," – pagamento de dívidas ou legados do autor da herança; propositura de acções; cobrança de rendas, juros ou créditos da herança, etc.

Por seu turno, o *repúdio da herança só pode ser expresso*, isto é, deverá revestir forma escrita: ou documento, ou escritura pública, de acordo com a forma exigida para a alienação de bens – art. 2 063.º do Código Civil. O repúdio é *irrevogável* e não pode repudiar a herança aquele que a aceitou, mesmo que tacitamente.

Aquele direito de aceitar a herança *caduca no prazo de dez anos*, contados desde que o sucessível tem conhecimento de ter sido a ela chamado, e *transmite-se aos seus herdeiros*, se o chamado faleceu sem ter aceitado ou repudiado a herança – arts. 2 058.º e 2 059.º do Código Civil.

Portanto, através da caducidade, nos termos expostos, perde o interessado a sua qualidade de herdeiro e, consequentemente, o seu direito aos bens que a constituem. Mas não só. *Também se extingue* o direito de peticionar a herança pela aplicação das regras da *usucapião* relativamente *a cada uma das coisas* que a compõem. Na verdade, embora a herança, no seu todo, como universalidade de direito, seja insusceptível de ser adquirida por usucapião, isso não impede que a acção do tempo não venha a produzir efeitos jurídicos relativamente à posse de cada um dos bens dessa herança, podendo vir a ser usucapidos, de acordo com as regras constantes dos arts. 1 293.º a 1 301.º do Código Civil.

A aceitação da herança pode ser pura e simples ou a benefício de inventário – art. 2 052.º do Código Civil.

Qual o benefício da aceitação a benefício de inventário, relativamente à aceitação pura e simples da herança?

É sabido que a herança responde pelo pagamento das dívidas do falecido – art. 2068.º do Código Civil – pelo que, no caso de os herdeiros serem demandados, incumbir-lhes-á fazer a prova de que, no acervo hereditário, não estão contidos bens de valor suficiente à cobertura do valor dessas dívidas. Contudo, se a aceitação da herança se verificou a benefício de inventário, inverte-se o ónus dessa prova, isto é, terão de ser os credores do inventariado a fazer a prova de que, para além dos bens descritos no inventário, outros existem, pertencentes ao falecido, que podem responder pelas respectivas dívidas.

Fica assim demonstrado que o inventário tem, em primeira linha, *uma função de protecção* – neste caso, protecção dos herdeiros *relativamente aos credores* da herança.

Essa função de protecção é ainda mais relevante, como é evidente, quando estão em causa interessados de menor idade, ou incapazes, ou ausentes.

E ela é de tal modo ligada ao processo de inventário que é determinante da sua instauração, não só nos casos de falecimento de determinados indivíduos, mas também em casos de certas pessoas vivas.

É o caso do art. 1468º, alínea a), do Código Civil – arrolamento dos bens entregues ao usufrutuário; art. 93.º, n.º 1 do Código Civil – arrolamento dos bens entregues ao curador provisório do ausente; art. 1943º do Código Civil – arrolamento dos bens do menor ou interdito sujeito a tutela.

A estes inventários se dá a designação de *inventário arrolamento* que se confina à descrição e avaliação dos bens, em contraposição com *o inventário divisório*, que, para além daquela já referida função protectora, tem a de **dividir a herança**, isto é, distribuir pelos herdeiros, fiel e equitativamente, o património hereditário.

Esta doutrina está bem expressa no acórdão do S. T. J., de 26/10/76, in B. M. J. n.º 260, 113, onde se afirma:

"O processo de inventário é essencialmente uma medida de protecção que se destina a evitar prejuízos e a distribuir, fiel e equitativamente, todo o património de uma herança, e assim o que nele interessa sobretudo apurar é toda a verdade para que a partilha seja efectuada com igualdade e justiça".

No entanto, no disposto no artigo 1 398.º do Código de Processo Civil, na redacção anterior ao Dec.-lei n.º 227/94, de 8 de Setembro, vislumbrava-se uma outra função do processo de inventário – a redução das liberalidades inoficiosas.

De facto, naquele preceito legal, estavam contempladas as hipóteses de inventário com um único interessado e o único motivo para se instaurar um tal inventário é a verificação da existência ou inexistência de liberalidades inoficiosas, com o fim de se proceder, em caso afirmativo, à respectiva redução.

Agora, o diploma legal que reformulou o processo de inventário revogou expressamente aquele preceito legal.

Fê-lo, porém, porque a matéria dele constante está contida na nova redacção dos números 1 e 2 do artigo 1 326.º do Código de Processo Civil:

"1– O processo de inventário destina-se a pôr termo à comunhão hereditária ou, não carecendo de realizar-se partilha judicial, a relacionar os bens que constituem objecto de sucessão e a servir de base à eventual liquidação da herança.

2– Ao inventário destinado à realização dos fins previstos na segunda parte do número anterior são aplicáveis as disposições das secções subsequentes, com as necessárias adaptações.

3– (...)"

Face a esta nova redacção, a questão que se coloca é a de saber se o inventário continua a ter aquela função de redução das liberalidades.

A resposta só poderá ser no sentido de que pode ter tal função, mas não necessariamente.

Da leitura de todo o diploma, conclui-se que triunfou, na sua redacção, a doutrina que entendia ser o processo de inventário e não o processo comum o meio ideal para se proceder à redução das liberalidades, mas a simples instauração do processo não traz implícito tal desiderato. É necessário que tal seja expressamente requerido, nos autos, por qualquer dos interessados.

Veja-se o que se dispõe, agora, no n.º 2, do artigo 1376.º, do Código de Processo Civil:

"1– (...)

2– Se houver legados ou doações inoficiosas, o juiz ordena a notificação dos interessados para requererem a sua redução nos termos da lei civil, podendo o legatário ou donatário escolher, entre os bens legados ou doados, os necessários a preencher o valor que tenha direito a receber."

NATUREZA

O processo de inventário tem natureza complexa e mista: ora tem uma estrutura de processo gracioso, ora de processo contencioso.

A função do juiz, no processo de inventário, em certos momentos, é apenas a de homologar os acordos a que chegaram os interessados. Noutros momentos, essa função é verdadeiramente jurisdicional, cumprindo-lhe instruir e julgar certas questões que lhe são colocadas.

HAVERÁ CASOS, ACTUALMENTE, EM QUE É OBRIGATÓRIO O INVENTÁRIO?

Decorria da conjugação dos artigos 2 053.º e 2 102.º, n.º 2, do Código Civil, que, se a herança fosse deferida a menor, interdito, inabilitado, ausente em parte incerta, falido, insolvente ou a pessoa colectiva (entendida esta nos termos do artigo 157.º do Código Civil mas com exclusão das sociedades comerciais) só poderia ser aceite a benefício de inventário.

No entanto, o diploma já citado, que alterou as regras do processo de inventário, alterou igualmente a redacção de dez artigos do Código Civil e, de entre eles, os supra citados.

Uma das ideias mestras da reforma foi precisamente a de acabar com a distinção entre inventário obrigatório e facultativo.

Afirma-se no preâmbulo do diploma que a introduziu que se crê "não subsistirem as razões que – fundadas na desconfiança com que o legislador e a Administração encaravam os cidadãos e, neste particular, os pais e representantes legais do menor – exigiam ao Ministério Público, em regra, a instauração obrigatória de inventário sempre que estava em causa a aceitação de herança por menor.

Na verdade, a necessidade de manutenção da integração e coesão familiares aponta iniludivelmente para que se adopte o princípio de que ninguém melhor do que os representantes legais do menor para definir, em cada caso, o que, de forma mais eficaz, defende os interesses deste."

Na linha deste princípio geral, acabou o legislador com a distinção entre inventários obrigatórios e facultativos.

No entanto, a reforma é atravessada por uma outra ideia, a qual se resume em não deixar descurada, de todo, a defesa dos interesses do menor e, por arrastamento, dos incapazes, no caso de tal se justificar concretamente, continuando a incumbir ao Ministério Público o papel de zelador desses interesses.

Por isso, passou a constar do n.º 2, do artigo 2 102.º, do Código civil:

"1 – (...)

2 – Procede-se ainda a inventário judicial quando o Ministério Público o requeira, por entender que o interesse do incapaz a quem a herança é deferida implica aceitação beneficiária e ainda nos casos em que algum dos herdeiros não possa, por motivo de ausência em parte incerta ou de incapacidade de facto permanente, outorgar em partilha extrajudicial."

A grande dificuldade que, desde logo, se vislumbra, neste modo de estabelecer os princípios, é inerente aos meios de que dispõe o Ministério Público para exercer, com consciência e inteira liberdade, aquele poder--dever.

Como é que o magistrado do Ministério Público poderá avaliar a situação concreta?

É certo que o legislador tinha alterado a redacção do artigo 267.º, do anterior Código das Custas Judiciais, substituindo-o pelo artigo 151.º, do Código das Custas Judiciais agora revogado:

"1 – Os chefes das repartições de finanças enviam, até ao dia 15 de cada mês, ao magistrado do Ministério Público competente, a relação dos processos de liquidação do imposto sobre as sucessões e doações instaurados no mês anterior, com a indicação do nome do autor da herança, data e local do óbito e idade e residência das pessoas que lhe sucederam.

2 – Quando a herança haja sido deferida a incapazes, ausentes em parte incerta ou pessoa colectiva, enviarão também cópia da relação de bens apresentada.

3 – As relações referidas no n.º 1 podem ser substituídas por fotocópia do termo de declaração para efeitos de liquidação do imposto sobre as sucessões e doações, desde que contenha os necessários elementos."

Parece, deste modo, que seria através da análise atenta destes documentos fornecidos pelas repartições de finanças (cujo envio às Delegações da Procuradoria da República passaria a ser imprescindível) que o magistrado do Ministério Público se decidiria por requerer, ou não, a instauração de inventário.

Muito precária, por escassez de fundamentação, seria tal decisão...

Com a revogação do Código do Imposto Municipal da Sisa e do Imposto sobre as Sucessões e Doações, a partir de 1 de Janeiro de 2004, operada através do artigo 31.º, n.º 2, do Decreto-Lei n.º 287/03, de 12 de Novembro, parece que se tinha de entender como derrogado aquele normativo, do Código das Custas Judiciais agora revogado, deixando de ser enviadas ao M.º P.º aquelas relações. A não ser que se passasse a entender que, onde se dizia relação dos processos de liquidação do imposto sobre as sucessões e doações instaurados no mês anterior, se passasse a dizer relação dos processos de liquidação do imposto do selo. No entanto, no Código deste imposto, republicado, com alterações, pelo Decreto-lei n.º 287/2003, de 12 de Novembro, não se encontra prevista tal obrigação para o chefe da Repartição de Finanças.

Aliás, no n.º 2, do artigo 28.º, do Decreto-Lei n.º 287/03, de 12 de Novembro, prevê-se que todos os textos legais que mencionem o CIMISSD se consideram referidos ao CIMT ou ao Código do Imposto do Selo.

Actualmente, com a revogação do Código das Custas Judiciais e a sua substituição pelo Regulamento das Custas Processuais, deixou de haver, no ordenamento jurídico das custas, preceito equivalente. Será que os senhores chefes das repartições de finanças irão deixar de enviar ao M.º P.º as referidas relações?

Claro que, se no acervo hereditário se contiverem bens imóveis, o Ministério Público poderá exercer ainda aquele seu poder-dever por outro modo, que passaremos a expor.

A partilha dos bens dos autores das heranças continua a só poder fazer-se judicial ou extrajudicialmente e a partilha extrajudicial, consubstanciada no acordo de todos os interessados, deverá ser formalizada em escritura pública – alínea j) do artigo 80.º do Código do Notariado – existindo, na herança, bens imóveis ou quotas de sociedades de que façam parte coisas imóveis.

Ora, para que o representante legal do incapaz pudesse outorgar nessa escritura de partilhas em sua representação, ou para poder pedir a nomeação de um curador especial, no caso de concorrer com o seu representado à partilha, passou o legislador a exigir a obtenção de uma autorização judicial.

Nesse processo especial de jurisdição voluntária, a que mais tarde nos referiremos, em que se passou a poder cumular os pedidos de autorização para aceitar a herança, para outorgar na respectiva partilha em representação do incapaz e para a nomeação de curador especial, no caso apontado – artigo 1439.º, n.º 5, do Código de Processo Civil – é citado o Ministério Público para contestar, bem como o parente mais próximo, e é ouvido o conselho de família, quando o seu parecer for obrigatório, pelo que, da sua intervenção obrigatória nesse processo, poderá resultar, para o Ministério Público, a constatação de outros casos de instauração de inventário.

Conclui-se, assim, que, em regra, o processo de inventário não é de instauração obrigatória para o Ministério Público.

Mas esta regra contém, como não podia deixar de ser, duas excepções, que se alcançam da leitura da parte final do n.º 2, do artigo 2 102.º, do Código Civil, supra transcrito:

– Ausência em parte incerta de algum herdeiro;

– Incapacidade de facto permanente sem tutela instituída.

Nestes casos, não tendo o herdeiro representante legal, deverá ser promovida a instauração do inventário.

Vem a talho de foice falar, nesta altura, da chamada *PARTILHA EM VIDA*, instituto tão querido às gentes das terras do Norte.

De facto, diz-se no art. 2 029.º do Código Civil:

"1– Não é havido por sucessório o contrato pelo qual alguém faz doação entre vivos, com ou sem reserva de usufruto, de *todos* os seus bens ou *de parte* deles a *algum* ou *alguns* dos presumidos herdeiros legitimários, com o *consentimento dos outros*, e os donatários pagam ou se obrigam a pagar a estes o valor das partes que proporcionalmente lhes tocariam nos bens doados.

2– Se sobrevier ou se tornar conhecido outro presumido herdeiro legitimário, pode este exigir que lhe seja composta *em dinheiro* a parte correspondente.

3– As tornas em dinheiro, quando não sejam logo efectuados os pagamentos, estão sujeitas a actualização nos termos gerais".

Como os contratos sucessórios ou pactos sucessórios são, em regra, proibidos, sendo apenas permitidos nos apertados termos do disposto no art. 2 028.º do Código Civil, isto é, quando constam de convenções antenupciais, logo se diz, no preceito supra transcrito, que a partilha em vida *não é tida como contrato sucessório*.

De qualquer modo, analisando a natureza jurídica do instituto, vemos que o mesmo foi concebido como um *somatório de doações modais*, isto é, com o encargo das *tornas*, funcionando estas, por seu turno, como liberalidades indirectas do doador ao respectivo credor de tornas.

No entanto, embora sendo possível fazer essa análise facilitante da sua compreensão, tal não é suficiente para afastar um mar de dúvidas que sempre o acompanharam e que se tornou mais extenso com a alteração introduzida no n.º 2 do preceito pelo legislador de 1977 e que teve como objectivo tornar o mais possível definitivo aquele acto "inter vivos" gerador de efeitos "post mortem" face à actual situação do cônjuge sobrevivo como herdeiro legitimário e a eliminação da discriminação entre filhos legítimos e ilegítimos.

Resumidamente, serão as seguintes as principais **dificuldades** suscitadas pelo instituto em questão:

a) Os herdeiros legitimários intervenientes, que não sejam donatários, são titulares do direito a tornas ou de um direito de crédito de tornas e é certo que, na data da partilha em vida, se encontram igualados relativamente aos herdeiros donatários. Só que pode haver uma grande distância temporal entre aquela data e a data da morte do autor da herança, sendo certo que, para o cálculo da legítima, se deve atender ao valor dos bens, mesmo os doados, à data da morte do autor da sucessão – art. 2 162.º do Código Civil. Portanto, é mais que certo que algum ou alguns dos bens doados sejam objecto de revalorização, *deixando*, por isso, os herdeiros que recebem ou receberam tornas *de estar igualados*.

Isto, desde logo, aponta no sentido de dever considerar-se sujeita à colação cada uma das doações constantes da escritura de partilhas em vida. Em sentido oposto, entretanto, se pronunciaram o Prof. Galvão Telles in Direito das Sucessões – Trabalhos Preparatórios, p. 181 e Dr. José António Barreiros in Revista da Ordem dos Advogados, ano 38.º, vol III. Com a partilha em vida, no entanto, poderá haver uma *renúncia antecipada ao mecanismo da colação*.

b) Sendo certo poderem estar *sujeitas à colação* as doações que constituem a partilha em vida, sendo certo também que, agora, um dos herdeiros legitimários é o cônjuge, que, por isso, terá obrigatoriamente de intervir na partilha, quer como donatário, quer como recebedor de tornas, sendo certo ainda que só os descendentes, que não o *cônjuge*, estão sujeitos à colação, o que é que se faz relativamente à parte dele? Estará também sujeita à colação apesar de não ser descendente?

c) Outro problema prende-se com a interferência na partilha em vida dos *regimes matrimoniais de bens*. Sendo os bens comuns, será admissível que cada um dos cônjuges faça doações a favor de terceiros por conta da sua meação nesses bens comuns? E, em caso afirmativo, como se compatibiliza isso com a regra das *doações entre casados* constante do art. 1 764.º do Código Civil – "Só podem ser doados bens próprios do doador"? E como ultrapassar a dificuldade contida no disposto no art. 1 763.º, n.º 2 do Código Civil – "Os cônjuges não podem fazer *doações recíprocas no mesmo acto*"?

d) Além disso, como será possível harmonizar o regime de irrevogabilidade contido na partilha em vida com o regime da livre revogabilidade das doações entre casados? Art. 1 765.º do Código Civil?

Estas e muitas outras dificuldades que o dito instituto acarreta acabam por *retirar-lhe utilidade*, tanto mais que a sua razão de ser – o evitar a pulverização do património familiar – pode ser conseguida por *outras vias*, designadamente a das doações em vida.

DISTINÇÃO ENTRE HERDEIRO E LEGATÁRIO

Como se afirma no n.º 1 do art. 2 030.º do Código Civil, "Os sucessores são os herdeiros e os legatários".

No entanto, como são muito diferentes as consequências jurídicas que decorrem da qualificação de um sucessor como herdeiro ou legatário, interessa saber *como se distinguem*.

O legislador português, no art. 2 030.º n.º 2 do Código Civil, fornece ao aplicador do Direito um critério prático para essa distinção:

"Diz-se herdeiro o que sucede na *totalidade ou numa quota* do património do falecido e legatário o que sucede em *bens ou valores determinados*".

Na prática, porém, a aplicação de tal critério legal não é isenta de **dúvidas**. Passemos a expor algumas delas:

DEIXA DO REMANESCENTE – Na vigência do Código Civil de Seabra, entendia-se que a deixa do remanescente de uma herança equivalia à instituição de *herdeiro*. O código actual consagra tal entendimento no n.º 3 do art. 2 030.º já referido.

DEIXA GENÉRICA DE MÓVEIS, POR UM LADO, E DE IMÓVEIS, POR OUTRO

Era dominante, no domínio do Código Civil anterior, a opinião de que ambos os beneficiários se deveriam considerar herdeiros. Actualmente, face ao critério legal supra referido, em que a determinação do objecto relevante é a determinação jurídica e não a material, parece ter de se qualificar como *legatários os* beneficiários de tais disposições. Esta conclusão, porém, terá de ser corrigida, por vezes, através da *prova da real vontade* e intenção do testador.

Este é um problema análogo ao da instituição de *herdeiros* "ex re certa" e, quanto a este, dividem-se as opiniões dos autores, considerando, por exemplo, o Dr. Pereira Coelho estar-se aqui perante a figura do herdeiro. De facto, pode muito bem o testador ter pretendido atribuir uma quota da sua herança a um determinado sucessor, mas, simultaneamente, pretender dizer como é e com que bens certos deverá ser composta essa quota. Nesse caso, é necessário recorrer aos critérios de interpretação da vontade do testador constantes do art. 2187.º, do Código Civil. Falhando tal recurso, por insuficiência de provas, terá necessariamente de se qualificar o instituído como *legatário*.

DEIXA DO USUFRUTO DA TOTALIDADE DA HERANÇA OU DE PARTE DELA SEM DETERMINAÇÃO DE VALOR OU OBJECTO

Para pôr termo às divergências doutrinais e jurisprudenciais existentes sobre tal ponto, no domínio do Código Civil de Seabra, veio o actual legislador a consagrar a doutrina de que o usufrutuário, ainda que o seu usufruto incida sobre a totalidade do património, é havido como *legatário* – art. 2 030.º, n.º 4, do actual Código Civil.

A posição que veio a prevalecer, no entanto, admite que, *num ou noutro ponto, se possa considerar tal interessado como herdeiro*. É o que parece dever entender-se quanto à legitimidade desse interessado para requerer inventário. Mas isto por *razões práticas*, pois que não há dúvida que só através da instauração do processo de inventário poderá o instituído usufrutuário de parte da herança sem determinação de valor ou objecto ver *concretizados os* bens sobre os quais vai incidir o seu direito de usufruto.

É que o art. 2 249.º do Código Civil manda tornar extensivo aos legados, no que lhes for aplicável e com as necessárias adaptações, o disposto sobre aceitação e repúdio da herança.

Aliás, é significativo que, no art. 1 326.º do Código de Processo Civil, se disponha que o inventário pode ser requerido pelas pessoas *directamente interessadas* na partilha.

DEIXA DE FIDEICOMISSO

No art. 2 286.º do Código Civil define-se fideicomisso como "a disposição pela qual o testador impõe ao herdeiro instituído o encargo de conservar a herança, para que ela reverta, por sua morte, a favor de outrem". O herdeiro *agravado com o encargo chama-se fiduciário* e o *beneficiário* com a substituição chama-se *fideicomissário*.

Claro que o objecto da substituição tanto pode ser constituído por herança como por legado, sendo certo que, neste último caso, ambos os contemplados no testamento são legatários.

No caso, porém, *de ser herança o objecto da substituição* já o problema se coloca, dado que, parecendo dever considerar-se como herdeiro o fideicomissário, pois herda directamente do testador (não é legatário do fiduciário), já a figura do *fiduciário* se identifica perfeitamente com a de usufrutuário de parte da herança sem determinação de valor ou objecto, pelo que, embora sendo de considerar *legatário*, poderá requerer a instauração de inventário, pois é pessoa directamente interessada na partilha.

A classificação dos sucessores como herdeiros ou como legatários interessa principalmente para saber qual o regime de aceitação da herança a que são chamados, devendo, de um modo geral, afirmar-se que *só aos herdeiros se aplica a aceitação da herança em benefício de inventário*.

Mas outras consequências advêm daquela classificação:

– *O passivo* da herança é pago pelos herdeiros e não pelos legatários, salvo quando toda a herança for distribuída em legados.

– Os herdeiros têm o *direito de exigir a partilha* e os legatários o direito de vindicação do legado, através da acção comum.

– Os herdeiros têm o *direito de acrescer* em relação a toda a herança, ao passo que os legatários só gozam desse direito com referência ao objecto de que foram nomeados legatários em comum com outros.

– Só os herdeiros respondem pelas *custas* do inventário.

– No decurso do processo de inventário os herdeiros têm *poderes muito mais amplos* que os legatários.

Como dissemos supra, em princípio, só a existência de herdeiro, que não legatário de menor idade ou afectado de incapacidade ou ainda ausente em parte incerta, determina a instauração de processo de inventário.

Este princípio, porém, é inobservado, inúmeras vezes, como aliás já aludimos. Pode dizer-se que, nos casos em que haja encargos para a herança, importa delimitar, em processo de inventário, o que cabe aos legatários e a respectiva responsabilidade nesses encargos.

Nesse sentido se poderá conferir o Acórdão da Relação do Porto, de 4/11/80, in C. J., tomo 5, 1980, p. 113:

> "É extensivo ao legado o disposto sobre a aceitação da herança, nada impedindo que ela se faça a benefício de inventário, sendo, até, por vezes tal forma de aceitação, expressa e imperativamente imposta às pessoas colectivas.
>
> Tendo o legado sido aceite a benefício de inventário, pelo Estado, legatário, o *processo próprio para a sua entrega é o inventário obrigatório*, tendo o Ministério Público legitimidade para o requerer".

As alegações de recurso do M.º P.º nesse processo encontram-se publicadas na Revista do M.º P.º, ano 1, vol. 3, pág. 116:

> "Sendo extensivas aos legados as disposições do Código Civil referentes à aceitação e repúdio da herança, um legado pode ser aceite pura e simplesmente ou a benefício de inventário.

O legatário poderá ter interesse na aceitação por esta última forma para que seja exercido um controle judicial na valorização dos bens da herança e na aprovação do passivo, de forma a que o legado, se tiver de ser reduzido por total ou parcialmente inoficioso, ou para pagamento do passivo, o seja na justa medida.

Advém-lhe tal interesse ainda do facto de ser fiscalizada judicialmente a venda de um bem se o legado for constituído por uma parte do preço desse bem.

O meio processual próprio e mais favorável ao legatário para atingir tais fins é o inventário-arrolamento destinado à descrição dos bens e, eventualmente, à sua liquidação.

Aceite um legado a benefício de inventário por uma pessoa colectiva, o meio processual próprio é o inventário obrigatório."

CASOS DE INVENTÁRIO QUE PODE SER REQUERIDO PELO MINISTÉRIO PÚBLICO

Tendo desaparecido os casos de instauração obrigatória de inventário, vejamos, agora, uma a uma, as diversas situações que podem levar o magistrado do Ministério Público a requerer o inventário de determinada herança.

CÔNJUGE DO HERDEIRO

Poderá ser requerido o inventário pelo Ministério Público se a incapacidade que o determinaria se verifica, não na pessoa do próprio herdeiro, mas na pessoa do respectivo cônjuge?

A ideia a reter é a de que o que permite a intervenção principal do Ministério Público é a obrigatoriedade, ou não, de escritura pública para a partilha extrajudicial e que esta se não possa concluir, com a intervenção de todos os interessados directos na partilha, sem prejuízo para os interesses dos incapazes.

Isso significa que, sempre que o herdeiro for casado segundo o regime da comunhão geral de bens e o respectivo cônjuge for incapaz, pode ser necessária a intervenção do Ministério Público.

MENORES

Quanto a estes, deve dizer-se que a maioridade se atinge presentemente aos *dezoito anos* e que apenas é reconhecida a *emancipação* decorrente do *casamento* – art. 132.º do Código Civil – e que esta só é possível para o maior de *dezasseis anos* de idade. – art. 1 601.º, alínea a), do Código Civil – desde que devidamente autorizado ou judicialmente *suprida* tal *autorização* – art. 1 612.º, do Código Civil.

Se o maior de 16 anos e menor de 18 casar sem ter obtido a respectiva autorização dos pais, ou esta não for judicialmente suprida, continua a ser considerado *menor* quanto à administração de bens que leve para o casal ou que posteriormente lhe advenham por título gratuito, até à maioridade – art. 1 649.º do Código Civil.

Neste caso, embora emancipado o menor, poderá vir a ser instaurado pelo Ministério Público processo de inventário em que seja interessado.

NASCITUROS JÁ CONCEBIDOS

Quanto aos nascituros já concebidos, vigora o princípio de que devem ser equiparados aos menores. Por isso, a sua existência poderá determinar a necessidade de instauração de inventário.

Este, porém, deverá suspender-se desde o momento em que se deveria convocar a conferência de interessados e até ao nascimento deles com vida – artigos 1335.º, n.º 5, do Código de Processo Civil e 66.º, n.º 2, do Código Civil.

NASCITUROS NÃO CONCEBIDOS

Quanto a estes, também designados de concepturos, deverá dizer-se que têm capacidade sucessória na sucessão testamentária ou contratual – art. 2 033.º, n.º 2, alínea a), do Código Civil.

Portanto, significa isso que, quando concorrerem a determinada herança, à respectiva partilha apenas se poderá proceder através de inventário, já que se não poderá fazer nunca a respectiva partilha amigável.

Mas, como se processará tal inventário?

Se *apenas concepturos* concorrerem à herança, proceder-se-á a *inventário arrolamento* e, por força do disposto no art. n.º 2 240.º, do Código Civil, os bens serão entregues à administração da pessoa aí referida.

A questão é muito mais complicada *quando há herdeiros já nascidos e nascituros ainda não concebidos.*

Partindo do princípio de que ninguém é obrigado a permanecer na indivisão, parece que sempre haveria lugar a *inventário divisório.*

Mas como partilhar efectivamente os bens que constituem a herança?

Têm sido apontadas três soluções: comunhão temporária obrigatória; partilha judicial aproximativa e *partilha sob condição resolutiva.*

Parece ser a última a solução preferível.

INTERDITOS

Também pode ser requerido inventário pelo Ministério Público em casos de heranças a que concorram os declarados judicialmente interditos.

A interdição poderá ter como causa a *anomalia psíquica,* a *surdez-mudez* e a *cegueira.* Claro que estas duas últimas anomalias só determinam a interdição se forem de tal modo *graves* que não permitam ao afectado a sua livre expressão.

INABILITADOS

Quando a anomalia psíquica, a surdez-mudez e a cegueira que afectam os indivíduos não forem de tal modo graves que justifiquem a sua interdição, poderá o Tribunal decretar a respectiva inabilitação.

Essa inabilitação também poderá ser decretada relativamente ao pródigo, bem como relativamente ao *afectado pelo abuso de bebidas alcoólicas ou de estupefacientes* – art. 152.º do Código Civil.

Claro que a existência de herdeiros judicialmente inabilitados pode determinar a instauração de inventário pelo Ministério Público.

INCAPAZES NÃO RECONHECIDOS JUDICIALMENTE

É com muita frequência que se constata a existência de interessados em processos de inventário notoriamente dementes, ou dementes com intervalos lúcidos, mas cujas anomalias se não encontram judicialmente reconhecidas.

Aliás, sendo actualmente a citação, em regra, por via postal e efectuando-se por carta registada com aviso de recepção, que nem sequer tem de ser assinado pelo próprio, muitos serão os casos de citação de verdadeiros incapazes de facto e, até, de ausentes em parte incerta.

Em qualquer dos casos, se deverá requerer a declaração de nulidade da citação e se deverá proceder de acordo com o disposto no artigo 242.º, n.º 2, do Código de Processo Civil, fazendo-se a *prova da notoriedade da demência* através dos meios necessários (atestados de médicos psiquiatras ou prova testemunhal) e seguindo-se, depois, os termos do processo de *inventário de incapazes*.

PESSOAS COLECTIVAS

Estas têm capacidade sucessória na sucessão contratual ou testamentária – art. n.º 2033.º, n.º 2, alínea b), do Código Civil.

Encontram-se neste grupo as *Associações* que não tenham por fim o lucro económico dos associados; as *Fundações*; as *Câmaras Municipais*; as *Juntas* de Freguesia; as *Misericórdias*; os *Asilos*; a *Igreja*; o *Estado*.

AUSENTES EM PARTE INCERTA

Lembre-se que a citação edital não se faz sem que a secretaria procure assegurar-se por *todos os meios* ao seu alcance de que não é conhecida a residência do citando – art. 244.º, n.º 1, do Código de Processo Civil.

São facilmente intuíveis as possibilidades de se fazer constar de determinado processo falsas ausências, com o propósito de se prejudicar determinados interessados...

INSOLVENTES

A declaração de insolvência priva o insolvente da administração e do poder de disposição dos seus bens, presentes ou futuros, pelo que a necessidade da sua intervenção na partilha de uma herança pode originar a necessidade de inventário requerido pelo Ministério Público.

OBRIGATORIEDADE UNIVERSAL

DO PROCESSO DE INVENTÁRIO

Como já dissemos supra, poderá afirmar-se, presentemente, que não há casos, no nosso país, de inventário obrigatório.

Por isso, cada vez é mais curiosa a informação que nos é transmitida pelo Professor Antunes Varela, in Revista de Legislação e Jurisprudência n.º 3793, pág. 122, de que, por força do disposto no art. 982.º, do Código de Processo Civil Brasileiro, nesse país domina o princípio da "obrigatoriedade (universal) do processo de inventário.

Acrescenta o Dr. J. A. Lopes Cardoso, a fls. 134, das suas "Partilhas Judiciais", vol. I, que naquele país se consente mesmo o inventário negativo, isto é, aquele em que o "de cujus" não deixa bens.

Claro ainda que, no nosso país, só poderá, agora, ser distribuído inventário de autor de herança que deixou bens, sendo incompreensível, por isso, a existência de inventários instaurados por mero lapso.

Sendo assim, bem compreensível foi o desaparecimento do nosso ordenamento jurídico de um preceito legal tal como o que constava da primitiva redacção do artigo 1 328.º, do Código de Processo Civil.

LEGITIMIDADE

Como é fácil de intuir, uma coisa é saber quais os casos em que o Ministério Público pode requerer o inventário e, outra coisa, a de saber quem mais o pode requerer e quem nele pode intervir como parte principal.

Preceitua-se no actual artigo 1 327.º do Código de Processo Civil:

"1– Têm legitimidade para requerer que se proceda a inventário e para nele intervirem, como partes principais, em todos os actos e termos do processo:

    a) Os interessados directos na partilha;

    b) O Ministério Público, quando a herança seja deferida a incapazes, ausentes em parte incerta ou pessoas colectivas.

2– (...)

3– (...)"

Esta regra mais não é do que extensão da regra geral sobre a legitimidade processual, constante do art. 26.º, do Código de Processo Civil.

Têm legitimidade para requerer a instauração do inventário quer os *herdeiros*, que não os legatários, como já vimos, quer o M.º P.º.

Preceitua-se no artigo 5.º, n.º 1, alínea f), do Estatuto do Ministério Público – Lei n.º 60/98, de 27 de Agosto, que o Ministério Público tem intervenção principal "Nos inventários exigidos por lei", devendo ler-se nos inventários em que a herança seja deferida a incapazes, ausentes em parte incerta ou pessoa colectiva e o Ministério Pública deva intervir.

Por não terem interesse directo na partilha, não podem requerer inventário, nem os legatários, *nem os donatários, nem os credores da herança*. Quanto aos legatários e segundo a opinião da maioria dos autores, deverá abrir-se *excepção* relativamente aos beneficiados com o *usufruto da parte da herança sem determinação de valor e objecto*, os quais teriam legitimidade para o requerer, como vimos supra, por razões de ordem prática.

O cônjuge do herdeiro apenas terá legitimidade para requerer o inventário *se tiver interesse directo na partilha*, sendo certo que tal acontece apenas no caso de o casamento se ter realizado segundo o regime da comunhão geral de bens.

Convém referir que, actualmente, o legislador distingue bem, no inventário, a intervenção, a título de parte principal, isto é, para todos os termos do processo, da intervenção para fins específicos.

Na verdade, certos interessados são admitidos a intervir no processo de inventário apenas para certas finalidades. Por isso, se preceitua nos números 2 e 3, do já citado artigo 1 327.º, do Código de Processo Civil:

"1 – (...)

2 – Quando haja herdeiros legitimários, os legatários e donatários são admitidos a intervir em todos os actos termos e diligências susceptíveis de influir no cálculo ou determinação da legítima e implicar eventual redução das respectivas liberalidades.

3 – Os credores da herança e os legatários são admitidos a intervir nas questões relativas à verificação e satisfação dos seus direitos, cumprindo ao Ministério Público a representação e defesa dos interesses da Fazenda Pública."

O MINISTÉRIO PÚBLICO

O Magistrado do M.º P.º que tenha conhecimento de qualquer situação determinativa da instauração de inventário deve requerê-lo no prazo

de *dez dias*, prazo geral para as promoções do M.º P.º, consagrado no art. 160.º do Código de Processo Civil.
De que modo tem o M.º P.º *conhecimento* dessas situações?
De um modo geral deverá dizer-se que o M.º P.º poderá ser informado de *qualquer forma*, isto é, tais situações podem vir ao seu conhecimento através de informações provenientes das mais variadas origens.
Existem, porém, alguns preceitos legais em que se determina a obrigatoriedade de prestar tal informação ao M.º P.º. Assim:

No artigo 210.º do Código de Registo Civil afirma-se:
"1 – O conservador do registo civil deve enviar ou disponibilizar o acesso em bases de dados ao Ministério Público junto do tribunal competente para a providência tutelar ou para a eventual instauração de inventário, das seguintes informações:

a) (...)
b) Assentos de óbito lavrados no mês anterior referentes a indivíduos com herdeiros menores, incapazes, ausentes em parte incerta ou pessoas colectivas, acompanhados da indicação da pessoa à qual compete o cargo de cabeça-de-casal.

2 – Para efeitos do disposto no número anterior, o conservador deve ouvir o declarante do óbito, através de auto lavrado imediatamente após a prestação da respectiva declaração.
3 – (...)"
O artigo 151.º do Código das Custas Judiciais, supra transcrito, o qual previa o envio ao Ministério Público de informações e documentos essenciais para se saber da instauração, ou não, de processo de inventário mas que, como já dissemos acima, foi revogado.

Deve, aliás, anotar-se que estas comunicações têm, assim, carácter de periodicidade pelo que devem ser arquivadas numa *pasta própria* nas secretarias do Ministério Público e a que directamente se refere a Circular n.º 12/79, de 16/5/79, da P.G.D. do Porto (circular n.º 11/79 de 11/5 da P.G.R.).
Na nossa actividade inspectiva, temos verificado diversos modos de proceder, no tratamento dado pelos serviços do Ministério Público às informações provenientes das Conservatórias do Registo Civil: arquivamento puro e simples, numa pasta, sem se proceder a qualquer averiguação da necessidade de requerer inventário; instauração de processo administrativo por cada uma das comunicações referidas, o que origina uma

inflação de processos administrativos; organização de 12 processos administrativos, um por cada mês, com os óbitos ocorridos em cada um dos meses, o que origina processos administrativos complexos e difíceis de controlar. Seja qual for o método utilizado, o que será preciso é que o Ministério Público averigúe seriamente se cada um dos casos é caso, ou não, de instauração de processo de inventário, não se podendo ficar pela simples audição do pretenso cabeça de casal, o primeiro, muitas vezes, a ser o principal interessado em ocultar a existência de uma pessoa incapaz, de facto, de um ausente em parte incerta ou de quezílias familiares suficientes para determinar a pronta intervenção do Ministério Público, para requerer a abertura do processo judicial.

COMO SE INICIA O PROCESSO DE INVENTÁRIO?

Esse processo inicia-se com o *requerimento* a que se alude no artigo 1 338.º, n.º 1, do Código de Processo Civil.

Normalmente, nos serviços do M.º P.º, existe um *impresso* destinado a tal fim, o qual deverá ser preenchido com a indicação do *nome* do inventariado, local da *residência habitual* dele, a indicação genérica de que *deixou bens e herdeiros* sujeitos a inventário de incapazes, bem como o nome e residência do *cabeça-de-casal* e o *valor* do inventário.

Com a reforma do Código de Processo Civil, esse impresso deixou de ter utilidade, entendendo nós que o inventário deverá ser requerido pelo Ministério Público através da formulação de um requerimento, onde, além do mais, sejam alegadas as razões pelas quais, no caso concreto, foi requerida a instauração do processo.

Com essa petição inicial ou requerimento, é junta a certidão de óbito do inventariado. Essa certidão, como vimos, é enviada normalmente pelo conservador do registo civil, nos casos em que foi ele o participante ao M.º P.º. Nos outros casos, deverá o M.º P.º *requisitar* previamente à Conservatória respectiva tal certidão.

Acontece que, muitas vezes, não existe a certidão de óbito. A sua *falta*, bem como a sua perda só podem ser supridas nos termos constantes do Código de Registo Civil. Assim, se não foi lavrado o assento, convém distinguir, conforme se dispõe no artigo 83.º daquele Código:

"1 – (...)

>a) Tratando-se de registo que deva ser lavrado por inscrição, o registo omitido é efectuado mediante decisão do conservador em processo de justificação administrativa;

b) Se o registo tiver sido feito por transcrição, o conservador deve requisitar à entidade competente o título necessário para o lavrar;
c) Se não houver sido lavrado o original, o conservador deve providenciar para que a entidade competente faça suprir a omissão e remeta à conservatória o respectivo título;
d) Se não for possível obter o título destinado à transcrição, aplica-se o disposto na alínea a).

2 – O conservador, logo que tenha conhecimento da omissão de um registo, é obrigado a promover o seu suprimento, com as diligências que ao caso couberem."

Por inscrição são lavrados os assentos de óbito ocorridos em *território português* e por *transcrição* os assentos de óbito ocorridos *no estrangeiro e não declarados* directamente na repartição competente do Registo Civil.

O processo de suprimento administrativo dos registos de óbito, a que se alude nas alíneas a) e d), do artigo 83.º, supra transcrito, é o constante do artigo 241.º e seguintes, do citado Código de Registo Civil, sendo de mencionar, ainda, com interesse nesta matéria, o artigo 207.º – cadáveres não encontrados ou que tiverem sido destruídos – e o artigo 208.º – casos de naufrágio – casos esses em que o Ministério Público terá de requerer o processo de justificação judicial, previsto nos artigos 233.º a 240.º, do Código de Registo Civil.

OUTRAS FORMALIDADES

Apresentado o requerimento inicial de processo de inventário na secção central da secretaria do Tribunal Judicial, depois de paga a taxa de justiça inicial, se for o caso, deverá o mesmo ser distribuído por meios electrónicos, nos termos do artigo 209.º-A, do Código de Processo Civil.

Anote-se que, quando o inventário é requerido pelo M.º P.º, não tem, actualmente, aquele Magistrado de registar em livro próprio da secretaria do M.º P.º a instauração do dito inventário, já que tal livro deixou de ser livro obrigatório para os serviços em questão, conforme se pode constatar do elenco constante da circular supra mencionada.

Segundo se dispõe no artigo 222.º, do Código de Processo Civil, o inventário é distribuído na espécie 8.ª, não se distinguindo os inventários de incapazes e equiparados, dos restantes.

Mas é óbvio que alguns daqueles requerimentos não são distribuídos. Tal acontece no caso de incorporação de inventário e também no caso das comarcas onde haja apenas uma secção de processos.

Depois de registada a petição no sistema informático, é efectuada a citação do indicado cabeça-de-casal, de forma oficiosa, nos termos do artigo 234.º, do Código de Processo Civil.

TRIBUNAL COMPETENTE

Este problema da escolha do Tribunal competente coloca-se logicamente antes do preenchimento do impresso ou da formulação do requerimento a que supra se aludiu.

COMPETÊNCIA INTERNACIONAL

Neste ponto, o princípio dominante é o de que a competência internacional *coincide com a competência territorial* – art. 65.º, n.º 1, alínea a), do Código de Processo Civil.

De salientar que o Regulamento (CE) n.º 44/01 do Conselho, de 22 de Dezembro de 2000, relativo à competência judiciária, ao reconhecimento e à execução de decisões em matéria civil e comercial, não se aplica aos processos de inventário – artigo 1.º, n.º 2, alínea a).

EM RAZÃO DA MATÉRIA

É o *Juízo comum* o competente para os processos de inventário. Aos tribunais de família apenas compete preparar e julgar os inventários requeridos na sequência de acções de separação de pessoas e bens e de divórcio, bem como os procedimentos cautelares com aqueles relacionados – art. 81.º, alínea c), da Lei n.º 3/99, de 13 de Janeiro.

EM RAZÃO DA HIERARQUIA

Não sofre qualquer contestação de que são os *Tribunais Cíveis de 1.ª instância*, de competência genérica, aqueles a quem compete preparar e julgar os inventários.

EM RAZÃO DO VALOR

Como se já não fala, actualmente, em julgados municipais, nem, para esta matéria, em julgados de paz, não sofre dúvidas que é o *Tribunal da Comarca* o competente para os inventários – art. 69.º do Código de Processo civil.

COMPETÊNCIA TERRITORIAL

Diz-se no artigo 77.º, do Código de Processo Civil, que é o Tribunal da *abertura da sucessão* o competente para o inventário e para a *habilitação* de uma pessoa como "sucessora por morte de outra".
Por sua vez, afirma-se no artigo 2 031.º, do Código Civil:
"A sucessão abre-se no momento da morte do seu autor e no *lugar do último domicílio dele*".
Depois, no art. 82.º, do mesmo Código Civil, diz-se que a pessoa tem *domicílio* no *lugar da sua residência habitual*; se residir habitualmente e alternadamente em diversos lugares tem-se por domiciliada em *qualquer deles* e, na falta de residência habitual, considera-se domiciliada no lugar da sua *residência ocasional*.
E no caso de ter *falecido no estrangeiro* o inventariado?
Dispõe a esse respeito o art. 77.º, n.º 2, do Código de Processo Civil: "Tendo o falecido deixado bens em Portugal, é competente para o inventário (...) o tribunal do lugar da *situação dos imóveis*, ou da maior parte deles, ou, na falta de imóveis, o lugar onde estiver *a maior parte dos móveis*".
Esta regra geral sobre a competência territorial contém, todavia, **excepções**.
A PRIMEIRA está, logo, contemplada no n.º 3, daquele preceito legal:
"3 – O tribunal onde se tenha procedido a inventário por óbito de um dos *cônjuges* é o competente para o inventário a que tiver de proceder-se por óbito do outro, *excepto se o casamento foi contraído segundo o regime da separação*; quando se tenha procedido a inventário por óbito de dois ou mais cônjuges do autor da herança, a competência é determinada pelo último desses inventários, desde que o regime de bens não seja o da separação."

Quanto à última parte do preceito transcrito, deve, desde já, dizer-se que ela deverá ser interpretada no sentido do último inventário a que se procedeu por óbito dos cônjuges cujo regime de casamento não era o da separação de bens.

A razão de ser desta excepção é essencialmente de *economia processual*, pois é bom de ver que, tendo corrido termos um inventário por óbito de cônjuge predefunto, onde foram descritos bens, que, na totalidade ou em parte, foram adjudicados ao cônjuge supérstite, é naquele mesmo inventário que deverão correr os termos do inventário por óbito deste último.

Por isso se dispõe no n.º 1, do artigo 1 392.º, do Código de Processo Civil:

"1 – Quando o inventário do cônjuge supérstite haja de correr no tribunal em que se procedeu a inventário por óbito do cônjuge prede funto, os termos necessários para a segunda partilha são lavrados no processo da primeira."

A revogação deste preceito foi ressalvada pelo disposto no artigo 3.º, do Decreto-lei n.º 227/94, de 8/9, já que o que se continha no n.º 2:

"2 – Se houver outros bens a partilhar além dos que foram aformalados ao falecido no inventário anterior, são esses bens descritos com os números de ordem que se seguirem ao da última verba do primeiro inventário", foi revogado expressamente, por ser considerado desnecessário.

No caso de inventário do cônjuge supérstite, trata-se da incorporação do inventário requerido em último lugar nos termos do primeiro, não tendo, consequentemente, de ser distribuído.

SEGUNDA: Inventários cumulados.

É no artigo n.º 1 337.º, do Código de Processo Civil, que se enumeram os casos de cumulação de inventários para a partilha de heranças diversas:

a) Quando sejam as *mesmas as pessoas* pelas quais hajam de ser repartidos os bens;

b) Quando se trate de heranças deixadas pelos *dois cônjuges*;

c) Quando *uma* das partilhas esteja *dependente da outra ou* das outras. Se a dependência for *total*, por não haver, numa das partilhas, outros bens a adjudicar além dos que ao inventariado hajam de ser atribuídos na outra partilha, *não pode deixar de ser* admitida a acumulação.

Se a dependência *for parcial*, por haver outros bens, é *autorizada ou não* a acumulação conforme pareça conveniente, tendo-se em atenção os interesses das partes e a boa ordem do processo.

A hipótese mais frequente de aplicação do caso de cumulação obrigatória prevista na alínea a) é o de heranças deixadas por dois ou mais *irmãos* solteiros.

O aparecimento da cumulação obrigatória da alínea b) só é possível em todos aqueles casos em que se não procedeu a inventário por óbito do cônjuge predefunto, ou se iniciou tal processo e não foi concluído. Acontece sempre, por exemplo, nos casos de casamentos celebrados sob o regime da *separação de bens*.

Na alínea c), há que distinguir os casos em que a cumulação é obrigatória, por não poder ser denegada, que são os casos de dependência total de uma partilha relativamente a outra, dos casos em que tal cumulação é deixada ao critério do Juiz (*critério vinculado* aos interesses das partes e à boa ordem do processo), que são os casos de dependência parcial.

A questão da cumulação pode ser *levantada oficiosamente* pelo Tribunal ou por qualquer interessado, sendo sempre necessário um *despacho* judicial a ordenar a cumulação para que a esta se possa proceder.

No n.º 3, do citado artigo 1 337º, diz-se que: "Não obsta à cumulação a incompetência relativa do tribunal para algum dos inventários."

A necessidade deste n.º 3 do preceito tem a ver com o facto de não existir na lei qualquer critério para a determinação do tribunal competente nestes casos. O S. T. J. tem entendido que, *quanto à competência, tem de observar-se a ordem da sucessão*. No caso, porém, de heranças deixadas pelos dois cônjuges, não estabelece a lei qualquer preferência.

Actualmente, o legislador acrescentou um número 4 ao artigo 77.º, que é do seguinte teor:

"4 – No caso de cumulação de inventários, quando haja uma relação de dependência entre as partilhas, é competente para todos eles o tribunal em que deva realizar-se a partilha de que as outras dependem; nos restantes casos, pode o requerente escolher qualquer dos tribunais que seja competente".

Pensamos que esta norma vem, agora, resolver o problema enunciado.

Esta excepção às regras gerais da competência também se não confunde com uma outra que se vai analisar de seguida.

TERCEIRA: Interessado falecido na pendência do inventário ou depois de feita a partilha

A matéria em questão encontrava-se regulada nos artigos 1 390.º e 1 391.º, do Código de Processo Civil, os quais foram expressamente revogados pelo artigo 3.º, do Dec.-lei n.º 227/94, de 8/9.

Presentemente, deixou de se poder proceder, no mesmo processo, ao inventário de algum interessado que faleça depois da partilha e que não deixe outros bens além dos que lhe foram adjudicados.

No entanto, continua a poder proceder-se à habilitação dos sucessores do interessado que falece na pendência de um determinado processo de inventário e isto porque os ditames do antigo artigo 1 390.º do Código de Processo Civil estão, agora, contidos no artigo 1 332.º do mesmo diploma legal:

"1 – Se falecer algum interessado directo na partilha antes de concluído o inventário, o cabeça de casal indica os sucessores do falecido, juntando os documentos necessários, notificando-se a indicação aos outros interessados e citando-se para o inventário as pessoas indicadas.

2 – A legitimidade dos sucessores indicados pode ser impugnada quer pelo citado, quer pelos outros interessados notificados, nos termos dos artigos 1343.º e 1344.º; na falta de impugnação, têm-se como habilitadas as pessoas indicadas, sem prejuízo de os sucessores eventualmente preteridos deduzirem a sua própria habilitação.

3 – Os citados têm os direitos a que se refere o n.º 2 do artigo 1 342.º, a partir do momento da verificação do óbito do interessado a que sucedem.

4 – Podem ainda os sucessores do interessado falecido requerer a respectiva habilitação, aplicando-se, com as necessárias adaptações, o disposto nos números anteriores.

5 – Se falecer algum legatário, credor ou donatário que tenha sido citado para o inventário, podem os seus herdeiros fazer-se admitir no processo, seguindo-se os termos previstos no número anterior, com as necessárias adaptações.

6 – (...)"

É claro que se procede a esta habilitação a fim de, no final, se poder partilhar o respectivo quinhão hereditário, independentemente de o interessado falecido possuir, ou não, outros bens.

INCOMPETÊNCIA

Enquanto a *incompetência absoluta* do Tribunal (a internacional, em razão da matéria e em razão da hierarquia) pode ser suscitada *oficiosamente* em qualquer estado do processo, até ao trânsito em julgado da sentença, a *incompetência relativa* (a territorial) apenas pode ser arguida pelo Réu. No caso dos inventários, por *qualquer interessado ou pelo M.º P.º*.

De facto, apesar da nova redacção dada ao artigo 110.º, pelo Decreto--Lei n.º 329-A/95, de 12/12, o processo de inventário não é nenhuma das acções nele previstas pelo que *a incompetência relativa continua a não poder ser conhecida oficiosamente.*

Os termos da arguição daquela excepção dilatória são os constantes do artigo 109.º e seguintes, do Código de Processo Civil.

Podem arguí-la os que houverem de ser citados para o processo de inventário e *durante o prazo que lhes é facultado para a oposição*, constante do artigo 1343.º, que é de *trinta dias*.

O requerente do inventário poderá *responder* à excepção até ao fim do prazo concedido para a resposta à impugnação e oposição, que é de *quinze dias*.

Desapareceu do Código a norma que constava do respectivo artigo 110.º e que mandava o juiz suspender o processo depois da resposta e até ser decidida a questão da incompetência.

Tudo o que vimos afirmando leva a concluir pela possibilidade do surgimento de *conflitos*, tanto positivos como negativos, de competência, relativamente ao processo de inventário.

Estabelece-se no artigo 117.º, do Código de Processo Civil:

"1– Quando o tribunal se aperceba do conflito, deve suscitar oficiosamente a sua resolução junto do presidente do tribunal competente para decidir.

2 – A resolução do conflito pode igualmente ser suscitada, por qualquer das partes ou pelo Ministério Público, mediante requerimento dirigido ao presidente do tribunal competente para decidir.

3 – O processo de resolução de conflitos tem carácter urgente."

SUSPENSÃO DO INVENTÁRIO DE INCAPAZES

Já vimos um caso em que o inventário se suspende, a partir de um determinado momento: caso de inventário em que são interessados nascituros já concebidos – art. 1 335.º, n.º 5, do C.P.C.

A questão que agora se coloca é a de saber *se é possível ao Juiz ordenar a suspensão da instância* nos termos previstos no artigo 279.º, do Código de Processo Civil, isto é, quando o bom andamento do processo esteja dependente do julgamento de outra acção já proposta, designadamente uma acção de anulação de testamento ou uma acção de investigação de paternidade. Atendendo ao facto de ter desaparecido o chamado processo obrigatório de inventário, já é possível entender-se que o juiz pode ordenar a suspensão do processo.

Antes da reforma, atendendo à natureza e fins do processo de inventário obrigatório, entendia-se não ser possível a suspensão.

Por isso mesmo, prescrevia-se no n.º 2, do artigo 1 384.º, do Código de Processo Civil:

"2 – As cautelas prescritas neste artigo (entrega de bens antes de a sentença passar em julgado) devem ser observadas no caso de estar pendente acção de filiação, de anulação de testamento ou outra que possa ter como consequência a modificação da partilha, na medida em que a decisão da causa seja susceptível de alterar o que se ache estabelecido."

Como, agora, se passou a poder suspender o inventário, aquele dispositivo foi eliminado do artigo 1 384.º, para passar a constar do artigo 1 335.º, n.º 4.

No *Anteprojecto* do Código de Processo Civil, já se previa *expressamente a possibilidade de suspensão* do inventário obrigatório, no artigo 992.º:

a) Quando o fundamento do inventário for a menoridade de um ou mais interessados e esse fundamento cessar menos de um ano após o requerimento.

b) Quando na conferência de interessados houver acordo de todos e do M.º P.º sobre a suspensão por período não superior a dois anos, desde que exista alguma vantagem ponderosa na dilação da partilha.

Agora, as causas de suspensão do inventário estão previstas no artigo 1 335.º, do Código de Processo Civil:

"1– Se, na pendência do inventário, se suscitarem questões prejudiciais de que dependa a admissibilidade do processo ou a definição dos direitos dos interessados directos na partilha que, atenta a sua natureza ou a complexidade da matéria de facto que lhes está subjacente, não devam ser incidentalmente decididas, o juiz determina a suspensão da instância, até que ocorra decisão definitiva, remetendo as partes para os meios comuns, logo que os bens se mostrem relacionados.

2 – Pode ainda ordenar-se a suspensão da instância, nos termos previstos nos artigos 276.º, n.º 1, alínea c), e 279.º, designadamente quando estiver pendente causa prejudicial em que se debata algumas das questões a que se refere o número anterior.
3 – (...)
4 – (...)
5 – (...)"

Este regime é, no entanto, temperado pelo legislador, ao prever as hipóteses de haver uma anormal demora na propositura ou julgamento da causa prejudicial; de o êxito da acção se afigurar muito reduzido ou de os inconvenientes no deferimento da partilha superarem os da sua realização como provisória.

Para essas hipóteses, dispõem os números 3 e 4, do citado artigo 1 335.º, do Código de Processo Civil:

"1 – (...)
2 – (...)
3 – A requerimento das partes principais, pode o tribunal autorizar o prosseguimento do inventário com vista à partilha, sujeita a posterior alteração, em conformidade com o que vier a ser decidido, quando decorra demora anormal na propositura ou julgamento da causa prejudicial, quando a viabilidade desta se afigure reduzida ou quando os inconvenientes no deferimento da partilha superem os que derivam da sua realização como provisória.
4 – Realizada a partilha nos termos do número anterior, serão observadas as cautelas previstas no artigo 1 384.º, relativamente à entrega aos interessados dos bens que lhes couberem.
5 – (...)"

Preceituava-se, ainda, no n.º 4, do artigo 1 326.º, do Código de Processo Civil, na redacção anterior à reforma, que "cessando a causa que tornava obrigatória a partilha judicial, o inventário pode continuar a requerimento de qualquer interessado na partilha; se a causa da obrigatoriedade surgir no decurso de inventário facultativo, é logo oficialmente tomada em conta".

Dado ter desaparecido o carácter obrigatório do processo de inventário, naturalmente que estes dois comandos legais deixaram de constar do Código.

BREVE REFERÊNCIA AO ARROLAMENTO, IMPOSIÇÃO DE SELOS E PROVIDÊNCIAS CAUTELARES EM PROCESSO DE INVENTÁRIO.

Quando falamos dos casos de existência de inventários que não são distribuídos, não referimos o caso de inventário precedido de arrolamento em que essa distribuição não existe e em que, segundo se dispõe no n.º 3, do artigo 426.º, do Código de Processo Civil: "O auto de arrolamento serve de descrição no inventário a que haja de proceder-se".

Diz-se, no artigo 421.º, do Código de Processo Civil:

"Havendo *justo receio de extravio, ocultação ou dissipação de bens, móveis ou imóveis, ou de documentos,* pode requerer-se o arrolamento deles".

Esta providência pode ser requerida como *acto preparatório* ou *incidente* de todas as causas em geral, incluindo os inventários.

É bom de ver que, *mesmo depois de findo* o inventário, é possível requerer o arrolamento. E não se diga que, sendo ele, nesse caso, um incidente da instância e estando esta finda não será admissível. É que, neste caso, a providência é, em regra, *preliminar de uma partilha adicional* e, como tal, a sua admissibilidade torna-se evidente, se preenchidos os demais pressupostos.

Segundo se dispõe no artigo 422.º, do Código de Processo Civil, o arrolamento pode ser requerido por *qualquer pessoa que tenha interesse na conservação dos bens.*

Isso significa que pode ser requerido pelo M.º P.º e por todos aqueles que têm interesse directo na partilha e ainda pelos credores, quando tiverem interesse nisso, isto é, nos casos de herança jacente – artigo 1 132.º, do Código de Processo Civil.

Ao cabeça de casal, bem como a qualquer herdeiro, fica defeso o requerer o arrolamento dos bens que detém.

Se o arrolamento for requerido como preliminar do inventário, o Tribunal territorialmente competente para o decretar, segundo se dispõe no artigo 83.º, n.º 1, alínea a), do Código de Processo Civil, tanto pode ser o que é competente para o inventário, como o do lugar onde os bens se encontram, ou, se houver bens em diversas comarcas, o Tribunal de qualquer delas.

Se o arrolamento for incidental, correrá por dependência do processo principal.

O requerimento para o arrolamento tem de ser articulado, deverá indicar a qualidade do requerente e o lugar onde se encontram os bens a arrolar. Deverá indicar-se o valor do incidente e juntar os documentos necessários à prova da morte do autor da herança e à prova de qualidade de herdeiro dele, (isto no caso de arrolamento preliminar, pois que, no caso de arrolamento incidental, tal prova já se mostra feita no processo principal). Deverá ser alegado o direito do requerente aos bens que se pretende arrolar e o *justo receio* da dissipação ou extravio desses bens.

Para se concluir da existência ou inexistência do justo receio do extravio, poderá e deverá o Juiz recorrer aos *meios de prova que achar convenientes*, de modo a poder ficar convencido, já que o arrolamento é uma *diligência vexatória* para as pessoas que detêm os bens a arrolar.

O arrolamento é uma providência que nunca é distribuída. É *averbada à secção de turno*, no caso de ser preparatória do inventário e, quando este for instaurado, é-lhe apensado. No caso de ser incidental, corre, desde logo, por apenso.

Antes de autorizado o arrolamento, deve ser indagada a identidade da pessoa que vai ser nomeada fiel *depositário*, já que, segundo se dispõe no n.º 1, do artigo 426.º, do Código de Processo Civil, no caso de inventário, essa função deve caber ao cabeça-de-casal.

Autorizado o arrolamento, o mesmo é feito pelo respectivo *funcionário*, que lavrará um *auto da diligência*, e por um *louvado*, que avaliará os bens e que é nomeado no despacho que autoriza a dita diligência. À diligência poderá assistir o possuidor dos bens e, para a levar a bom termo, são permitidas buscas e arrombamentos, se necessários.

A *oposição* ao arrolamento, segundo o disposto no artigo 388.º, do Código de Processo Civil, faz-se através de *recurso* interposto do despacho judicial que o autorizou, quando tal for possível, atento ao valor da providência, e quando se pretende impugnar o seu fundamento. Quando o possuidor pretende fazer valer o seu direito próprio e exclusivo aos bens arrolados opor-se-á, nos termos da alínea b), do n.º 1, do citado preceito legal.

No artigo 389.º, do Código de Processo Civil, diz-se que as providências cautelares, entre os quais o arrolamento, ficam *sem efeito* se o requerente não propuser a acção (neste caso o inventário) dentro de *trinta dias* contados da data em que lhe for notificada a decisão que ordenou a providência.

Este regime será aplicável ao caso do inventário relativo a herança deferida a incapazes, ausentes em parte incerta ou pessoa colectiva?

O Dr. J. A. Lopes Cardoso, in "Partilhas Judiciais", vol. I, 4.ª edição, pág. 241, entendia que tal dispositivo não era aplicável ao processo de inventário obrigatório, dado que, sendo obrigatório, sempre seria instaurado.

Pensamos que, agora, a situação é diferente e, tendo desaparecido o carácter oficioso do processo, aquele dispositivo legal tem plena aplicação ao processo de inventário.

Aquele autor supra citado entendia, ainda, a fls. 243, que no arrolamento requerido como acto preparatório ou no decurso do processo de inventário, não tem aplicação a possibilidade da substituição da providência por caução e isto pelo facto de os bens a arrolar não pertencerem ao seu possuidor mas antes à herança, não tendo aquele qualquer interesse atendível em continuar a sua administração e a gozar o seu usufruto.

Esta tese afigura-se-nos continuar a ser defensável, hoje em dia.

BREVE REFERÊNCIA AOS PROCEDIMENTOS SIMPLIFICADOS DE SUCESSÃO HEREDITÁRIA

O Decreto-Lei n.º 324/2007, de 28 de Setembro, que alterou profundamente o Código de Registo Civil, acrescentou àquele diploma os artigos 210.º-A a 210.º-R, que passaram a constituir a Subsecção VII, subordinada à epígrafe "Procedimentos simplificados de sucessão hereditária".

Estes procedimentos podem compreender a habilitação de herdeiros, a partilha e registos, sendo certo que a partilha só poderá ser realizada se, na massa partível, existir algum imóvel, ou móvel ou participação social sujeitos a registo.

Só o cabeça-de-casal tem legitimidade para promover estes procedimentos, até ao final do 3.º mês seguinte ao da morte do autor da sucessão, para cuja realização é competente o conservador.

Os procedimentos simplificados de sucessão hereditária são indeferidos quando se não verifiquem algum dos pressupostos ou formalidades prévias aplicáveis; quando houver violação de disposições legais imperativas; quando se verifiquem factos que possam afectar a formação e a exteriorização da vontade dos intervenientes; quando se verifiquem omissões, vícios ou deficiências nos documentos que obstem à celebração dos actos; quando exista motivo de recusa dos registos e quando exista falta de liquidação dos impostos e encargos tributários e a falta de cobrança de outros encargos que se mostrem devidos. A partilha realizada de acordo com estes procedimentos simplificados tem os mesmos efeitos previstos na lei para outras formas de partilha.

Trata-se dos chamados serviços de balcão único, inseridos no chamado Programa Simplex.

Os termos da prestação destes serviços de balcão único encontram-se regulados pela Portaria n.º 1594/2007, de 17 de Dezembro.

Nela se determina como se procede ao atendimento prévio do requerente, para que a realização do procedimento simplificado se verifique num único dia, em regra dentro dos sete dias úteis seguintes. Nos casos previstos no artigo 3.º, a marcação da realização do procedimento tem lugar no prazo de 10 dias úteis.

Na mesma Portaria se estabelece um período experimental de funcionamento destes serviços, até ao dia 30/5/2008, sendo que, durante este período experimental, os procedimentos simplificados não podem ser promovidos nos casos previstos no n.º 2, do respectivo artigo 12.º.

IMPOSIÇÃO DE SELOS

Esta providência, que se encontra prevista no artigo 425.º, do Código de Processo Civil, mais não é do que *uma fase inicial ou final do arrolamento*.

Na verdade, recorre-se à dita providência quando se não pode efectuar imediatamente um arrolamento urgente e quando se não pode concluir, no mesmo dia, um arrolamento iniciado.

PROVIDÊNCIAS CAUTELARES NÃO ESPECIFICADAS, PREVISTAS NO ARTIGO 381.º, DO CÓDIGO DE PROCESSO CIVIL

Para *evitar a lesão grave e dificilmente reparável* do seu direito, parece poder qualquer interessado num processo de inventário requerer as providências adequadas à situação.

Um caso em que se poderia justificar o seu uso era o que, antes da reforma, determinava a necessidade de nomeação de um administrador aos bens da herança, para funcionar durante o período de tempo iniciado com o requerimento para a remoção do cabeça-de-casal e até à prolação do despacho em que se nomeava novo cabeça-de-casal e quando dessa ausência de administração efectiva pudessem decorrer prejuízos ou o perigo de lesão grave dos direitos envolvidos.

Este caso deixou de se verificar com a reforma, pois, como melhor veremos mais adiante, sendo requerida a remoção do cabeça-de-casal, o inventário prossegue com o cabeça-de-casal designado até ser decidido o incidente.

O formalismo para a decretação de tais providências consta dos artigos 381.º a 392.º, do Código de Processo Civil.

A VERIFICAÇÃO DO VALOR – INCIDENTE

Quando falamos no modo de requerer o inventário, dissemos que o requerimento que lhe dá início deve conter a indicação do valor, a indicação do valor da causa, nos termos da alínea f), do n.º 1, do artigo 467.º.

Só que, no processo de inventário, tal valor não é mais do que um *valor provisório*, o qual vai *sendo corrigido*, para mais ou para menos, à medida que o processo avança e fixando-se apenas quando ele chega ao seu termo. Isto mesmo se afirma no artigo n.º 308º, n.º 4, do Código de Processo Civil.

Deverá ter-se em conta, porém, o disposto no artigo 311.º, n.º 3, do Código de Processo Civil:

(...)
"3 – Nos processos de inventário atende-se à soma do valor dos bens a partilhar; quando não seja determinado o valor dos bens, atende-se ao valor constante da relação apresentada na repartição de finanças."
(...)

Ora, sendo assim, parece ter algum interesse saber-se se é, ou não, possível, no processo em questão, *impugnar o valor inicial* através do processo da verificação do valor, previsto nos artigos 317.º e seguintes, do Código de Processo Civil, e qual a utilidade dessa verificação.

Sendo o inventário uma causa como outra *qualquer, parece possível* o surgimento nela do referido incidente. Além disso, a sua dedução *pode ter utilidade.*

De facto, todos sabemos que a possibilidade ou impossibilidade de interposição de recurso de determinado despacho judicial está dependente, na maioria dos casos, do valor do processo, isto é, do facto desse valor estar, ou não, dentro da alçada do tribunal de que se recorre.

Acontece que os Tribunais Superiores nem sempre têm considerado o valor indicado no requerimento do inventário como um valor meramente provisório, antes o têm considerado, às vezes, como o valor atendível para saber se é, ou não, admissível a interposição de recurso de determinado despacho, pelo que, por simples *cautela*, não será demais suscitar, logo de início, a questão da verificação do valor da causa, sempre que seja previsível a interposição de recursos de despachos proferidos na fase inicial do processo.

Por aplicação da regra geral contida no artigo 153.º, do Código de Processo Civil, o incidente em questão deverá ser suscitado de forma avulsa e no prazo de *10 dias a contar da citação*.

Deve referir-se, no entanto, que, presentemente, se preceitua, no n.º 3, do artigo 315.º, do Código de Processo Civil:

(...)

"3 – Se for interposto recurso antes da fixação do valor da causa pelo juiz, deve este fixá-lo no despacho referido no artigo 685.º-C" (despacho judicial de admissão do recurso).

Esta norma e a do n.º 3, do artigo 311.º, supra citada, parece-nos terem retirado grande parte da utilidade atribuída ao incidente da verificação do valor.

NOMEAÇÃO DO CABEÇA-DE-CASAL

Uma das *figuras mais importantes* no processo de inventário é, sem dúvida, o cabeça-de-casal.

As suas *funções são variadas e complexas*, dentro e fora daquele processo. Enquanto neste tem as funções de inventariante, isto é, as de arrolar e descrever os bens da herança, fora do processo tem funções de administrador dos referidos bens.

Art. 2 079.º do Código Civil: "*A administração da herança, até à sua liquidação e partilha, pertence ao cabeça-de-casal*".

Por isso, a qualidade de cabeça-de-casal constitui um *direito que pode até ser vindicado* e também *um encargo*, pois são restritas as possibilidades de pedir escusa, encargo esse bem pesado, na maior parte dos casos.

Art. 2 095.º do Código Civil: "o cargo de cabeça-de-casal *não é transmissível* em vida nem por morte."

Tem essa qualidade de cabeça-de-casal quem deve ser nomeado para o cargo nos termos da lei e *mesmo antes da sua indicação formal no processo.*

Tal já não é demonstrado pelo disposto no artigo 2 086, n.º 1, alínea c), do Código Civil, que era do seguinte teor:

"1 – O cabeça-de-casal poder ser removido (...)
c) Se, havendo lugar a inventário obrigatório, o não requereu no prazo de três meses a contar da data em que teve conhecimento da abertura da sucessão (...)"

Na verdade, tal redacção foi alterada, pelo Dec.-lei n.º 227/94, de 8/9, para a seguinte:

"1 – O cabeça-de-casal pode ser removido:
(...)
c) Se não cumpriu no inventário os deveres que a lei de processo lhe impuser."

Esta alteração, todavia, deve-se, não ao facto de se não reconhecer que a qualidade de cabeça-de-casal nasce com a morte do inventariado, afirmação que se mantém, mas sim ao facto de ter desaparecido a própria obrigatoriedade do inventário.

É o juiz do processo que nomeia o cabeça-de-casal.

De facto, diz-se no artigo 1 339.º, n.º 1, do Código de Processo Civil:

"Para designar o cabeça-de-casal, o juiz pode colher as informações que julgue convenientes; e se pelas declarações da pessoa designada verificar que o encargo compete a outra, deferi-lo-á a quem competir."

O deferimento do cargo segue uma *determinada ordem*, embora deva desde logo referir-se que, por força do disposto no n.º 2, do citado artigo n.º 1 339.º, do Código de Processo Civil, "o cabeça-de-casal pode ser substituído a todo tempo, *por acordo* de todos os interessados directos na partilha e também do Ministério Público quando tiver intervenção principal no inventário".

A ordem de deferimento do cargo consta do artigo 2 080.º do Código Civil.

Em primeiro lugar, o cargo pertence ao *cônjuge sobrevivo, desde que não separado judicialmente de pessoas e bens* e se for herdeiro ou tiver meação nos bens do casal.

A única hipótese, actualmente, de aplicação da segunda ressalva é a do cônjuge que não é meeiro e que tenha sido deserdado pelo autor da herança.

Em segundo lugar, o cargo pertence ao *testamenteiro*, isto é, à pessoa designada pelo autor da herança, em testamento, para vigiar o cumprimento do seu testamento ou de o executar. Pode, porém, o autor da herança ter feito testamento e ter nomeado testamenteiro e, não obstante, ter expressamente afastado o mesmo do cargo de cabeça-de--casal. Se o testamenteiro, por seu turno, recusar a testamentaria, cessa a sua competência para ser nomeado cabeça-de-casal.

Em terceiro lugar, o dito cargo pertence aos *parentes que sejam herdeiros legais*. De entre estes, preferem os *mais próximos em grau*.

De entre os herdeiros legais do mesmo grau de parentesco preferem os que *viviam em comum com o falecido há pelo menos um ano* à data da morte.

Em igualdade de circunstâncias, prefere o herdeiro *mais velho*. Se são gémeos, prefere o que nasceu primeiro.

Em quarto lugar, preferem os herdeiros *testamentários* e dentro destes os que viviam com o falecido há pelo menos um ano à data da morte e, em igualdade de circunstâncias, o mais velho.

Se toda a herança foi distribuída em legados, diz-se no artigo n.º 2 081º, do Código Civil, que servirá de cabeça-de-casal o *legatário mais beneficiado*. Em igualdade de circunstâncias preferirá o *mais velho*.

Nomeado o cabeça-de-casal, deverá o mesmo prestar **juramento**, que é um acto *pessoal*.

Isto, claro, na pressuposição de que a pessoa designada para desempenhar o cargo é capaz, pois, se tal não acontecer e segundo dispõe o artigo 2 082.º, do Código Civil, exercerá as funções de cabeça-de-casal o seu representante legal. Se todas as pessoas referidas se escusarem ou forem removidas, o cabeça-de-casal é *designado pelo tribunal*, oficiosamente ou a pedido de qualquer interessado ou do Ministério Público – art. 2 083.º do Código Civil.

Dizia-se no artigo 1 327.º, n.º 3, do Código de Processo Civil:

"Depois de prestar pessoalmente juramento de bem desempenhar as suas funções, o cabeça-de-casal presta declarações, que pode delegar em mandatário judicial (...)"

Agora, desapareceu este juramento do cabeça-de-casal, sendo substituído por um compromisso de honra, já que se preceitua no equivalente artigo 1 340.º, do Código de Processo Civil:

"1– Ao ser citado, é o cabeça-de-casal advertido do âmbito das declarações que deve prestar e dos documentos que lhe incumbe juntar.

2– Prestado o compromisso de honra de desempenho da sua função, o cabeça-de-casal presta declarações, que pode delegar em mandatário judicial.

Delas devem constar:

"a) A *identificação do autor* da herança, data e lugar em que haja falecido;

b) A identificação das pessoas directamente interessadas na partilha, bem como dos legatários, credores da herança e, havendo herdeiros legitimários, dos donatários, com indicação das respectivas residências actuais e locais de trabalho;

c) Tudo o mais necessário ao desenvolvimento do processo."

Nesta última alínea, estão contidas as indicações sobre se o autor da herança faleceu com *testamento*, se, sendo casado, qual o seu *regime matrimonial*, se o casamento foi em *primeiras ou mais núpcias* e, neste último caso, se houve, ou não, inventário por óbito de todos ou de alguns dos outros cônjuges, quando e onde, bem como a *natureza dos bens* a partilhar e os *locais* onde se situam.

Das declarações de cabeça-de-casal **lavra-se auto**, seguindo-se as formalidades previstas no artigo 163.º, do Código de Processo Civil.

Desse auto deve constar a *concessão de um prazo* para o cabeça-de--casal apresentar a relação de bens e os documentos que, no acto, não estava em condições de juntar.

Deve dizer-se que é um auto *muito importante* e determinante do bom desenvolvimento futuro do processo, devendo prestar-se grande atenção à sua elaboração, com *efectiva presença* do Magistrado Judicial e do Ministério Público, se necessário, na mencionada diligência, a fim de se poder evitar, tanto quanto possível, o incómodo expediente das declarações complementares.

É curioso fazer notar que, no Anteprojecto do Código de Processo Civil, se previa que as declarações do cabeça-de-casal seriam prestadas por requerimento dirigido ao processo.

Cumpre ainda salientar que, da redacção do supra transcrito artigo 1 340.º, do Código de Processo Civil, em contraposição com a redacção do preceito equivalente, antes da reforma, ressalta mais uma das claras inovações desta:

– Nos processos de inventário deixou de intervir o conselho de família.

Qual o valor das declarações do cabeça-de-casal?

O princípio de que as declarações de cabeça-de-casal fazem fé em juízo até prova em contrário vem sendo afirmado de há muito tempo na jurisprudência dos Tribunais portugueses. Todavia, tal princípio não tem consagração legal, sendo de concluir ter sido abandonado pelo legislador do actual Código de Processo Civil. Terá sido substituído por outro que vai no sentido de que, *em princípio, tais declarações fazem fé até serem impugnadas por qualquer dos interessados*. Logo que impugnadas, terá o cabeça-de-casal de fazer prova do seu conteúdo.

Além disso, não foi esquecido também o princípio de que *certos factos só podem ser provados por documentos:* existência de *testamento* e de *doações*, bem como de *convenções antenupciais* e de *filhos perfilhados*. Daí o obrigar-se, nesse caso, o cabeça-de-casal a juntar, logo, os documentos comprovativos desses factos.

Essa a razão de ser do preceituado no n.º 3, do artigo 1 340.º, do Código de Processo Civil, onde se afirma:

"1 – (...)
2 – (...)
3 – No acto das declarações, o cabeça-de-casal apresentará os testamentos, contratos antenupciais, escrituras de doação e documentos comprovativos de perfilhação, que se mostrem necessários, assim como a *relação de todos os bens* que hão-de figurar no inventário, *ainda que a respectiva administração lhe não pertença*, bem como as respectivas cópias, nos termos do artigo 152.º, n.º 2.
4 – (...)"

Deste dever é expressamente advertido no acto da citação.

Se não apresentar todos ou alguns dos elementos exigidos, explicará o motivo da falta e designar-se-á prazo para o fazer.

Como já dissemos supra, *é ao cabeça-de-casal que incumbe a administração da herança até à sua partilha*.

Dessa administração *exceptua-se*, apenas, a que recai sobre os *bens doados em vida do autor* da sucessão, já que esses são administrados pelos respectivos donatários.

Muitas vezes, o cabeça-de-casal é uma pessoa com escassa cultura, ocupada nos seus interesses pessoais e a quem é imposto um encargo, cujo desempenho não é remunerado, e que nunca vindicou.

Por isso, impõe-se, por um lado, saber *em que consistem os seus poderes* de administrador de um património autónomo e, por outro lado, olhar com uma certa *benevolência* a sua actuação nesse papel.

Como cabeça-de-casal, ele deverá praticar apenas os *actos necessários e indispensáveis à boa conservação do património* a partilhar.

Assim, deve o cabeça-de-casal *manter arrendadas* as propriedades e *cobrar as respectivas rendas; colher os frutos e alienar os deterioráveis;* continuar o *giro comercial ou a indústria* do inventariado; continuar a sua *exploração agrícola;* efectuar as *obras necessárias à conservação* dos bens da herança; *pagar os impostos e contribuições* em dívida; pagar a *água, a luz, os salários, prémios de seguro e despesas com o funeral e sufrágios* do autor da herança, etc.

Por outro lado, não poderá alienar propriedades sem autorização de todos os interessados, não deverá *mandar proceder a cortes de árvores*, não deverá *constituir garantias patrimoniais*, não deverá *efectuar benfeitorias úteis ou voluptuárias* sobre os bens da herança.

Tem o direito de mover acções possessórias destinadas a obter a entrega ou a manter a posse dos bens da herança, mesmo contra os demais herdeiros; de mover *outras acções* de cobrança de dívidas da herança ou de despejo; *representar a herança* em acções movidas contra ela; *requerer certos procedimentos cautelares; protestar* letras; etc.

Compete-lhe *prestar contas anualmente* da sua administração; *comparecer em juízo* sempre que, para tal, for convocado; *juntar documentos* ao processo; *mostrar os bens* aos louvados encarregados de os avaliar; *cumprir as obrigações fiscais; pagar as custas* do processo de inventário; etc..

Segundo se dispõe no artigo 40.º, do Código de Registo Predial, aprovado pelo Dec.-lei n.º 224/84, de 6/7, na redacção que lhe foi introduzida pelo Dec.-lei n.º 227/94, de 8/9:

"1 – Compete ao Ministério Público requerer o registo quando, em inventário judicial, for adjudicado a incapaz ou ausente em parte incerta qualquer direito sobre imóveis.

2 – A obrigação referida no número anterior incumbe ao representante legal do incapaz que outorgue na partilha extrajudicial em sua representação.

3 – (...)"

Acrescenta o artigo 41.º, do mesmo Código, que "O registo efectua-se a pedido dos interessados *em impressos de modelo aprovado*, salvo nos casos de oficiosidade previstos na lei."

Esse impresso é a *requisição de registo modelo A*, exclusiva do Cofre dos Conservadores, Notários e Funcionários de Justiça, cujo preenchimento é bastante simples. Já *não é tão simples* conseguir-se o objectivo desse preenchimento – *registo definitivo*, a favor dos menores e dos incapazes, dos direitos imobiliários que lhes são adjudicados em inventário.

Na verdade, há que atentar no disposto no *artigo 9.º*, daquele Código de Registo Predial, onde se diz:

"1 – Os factos de que resulte transmissão de direitos ou constituição de encargos sobre imóveis não podem ser titulados sem que os bens estejam *definitivamente inscritos a favor da pessoa de quem se adquire o direito ou* contra a qual se constitui o encargo.

2 – Exceptuam-se do disposto no número anterior: (...) – (nenhum dos casos aí contemplados interessam ao processo).

3 – Tratando-se de prédio situado em área onde não tenha vigorado o registo obrigatório, o primeiro acto de transmissão a partir de 1/10/84 pode ser titulado sem a exigência prevista no n.º 1, se for *exibido comprovativo*, ou feita justificação simultânea, do direito da pessoa de quem se adquire."

Significa isto que há que distinguir duas situações, relativamente aos direitos imobiliários que façam parte da herança a partilhar em processo de inventário obrigatório:

1 – *Os bens* a que dizem respeito *estão descritos* na respectiva Conservatória do Registo Predial;

2 – *Os bens não estão descritos*, por se situarem em área onde não vigora o sistema de registo obrigatório.

No primeiro caso, devem ser juntos ao processo os documentos (certidões) *comprovativos quer dessa **descrição**, quer da **inscrição*** dos direitos a favor da pessoa de quem se adquire, isto é, do inventariado.

Acontece, porém, que, muitas vezes, apesar de descrito na Conservatória o prédio sobre que recaem os direitos, o mesmo se não encontra inscrito a favor do inventariado, tendo-se quebrado, assim, o **princípio do trato sucessivo** previsto no n.º 2, do artigo 34.º: "2. No caso de existir sobre os bens registo de aquisição ou reconhecimento de direito susceptível de ser transmitido ou de mera posse, é necessária a intervenção do respectivo titular para poder ser lavrada nova inscrição definitiva, salvo se o facto for consequência de outro anteriormente inscrito."

*O reatamento desse trato sucessivo torna-se muitas vezes **impossível*** por se terem extraviado os documentos comprovativos das anteriores transmissões ou estas nem sequer terem sido tituladas (compra e venda não reduzida a escritura).

Neste caso, como o carácter urgente do processo de inventário se não harmoniza com as delongas de um processo de justificação, deverá o mesmo prosseguir, já que o representante legal do incapaz poderá sempre lançar mão do processo especialíssimo que se encontra previsto no artigo 116.º do Código de Registo Predial e regulamentado nos artigos 117.º-A a 117.º-P, do actual Código.

Estes preceitos foram introduzidos pelo Decreto-Lei n.º 273/01, de 13/10, o qual, no seu artigo 8.º, revogou expressamente os artigos 3.º a 11.º do Decreto-lei n.º 312/90, de 2/10, com base no qual defenderamos, em edição anterior deste trabalho, ser sempre possível ao M.º P.º conseguir o registo a favor dos incapazes, mesmo na falta de títulos para reatamento do trato sucessivo. Agora, essa possibilidade está contemplada no próprio Código mas, a nosso ver, fica arredada a possibilidade do próprio Ministério Público recorrer ao dito processo de justificação administrativa. Na verdade, no referido processo, o Ministério Público tem intervenção principal, sendo citado para contestar a pretensão do requerente, nos termos do artigo 117.º-G, cabendo-lhe, também, aí, a tarefa de representar os requeridos ausentes em parte incerta e incapazes e podendo recorrer da decisão do Conservador do Registo Predial para o tribunal de 1.ª instância competente na área de jurisdição da conservatória onde pende o processo. Não poderá, no entanto, representar o próprio requerente, sendo a legitimidade deste aferida, nos termos do artigo 117.º-A, do C.R.P.: o pretenso titular do direito ou quem demonstre ter legítimo interesse no registo do respectivo facto aquisitivo. Os poderes conferidos ao Ministério Público, no artigo 40.º do Código de Registo Predial, são apenas os de requerer o registo quando, em inventário judicial, for adjudicado a incapaz ou a ausente em parte incerta qualquer direito sobre imóveis, sendo certo que esta competência do Ministério Público se insere exclusivamente na alínea p), do artigo 3.º, do Estatuto dos Magistrados do Ministério Público. Portanto, se, depois de requerer o registo a favor dos incapazes, o magistrado do Ministério Público constatar da impossibilidade de o converter em definitivo, por falta de trato sucessivo, deverá comunicar essa ocorrência ao representante legal do incapaz, para efeitos deste accionar este processo especial de justificação administrativa e arquivar o seu próprio processo administrativo de acompanhamento das diligências para obtenção do registo.

Não sofre dúvida, porém, que *incumbe ao cabeça-de-casal fazer a junção aos autos dos documentos necessários*, quer no caso de os prédios estarem descritos, quer no caso contrário, e que o processo não deverá prosseguir sem se terem esgotado todas as **reais** possibilidades de se regularizarem os actos de registo, mesmo que seja necessário usar contra o cabeça-de-casal, renitente ao cumprimento das suas obrigações, todos os meios processuais de coacção disponíveis, incluindo a própria remoção.

REMOÇÃO DO CABEÇA-DE-CASAL – INCIDENTE

Como já vimos, as funções do cabeça-de-casal são muito vastas e complexas, exigindo-se uma determinada *"competência"* para o bom desempenho do cargo. Para além disso, impõe-se o seu afastamento do respectivo desempenho, sempre que cometa *uma falta grave* – é o que se chama de remoção do cabeça-de-casal.

Os fundamentos encontram-se no artigo n.º 2 086.º do Código Civil, onde se dispõe:

"1 – O cabeça-de-casal pode ser removido, sem prejuízo das demais sanções que no caso couberem:

a) Se *dolosamente ocultou* a existência de bens pertencentes à herança ou de doações feitas pelo falecido, ou se, também dolosamente, denunciou doações ou encargos inexistentes;

b) Se *não administrar o património hereditário com prudência e zelo;*

c) Se não cumprir no inventário os deveres que a lei de processo lhe impuser.

d) Se *revelar incompetência* para o exercício do cargo.

2 – Tem legitimidade para pedir a remoção qualquer interessado, ou o Ministério Público, quando tenha intervenção principal."

Na alínea a) está compreendido o cabeça-de-casal que **sonega** bens à herança, tendo, por isso, de relacionar-se o preceito com o disposto no artigo 2 096.º do Código Civil sobre a sonegação e suas consequências, matérias que, mais adiante, serão analisadas com mais pormenor. Há só que referir, nesta altura, que a sonegação pressupõe a *ocultação dolosa* de bens e que, por isso mesmo, apenas pode existir quando, previamente, os interessados *acusaram a falta* de relacionação de tais bens e o cabeça--de-casal, não obstante, continuou a ocultá-los, de forma deliberada e fraudulenta. *De modo algum tal se confunde com uma actuação negligente* na não relacionação de certos bens, que é o que acontece com mais frequência.

Quanto ao fundamento da *alínea b)*, há que referir que, na apreciação da sua existência ou inexistência, impera *um largo subjectivismo*, pois é evidente que o zelo e prudência na administração dos bens da herança não podem ser aferidos por critérios objectivos. De qualquer modo, a existência de uma deficiente administração terá de inferir-se d*e factos que inequivocamente a revelem* e deve ser sancionada com a remoção apenas no caso de ser muito grave.

Na alínea c) estão previstas as *infracções* pelo cabeça-de-casal *dos seus deveres processuais*, não se exigindo que essa infracção seja dolosa. De qualquer modo, deverá ser de tal forma grave que venha a causar transtornos sérios no normal andamento do processo, tais como: – *a falta de comparência* a juízo, quando devidamente notificado, sem apresentar qualquer justificação; a *recusa injustificada de prestar declarações; a falta de relacionação* de bens, especialmente depois de lhe ter sido prorrogado para o efeito o prazo, como é costume, por diversas vezes; a *falta de junção de documentos necessários*, sem justificação plausível; a *falta de prestação de contas*, etc.

Na alínea d) contempla-se a válvula de segurança para o sistema, isto é, contempla-se a *possibilidade de remover um cabeça-de-casal nomeado na pura ignorância de se tratar de pessoa incapaz de desempenhar o cargo, mas cuja incapacidade se foi revelando à medida que o exerce*. Esta incapacidade é apenas *incapacidade moral*, que não a física, pois esta é apenas causal de pedido de escusa pelo atingido pela incapacidade.

O processo de remoção do cabeça-de-casal está previsto, como incidente que é, no artigo 1 334.º do Código de Processo Civil (note-se que, a partir da reforma do processo de inventário, desapareceram as regras específicas dos incidentes, que eram previstas nos artigos 1 399.º a 1 403.º do Código de Processo Civil, preceitos que foram expressamente revogados e substituídos pelas regras gerais dos incidentes da instância – artigos 302.º a 304.º do mesmo diploma). Tem de haver um requerimento, que não é autuado por apenso, devendo ser oferecidas com ele todas as provas (art. 302.º do Código de Processo Civil). A oposição é deduzida no prazo de 10 dias (art. 303.º daquele diploma). A instrução é sumária, sendo gravados os depoimentos das testemunhas, se for requerida a gravação e, se a decisão for no sentido da remoção, nela deve ser logo indicado um outro cabeça-de-casal. Nessa decisão deverá também o Juiz ordenar a *entrega de certidão ao Ministério Público*, no caso de ter sido fundada na falta de obediência a qualquer ordem judicial, a fim de ser promovido o respectivo procedimento criminal.

Da decisão que determinar a remoção cabe a*gravo com efeito meramente devolutivo*.

ESCUSA DO CARGO DE CABEÇA-DE-CASAL – INCIDENTE

A possibilidade de o cabeça-de-casal nomeado para um inventário vir ao processo pedir escusa está prevista, como incidente da instância, no artigo 1 339.º, n.º 3, do Código de Processo Civil, sendo seus fundamentos os previstos no artigo 2085.º do Código Civil:

a) Se tiver *mais de setenta anos de idade*.

b) Se estiver *impossibilidade por doença* de exercer convenientemente as funções;

c) Se *residir fora da comarca* cujo tribunal é competente para o inventário;

d) Se o exercício das funções de cabeça-de-casal for *incompatível com o desempenho de cargo público* que exerça.

É claro que, se qualquer destes fundamentos preexiste no momento em que o cabeça-de-casal é designado, é fundamento de escusa. Se surge apenas depois, durante o exercício dessas funções, rigorosamente é fundamento para o pedido de exoneração e não de escusa. O legislador, porém, *não distinguiu*, permitindo que o cabeça-de-casal pudesse vir *pedir escusa a todo o tempo*.

No seu requerimento o cabeça-de-casal deverá logo indicar a identidade de quem, segundo a lei, lhe deverá suceder. No entanto, enquanto não for nomeado outro, continuará o próprio requerente da escusa a exercer as funções.

O incidente corre nos *próprios autos*.

IMPUGNAÇÃO DA COMPETÊNCA DO CABEÇA-DE-CASAL – INCIDENTE

Diz-se no artigo n.º 1 343.º, n.º 1, do Código de Processo Civil que os interessados directos na partilha e o Ministério Público, quando citado, podem impugnar a competência do cabeça-de-casal nos 20 dias seguintes à citação.

Os fundamentos da impugnação têm a ver com a *preterição das regras relativas à hierarquia* dos chamados por lei a desempenhar o cargo.

O legislador da reforma acabou com o paradoxo de se permitir aos próprios credores da herança impugnar a competência do cabeça-de--casal, paradoxo esse que consistia em se não vislumbrar qualquer interesse por parte deles que legitimasse a sua iniciativa.

O cabeça-de-casal nomeado não pode impugnar a sua própria competência, já o podendo fazer o requerente do inventário que veja nomeado cabeça-de-casal outro que não o indicado por si, fazendo-o no prazo de vinte dias a contar da data em que é notificado do despacho que designou o cabeça-de-casal.

O incidente processa-se *nos próprios autos e nunca tem efeitos suspensivos*. Nem no caso, que há-de ser raro, em que o Juiz remete os interessados para os meios comuns, por a questão carecer de mais larga indagação. *O processo prosseguirá sempre, com a intervenção do cabeça--de-casal impugnado* – n.º 4 do artigo 1339.º.

PRESTAÇÃO DE CONTAS DO CABEÇA-DE-CASAL
– INCIDENTE

Já dissemos acima que um dos deveres do cabeça-de-casal é o de prestar contas anualmente, o que se encontra consagrado no artigo n.º 2 093.º, n.º 1, do Código Civil.

Essa prestação de contas destina-se a *evitar abusos de um cabeça-de--casal pouco escrupuloso*, servindo para ser pago do que lhe for devido e para lhe ser exigido o saldo que venha a existir a favor da herança.

Essas contas deverão ser prestadas por *dependência do processo de inventário relativamente ao período de tempo decorrido após a sua investidura no processo*, sendo o processo aplicável o que se prevê no artigo 1 019.º do Código de Processo Civil:

"As contas a prestar por representantes legais de incapazes, pelo cabeça-de-casal e por administrador ou depositário judicialmente nomeados são prestadas por dependência do processo em que a nomeação haja sido feita."

Mais *controversa* é a questão de saber se as contas respeitantes *ao período de tempo decorrido entre a data da abertura da sucessão e a data da nomeação formal do cabeça-de-casal em processo de inventário* são ou não prestadas nesse mesmo incidente do processo, já que é sabido que o cargo de cabeça-de-casal começa a ser desempenhado, independentemente de qualquer nomeação formal, desde a morte do autor da sucessão.

Alguns defendem que todas as contas são prestadas no mesmo processo incidental e outros que *estas últimas apenas podem ser prestadas segundo o processo especial do artigo 1 014.º e seguintes do Código de Processo Civil, sendo o tribunal competente o do domicílio do réu.*

A obrigação de prestar contas *prescreve no prazo ordinário de vinte anos previsto no artigo 309.º do Código Civil* e transmite-se aos herdeiros do obrigado.

PRESTAÇÃO FORÇADA

O cabeça-de-casal pode ser compelido a prestar contas pelo Ministério Público, no caso de inventário de incapazes, e pelos directamente interessados na partilha, sendo discutível, quanto a estes, se *será caso de litisconsórcio necessário activo*, ou não.

No incidente, a correr por *apenso ao processo de inventário*, o cabeça-de-casal é citado para, no prazo de *trinta dias, apresentar as contas* da sua administração, *ou contestar a acção*, sob pena de não poder deduzir oposição às contas apresentadas pelos requerentes. *Se não contestar, poderá pedir a prorrogação do prazo* para prestação de contas.

Se contestar, poderão os requerentes responder e, produzida a prova oferecida com os articulados, é a questão logo decidida. *Decidindo-se que o cabeça-de-casal é obrigado a prestar contas, é notificado para as apresentar dentro de vinte dias*, sob pena de lhe não poder ser lícito contestar as que os requerentes apresentarem.

Nas contas apresentadas pelo cabeça-de-casal, em forma de *conta corrente*, especificam-se a *proveniência das receitas e a aplicação das despesas*, bem como o respectivo saldo. A inscrição na conta das verbas das receitas faz prova contra o cabeça-de-casal.

Os requerentes podem contestar as contas assim apresentados pelo cabeça-de-casal, impugnando as verbas da receita, alegando que há receita não incluída nas contas ou impugnando as verbas relativas às despesas. O cabeça-de-casal *poderá ainda responder, no prazo de dez dias*, seguindo-se os termos do processo *ordinário ou sumário* conforme o valor.

Não sendo contestadas as contas, é notificado o cabeça-de-casal para oferecer as provas que entender e, produzidas estas, o Juiz decide.

O tribunal decide segundo a sua experiência podendo considerar justificadas sem documentos as verbas de receita ou despesa em que não é costume exigi-los.

Se o cabeça-de-casal for judicialmente obrigado a prestar contas e *o não fizer, podem os requerentes apresentá-las nos trintas dias seguintes*, pela forma já referida, não sendo o cabeça-de-casal admitido a contestá-las. Neste caso, serão *julgadas segundo o prudente arbítrio do julgador* e depois de feitas as averiguações convenientes.

PRESTAÇÃO ESPONTÂNEA

As contas podem também ser prestadas espontaneamente pelo cabeça-de-casal, em forma de conta corrente e instruídas com os documentos necessários. Neste caso, *são citados os interessados para as contestarem no prazo de trinta dias, seguindo-se a resposta do cabeça-de-casal e tudo o mais mencionado para a prestação forçada.*

EXIGÊNCIA DO SALDO

Diz-se no artigo n.º 1 016.º, n.º 4, do Código de Processo Civil que: "Se as contas apresentarem saldo a favor do autor, pode este requerer que o réu seja notificado para, dentro de dez dias, pagar a importância do saldo, sob pena de, por apenso, se proceder a penhora e se seguirem os termos posteriores da execução por quantia certa (...)."

É bom de ver que *esta norma não é aplicável, na sua pureza, às contas prestadas por dependência do processo de inventário*, pois quanto à distribuição do saldo das contas prestadas em processo de inventário há que observar o disposto no artigo n.º 2 093.º, n.º 3, do Código Civil:

"3 – Havendo saldo positivo, é *distribuído pelos interessados, segundo o seu direito*, **depois** *de deduzida a quantia necessária para os encargos do novo ano.*"

Não fixou a lei qualquer critério para se determinar qual a *importância do saldo positivo que deverá ser retida* para ocorrer às despesas do novo ano, confiando-se aos próprios interessados essa tarefa e fazendo intervir o Juiz apenas no caso de existirem divergências entre eles.

Deve ainda referir-se que, segundo se dispõe no artigo n.º 2 092.º do Código Civil, *"Qualquer dos herdeiros ou o cônjuge meeiro tem o direito de exigir que o cabeça de casal distribua por todos até metade dos rendimentos que lhe caibam, salvo se forem necessários, mesmo nessa parte, para satisfação de encargos da administração".*

E, por isso, diz-se, no n.º 2, do artigo 2 093.º, do mesmo Código, que os rendimentos entregues nesses termos aos herdeiros ou meeiro *entram como despesas na posterior prestação de contas.*

Portanto, é de concluir que *a possibilidade daquela exigência nada tem a ver com a obrigação de prestar contas* por banda do cabeça-de--casal.

O INVENTÁRIO NADO-MORTO

Preceituava o artigo n.º 1 328.º do Código de Processo Civil:

"1 – Quando pelas declarações do cabeça-de-casal se reconheça que não há fundamento para o inventário, é ouvido o requerente, e, se o inventário tiver sido instaurado como obrigatório, também o Ministério Público.

2 – O processo é *dado por findo* se nenhuma das entidades ouvidas sustentar que há motivo para a sua continuação ou se dos documentos apresentados resultar que o inventário não deve prosseguir; em caso contrário ordenar-se-á o prosseguimento do processo."

Era o inventário chamado de nado-morto, que acontecia com certa frequência relativamente aos obrigatórios, pois este processo era instaurado, na maioria das vezes, através de *informações* obtidas pelas Conservatórias do Registo Civil junto de pessoas pouco habilitadas a fornecê-las, como sejam os encarregados do funeral do falecido. E *como não vigora o princípio de que as declarações do cabeça-de-casal fazem fé em Juízo até prova em contrário, o legislador conferia oportunidade ao requerente do inventário e ao M.º P.º, no caso de inventário obrigatório, de as impugnar.*

Esta norma desapareceu, como já foi dito supra, como consequência lógica do desaparecimento dos inventários obrigatórios. Agora, mesmo nos inventários de incapazes, ausentes em parte incerta ou pessoa colectiva, apenas haverá processo depois de o M.º P.º se certificar de que é caso disso.

PROSSEGUIMENTO DO PROCESSO

Diz-se no artigo 1 341.º do Código de Processo Civil:
"1 – Quando o processo deva prosseguir, são citados para os seus termos os interessados directos na partilha, o Ministério Público, quando a sucessão seja deferida a incapazes, ausentes em parte incerta ou pessoas colectivas, os legatários, os credores da herança e, havendo herdeiros legitimários, os donatários.
2 – O requerente do inventário e o cabeça-de-casal são notificados do despacho que ordene as citações."

O Juiz, porém, *antes de ordenar as citações, deve assegurar-se se estão ou não nomeados representantes aos incapazes nesse momento conhecidos.*

Na verdade, segundo se dispõe no artigo 10.º do Código de Processo Civil, "Os *incapazes só podem estar em Juízo por intermédio dos seus representantes*, ou autorizados pelo curador, excepto quanto aos actos que possam exercer pessoal e livremente.

Vejamos, pois, relativamente a cada uma das espécies de incapazes como se resolve o problema da respectiva **representação** em processo de inventário.

MENORES

A representação dos menores compete aos **pais** – art. 1 878.º do Código Civil. O conteúdo desse poder de representação encontra-se definido no artigo 1 881.º do mesmo Código – *exercício de todos os direitos e cumprimentos de todas as obrigações do filho*, exceptuados os actos puramente pessoais, aqueles que o menor tem o direito de praticar pessoal e livremente e os actos respeitantes a bens cuja administração não pertença aos pais.

Na constância do matrimónio, o poder paternal compete a *ambos os cônjuges*, podendo qualquer deles recorrer ao tribunal para resolver eventuais divergências nesse exercício.

O menor nascido *fora do casamento é representado pelo progenitor que o reconheceu* e, no caso de ter sido reconhecido por ambos, compete o poder paternal ao progenitor que *tiver a guarda do filho*, presumindo-se ainda que a mãe tem a guarda do filho, presunção essa que pode ser judicialmente elidida.

Nos casos de divórcio, separação judicial de pessoas e bens, declaração de nulidade e anulação do casamento, o poder paternal é exercido pelo progenitor a quem o *filho foi confiado* – art. 1 906.º do Código Civil.

O menor, todavia, está sujeito a tutela, nos seguintes casos, segundo se dispõe no artigo 1 921.º do Código Civil:

a) Se *os pais houverem falecido.*
b) Se *estiverem inibidos do exercício do poder paternal.*
c) Se *estiverem impedidos de facto, há mais de seis meses*, de exercer o poder paternal.
d) *Se forem desconhecidos.*

Sempre que o menor se encontre numa destas situações, deve o tribunal competente promover a instauração da **tutela**. Esta é exercida por um *tutor e pelo conselho de família*. Por sua vez, este é constituído por *dois vogais e pelo agente do Ministério Público*, que preside.

Pertence ao conselho de família, de um modo geral, *vigiar o modo como são desempenhadas as funções do tutor.* Um dos seus membros, designado de *protutor exerce essa vigilância de modo permanente.*

O tutor é nomeado de entre os parentes ou afins do menor ou de entre as *pessoas que de facto tenham cuidado ou estejam a cuidar do menor*, depois de ouvido o conselho de família – art. 1 931.º do Código Civil. Isto *na falta de tutor designado pelos pais ao menor em testamento e* **confirmado** *pelo Tribunal.*

Segundo o disposto no artigo n.º 1 933.º do Código Civil, **não podem ser** tutores:

1 – *Os menores* não emancipados, os *interditos* e os *inabilitados.*

2 – Os *notoriamente dementes* e as pessoas de *mau procedimento ou sem modo de vida* conhecido.

3 – Os *inibidos do exercício do poder paternal* ou total ou parcialmente suspensos desse exercício.

4 – Os *removidos ou suspensos de exercício doutra tutela*, ou do cargo de vogal do conselho de família.

5 – Os *judicialmente declarados culpados de divórcio* ou separação judicial de pessoas e bens.

6 – Os *que tenham demanda pendente* com o menor ou com os pais dele, ou *a tenham tido há menos de cinco anos*, bem como os respectivos pais, filhos ou cônjuges e *os inimigos pessoais do menor* ou seus pais.

7 – Os que, *em testamento, tenham sido excluídos* por qualquer dos progenitores do menor.

8 – Os *magistrados judiciais ou do Ministério Público*, que exerçam funções na comarca do domicílio do menor ou na da situação dos seus bens.

Por seu turno, **os vogais** do conselho de família são escolhidos entre *os parentes ou afins* do menor, tendo-se em conta *a proximidade de grau, as relações de amizade, a idade, as aptidões, o interesse manifestado* pela pessoa do menor e a residência. Sempre que possível, um dos vogais representará a linha materna e o outro a linha paterna. Não podem ser nomeados vogais do conselho de família aqueles que não podem ser nomeados tutores.

O exercício do cargo de vogal do conselho de família é gratuito, mas o tutor tem direito a uma remuneração, que nunca pode exceder a décima parte dos rendimentos líquidos do menor.

Ora, declarado pelo cabeça-de-casal que certo menor interessado no processo de inventário não está sujeito ao poder paternal, nem lhe foi ainda instituída tutela, deverão os autos seguir com *vista ao Ministério Público*, que promoverá a *extracção de uma certidão* a remeter aos serviços do Ministério Público junto do Tribunal que competente for para ser promovida a instauração de tal tutela. Ao mesmo tempo, deverá ser promovido, ao abrigo do artigo 11.º, do Código de Processo Civil, a nomeação ao menor de um curador especial naquele processo de inventário, indicando-se desde logo a respectiva identidade, que funcionará como um tutor provisório até ser instituída a tutela no competente processo.

Logo que instaurada tal tutela e logo que conhecida a identidade do respectivo tutor, deverá o mesmo substituir o tutor provisório, no caso de ter sido nomeada pessoa diferente, ou confirmá-lo como definitivo, no caso de ser a mesma.

Como já foi dito supra, desapareceu do actual processo de inventário a intervenção do conselho de família, o qual deixou de ser convocado, para ele, quando fosse caso disso. Por isso, deixou o cabeça-de-casal de ser obrigado a indicar, nas suas primeiras declarações, a identidade dos vogais do conselho de família.

A permissão de se cumularem inventários fazia surgir a questão de saber se se devia constituir apenas um conselho de família ou mais do que um, no caso de haver menores sujeitos a tutela, pertencentes a famílias inteiramente diferentes.

O Dr. J. A. Lopes Cardoso, a fls. 361, do volume I, da obra supra citada, entendia que "em boa doutrina e no melhor direito, nada impede que se constitua e funcione mais do que um conselho de família".

E, de facto, verificando-se que o legislador instituiu o conselho de família como órgão fiscalizador de determinado tutor, determinando que se constituísse de acordo com os interesses do menor, isto é, que os seus membros tivessem uma concreta ligação com o menor, ou pelo parentesco, ou pela afinidade, ou pela especial ligação com ele, tal desígnio seria totalmente ultrapassado se se admitisse que a doutrina correcta seria a que propugna a intervenção de um único conselho de família num inventário, mesmo que nele sejam interessados menores pertencentes a famílias diversas e sem parentesco ou afinidade entre si.

A questão, agora, encontra-se ultrapassada, com o desaparecimento, dos inventários, do conselho de família.

Diz-se no artigo n.º 1881, n.º 2 do Código Civil que, se houver conflito de interesse entre qualquer dos pais e filho sujeito ao poder paternal é o menor representado por um curador especial nomeado pelo Tribunal.

Do mesmo passo se diz no n.º 1 do artigo 1 329.º do Código de Processo Civil:

"1 – O incapaz é representado por curador especial quando o representante legal concorra com ele à herança ou a ela concorrerem vários incapazes representados pelo mesmo representante.
2 – (...)
3 – (...)"

Ao Ministério Público incumbe igualmente promover essa nomeação – artigo 11.º, do Código de Processo Civil.

INTERDITOS

Segundo se dispõe no artigo n.º 139.º do Código Civil, "o interdito é equiparado ao menor, sendo-lhe aplicáveis, com as necessárias adaptações, as disposições que regulam a incapacidade por menoridade e fixam os meios de suprir o poder paternal".

Quanto ao tutor a nomear ao interdito estabelece a lei uma ordem de prioridade no artigo 143.º daquele diploma legal:

1 – *Cônjuge* do interdito, salvo se estiver separado judicialmente.
2 – *Pessoa designada pelos progenitores* em testamento ou documento autêntico ou autenticado.
3 – *Qualquer dos progenitores* do interdito.
4 – *Filhos maiores*, preferindo o mais velho.

5 – *Pessoa designada pelo tribunal*, ouvido o conselho de família, no caso de não ser possível aproveitar nenhuma das anteriores prioridades.

INABILITADOS

Diz-se no artigo n.º 154.º do Código Civil que *a administração do património do inabilitado* pode ser entregue pelo tribunal, no todo ou em parte, ao curador. Neste caso, num processo de inventário em que seja interessado tal inabilitado, é o mesmo representado pelo dito curador.

Haverá lugar à constituição do *conselho de família* e é designado um *subcurador*. Em tudo o que se não ache especialmente regulado é aplicável às inabilitações, com as devidas adaptações, o regime das interdições – art. 156.º do Código Civil. Por isso, deve seguir-se para a *nomeação* do curador a *mesma ordem de prioridade* apontada para a designação do tutor do interdito.

ANÓMALOS PSÍQUICOS, SURDOS-MUDOS, CEGOS, quando não esteja judicialmente decretada a interdição ou a inabilitação, bem como os **PARALÍTICOS e as PESSOAS IMPOSSIBILITADAS DE RECEBER A CITAÇÃO**.

Conjugando o que se dispõe nos arts. 14.º; 242.º e 1 329.º, n.º 1, todos do Código de Processo Civil, conclui-se que àqueles incapacitados é nomeado pelo Juiz do processo, depois de ouvido o Ministério Público, um *curador especial*, que os *representa ao longo do inventário*.

Na sua nomeação deve seguir-se a ordem de prioridade estabelecida para a nomeação do tutor do interdito.

AUSENTES

Se a curadoria definitiva ou a provisória dos bens do ausente tiver sido já decretada, pertencerá ao *curador nomeado* nesse processo a representação do ausente.

Decorridos *dois anos* sem se saber do ausente, que não tenha deixado representante legal nem procurador bastante, ou *cinco anos*, no caso contrário, pode o Ministério Público ou qualquer interessado requerer a *justificação dessa ausência* – artigo n.º 99.º do Código Civil.

Essa justificação pode ou não ser precedida de curadoria provisória dos bens do ausente quando haja necessidade de prover à sua administração e o respectivo dono tenha desaparecido para parte incerta.

O curador provisório será escolhido de entre *o cônjuge do ausente, algum dos herdeiros presumidos ou algum interessado na conservação dos seus bens.*

Os curadores definitivos dos bens do ausente são os herdeiros a quem forem entregues os bens após a partilha.

Esta partilha é a referida no artigo n.º 1 108.º do Código de Processo civil:

"1 – Para deferimento da curadoria e entrega dos bens do ausente, seguir-se-ão os termos do processo de inventário, *com intervenção do Ministério Público* e nomeação do cabeça-de-casal."

Diz-se ainda no artigo 114.º do Código Civil:

"1– *Decorridos dez anos* sobre a data das últimas notícias, ou passados cinco anos, se entretanto o ausente houver completado oitenta anos de idade, podem os interessados a que se refere o artigo 100.º requerer a *declaração de morte presumida.*

2 – A declaração de morte presumida não será proferida antes de haver decorrido cinco anos sobre a data em que o ausente, se fosse vivo, atingiria a maioridade.

3 – A declaração de morte presumida do ausente não depende de prévia instalação da curadoria provisória ou definitiva e referir-se-á ao fim do dia das últimas notícias que dele houve."

E o artigo 1 110.º do Código de Processo Civil:

"*O processo de justificação da ausência regulado nos artigos 1 103.º a 1 107.º é o também aplicável ao caso de os interessados pretenderem obter a declaração da morte presumida do ausente* e a sucessão nos bens ou a entrega deles, sem prévia instituição da curadoria definitiva."

A declaração de morte presumida produz os mesmos efeitos que a morte.

Nesse caso, preceitua-se no n.º 2 do artigo 1 329.º do Código de Processo Civil:

"1– (...)

2 – O ausente em parte incerta, não estando instituída a curadoria, é também representado por curador especial.

3 – (...)"

É claro que, antes de nomear curador ao ausente a secretaria assegurar-se-á previamente de que não é conhecida a residência do citando, podendo colher informações, designadamente das autoridades policiais e administrativas. Depois, o juiz nomeará tal curador e determinará que o ausente seja citado editalmente, nos termos do artigo 244.º do Código de Processo Civil.

Esse curador, findo o processo de inventário, ficará com a administração dos bens adjudicados ao ausente, com os direitos e deveres do curador provisório, até que seja deferida a curadoria definitiva – artigo 1 329.º, n.º 3, do Código de Processo Civil.

INSOLVENTES

Diz-se no artigo 81º.º do Código da Insolvência e da Recuperação de Empresas que:

"1 – Sem prejuízo do disposto no título X, a declaração de insolvência priva imediatamente o insolvente, por si, ou pelos seus administradores, dos poderes de administração e de disposição dos bens integrantes da massa insolvente, os quais passam a competir ao administrador da insolvência.

2 – Ao devedor fica interdita a cessão de rendimentos ou a alienação de bens futuros susceptíveis de penhora, qualquer que seja a sua natureza, mesmo tratando-se de rendimentos que obtenha ou de bens que adquira posteriormente ao encerramento do processo.

3 – Não são aplicáveis ao administrador da insolvência limitações ao poder de disposição do devedor estabelecidas por decisão judicial ou administrativa, ou impostas por lei apenas em favor de pessoas determinadas.

4 – O administrador da insolvência assume a representação do devedor para todos os efeitos de carácter patrimonial que interessem à insolvência.

5 – A representação não se estende à intervenção do devedor no próprio processo de insolvência, seus incidentes e apensos, salvo expressa disposição em contrário.

6 – (...)
7 – (...)
8 – (...)"

Portanto, no inventário judicial em que seja interessado, o falido é representado pelo administrador de insolvência.

PESSOAS COLECTIVAS

Diz-se no artigo n.º 163.º do Código Civil que "a representação da pessoa colectiva, em juízo e fora dele, cabe *a quem os estatutos determinarem* ou, na falta de disposição estatuária, *à administração ou a quem por ela for designado*.

JURAMENTO

Resta acrescentar, relativamente a esta matéria da representação dos incapazes em processo de inventário que, embora a lei não o determine expressamente e a sua falta não possa constituir nulidade nem irregularidade com influência na decisão do respectivo processo, *é prática corrente tomar juramento, em auto presidido pelo juiz*, ao representante ou representantes dos incapazes, nomeados no processo de inventário.

ESCUSA DOS CARGOS DA TUTELA, CURATELA OU CURADORIA PROVISÓRIA DOS BENS DO AUSENTE – INCIDENTE

Como vimos, é frequente a nomeação, em processo de inventário, de tutor provisório, curador ou curador provisório dos bens do ausente.

Estes representantes podem vir pedir escusa daqueles cargos, nos próprios autos, através de *requerimento* em que se alega os fundamentos do pedido e se oferecem logo as provas. A decisão será proferida depois de ouvidos os outros interessados, se for necessário, e de serem colhidas as informações convenientes.

O tutor provisório poderá invocar como *fundamento* de escusa os seguintes motivos, que constam do artigo n.º 1 934.º do Código Civil:

1 – Ser *Presidente da República ou membro do Governo*.

2 – Ser *bispo ou sacerdote que tenha cura de almas*, ou religioso que viva em comunidade.
3 – Ser *militar em serviço activo*.
4 – *Residir fora da comarca* onde o menor tem a maior parte dos bens.
5 – Ter *mais de três descendentes* a seu cargo.
6 – O que exerce *outra tutela* ou curatela.
7 – Ter mais de *sessenta e cinco anos* de idade.
8 – *Não ser parente nem afim em linha recta do menor*, nem seu colateral até ao quarto grau.
9 – *Padecer de doença ou ser muito ocupado* ou carecer de meios económicos.

Os curadores nomeados aos interessados incapazes de receber a citação poderão invocar como fundamento de escusa os motivos acabados de referir para o tutor provisório, já que a curatela é equiparada para esses efeitos à tutela do interdito (art. 156.º do Código Civil) e, por sua vez, à interdição são aplicáveis as disposições que regulamentam a incapacidade por menoridade, com as devidas adaptações (art. n.º 139.º daquele Código Civil).

Por isso, relativamente a esse curador há apenas que acrescentar que *o cônjuge do incapaz, bem como os descendentes ou ascendentes dele não podem escusar-se da curatela, a não ser que tenha havido violação das regras de prioridade* estabelecidas no já citado artigo n.º 143.º do Código Civil – artigo n.º 146.º do Código Civil.

Mais complicado parece ser o caso do curador nomeado pelo Tribunal ao ausente em parte incerta e que, como vimos, é equiparado ao curador provisório dos bens do ausente.

É que o cargo de curador provisório não é de aceitação obrigatória e, por isso, na lei Civil, não se encontra qualquer preceito que permita a sua escusa. No entanto, é seguro que a lei adjectiva abrange tal curador. No domínio do Código de Processo Civil de 1939 e Código Civil de Seabra afirmava Manuel Flamino dos Santos Martins, in Processos Sucessórios, vol III pág. 7 – 679, que "Temos que recorrer à analogia e esta estabelece-se melhor com o tutor do que com os vogais do conselho de família."

Só que, no actual Código Civil, faz-se a equiparação do curador dos bens do ausente ao mandatário – art. 94.º – "O curador fica sujeito ao regime do mandato geral (...)". No artigo 1 174.º, do mesmo Código, afirma-se que o mandato caduca por *inabilitação do mandante*.

Por isso, afigura-se-nos que os fundamentos da escusa desse curador só podem ter a ver com essa inabilitação.

Não estabelece a lei qualquer prazo para formular o pedido de escusa, mas, sendo certo que, quanto a estes representantes, se distinguem os casos de escusa dos de exoneração e que essa distinção consiste em existirem, ou não, os seus fundamentos na data da nomeação, parece que o prazo não poderá deixar de ser o *prazo de dez dias* estabelecido no artigo n.º 153.º, do Código de Processo Civil, a contar da data da notificação do despacho em que se nomeia o representante.

EXONERAÇÃO DOS CARGOS DE TUTOR PROVISÓRIO, CURADOR DO INCAPAZ DE RECEBER A CITAÇÃO E CURADOR PROVISORIO DOS BENS DO AUSENTE EM PARTE INCERTA – INCIDENTE

Do mesmo modo, aqueles representantes podem pedir a exoneração dos cargos para que foram nomeados e já vimos em que é que esta se distingue da escusa.

O processo a adoptar e os fundamentos da exoneração são os mesmos já analisados.

Os pressupostos, todavia, é que são diferentes, estabelecendo a lei civil para o tutor, no artigo n.º 1 950.º, do respectivo Código, que pode ser exonerado *se sobrevier alguma das causas de escusa e ao fim de três anos*, nos casos em que se podia ter escusado a aceitar o cargo, se subsistir a causa de escusa.

Idênticos pressupostos para o curador nomeado ao incapaz de receber a citação, com excepção do cônjuge, descendentes ou ascendentes do incapaz, que não podem pedir exoneração. Porém, *os descendentes podem pedir a exoneração ao fim de cinco* anos, se existirem outros descendentes igualmente idóneos para o exercício do cargo – artigo 146.º, n.º 2, do Código Civil.

Já o curador nomeado ao ausente, seguindo o nosso anterior raciocínio, apenas poderá pedir exoneração do cargo no caso de surgirem causas da sua inabilitação no decurso do seu exercício.

O pedido de exoneração referido pode surgir a todo o tempo.

REMOÇÃO DOS CARGOS DE TUTOR PROVISÓRIO, CURADOR, OU CURADOR PROVISÓRIO DO AUSENTE EM PARTE INCERTA – INCIDENTE

A remoção da pessoa investida no cargo de tutor (só interessa aqui o nomeado em processo de inventário. Por isso, o provisório) *pode ser requerida pelo Ministério Público, por qualquer parente do menor ou pela pessoa à guarda de quem o menor esteja confiado* – art. 1 949.º do Código Civil. O mesmo relativamente aos vogais do conselho de família – art. 1 960.º.

As causas dessa remoção são as previstas no artigo 1 948.º.

1 – *Se o tutor faltar ao cumprimento dos deveres próprios* do cargo ou revelar inaptidão para o seu exercício.

2 – O que, por facto superveniente, *se constitua nalguma situação que impediria a sua nomeação* (as quais já foram analisadas supra).

O mesmo se diga relativamente ao representante nomeado ao incapaz de receber a citação, por via da conjugação dos já referidos artigos com os n.º 156.º e 139.º do Código Civil.

Já o *curador provisório do ausente apenas poderá ser substituído a requerimento do Ministério Público ou de qualquer interessado, logo que se mostre inconveniente a sua permanência no cargo* – art. 97.º do Código Civil.

O incidente aqui analisado processa-se nos próprios autos e os depoimentos das testemunhas arroladas, com as limitações previstas no artigo n.º 304.º do Código de Processo Civil, são em regra, orais.

PRESTAÇÃO DE CONTAS DOS REPRESENTANTES DOS INCAPAZES NOMEADOS EM PROCESSO DE INVENTÁRIO

Só a prestação de contas dos supra referidos representantes interessa aqui considerar, dado o disposto no artigo 1 019.º do Código de Processo civil:

"As contas a prestar por representantes legais de incapazes, pelo cabeça-de-casal e por administrador ou depositário judicialmente nomeados são prestadas por dependência do processo em que a nomeação haja sido feita."

O *curador especial, nomeado ao incapaz quando o seu representante concorra com ele à partilha*, bem como o curador nomeado ao ausente em parte incerta, sem ter sido deferida a curadoria, por força do disposto no n.º 3, do artigo n.º 1 329.º, do Código de Processo Civil e artigo 95.º, do Código Civil, *devem prestar contas anualmente ou quando o tribunal o exigir.*

O tutor provisório e o curador nomeado aos incapazes de receberem a citação são obrigados a prestar contas quando cessar a sua gerência, ou, durante ela, sempre que o tribunal o exija – arts. 1 944.º, 139.º e 156.º do Código Civil.

Não sofre dúvidas actualmente a afirmação de que essa prestação de contas segue os termos do artigo 1 020.º do Código de Processo Civil, não obstante e à primeira vista parecer que este processo apenas é aplicável às contas do tutor, do curador e do depositário judicial. É que o Dec.-lei n.º 513-X/79, de 27 de Dezembro, veio introduzir no actual Código de Processo Civil um preceito novo, a que foi dado o n.º 1 022.º-A, através do qual, se estendeu a aplicação do processo em questão às contas a prestar pelos progenitores do menor, no caso especial previsto no artigo n.º 1 920.º, n.º 2, do Código Civil; às contas do administrador de bens do menor e às contas do adoptante. Por maioria de razão *será de tornar extensível a aplicação do mesmo processo às contas a apresentar por todos os representantes dos incapazes.*

PRESTAÇÃO ESPONTÂNEA

Segundo se dispõe no aludido artigo n.º 1 020.º, a esta forma de prestação são aplicáveis as regras já analisadas para a prestação de contas do cabeça-de-casal, com algumas alterações.

Apresentadas espontaneamente as contas, *são notificados para contestar o Ministério Público e o protutor ou subcurador*, ou o novo tutor ou curador. **Se não houver contestação**, o juiz pode ordenar, oficiosamente ou a requerimento do Ministério Público, as diligências necessárias e encarregar pessoa idónea de dar parecer sobre as contas. *O inabilitado é ouvido oralmente antes da decisão* e esta é proferida sem audiência de discussão e julgamento.

Se houver contestação, com ela são oferecidas todas as provas, podendo o apresentante responder em dez dias, oferecendo também as provas. Depois, terão lugar as diligências a efectuar antes da audiência de julgamento e nesta observam-se os *termos do processo sumário*, sendo apenas admitidas as provas que o juiz considere necessárias, cumprindo--lhe ouvir aí oralmente o inabilitado.

PRESTAÇÃO FORÇADA

Diz-se no artigo n.º 1 021.º do Código de Processo Civil que:

"1 – Se o tutor ou curador não prestar espontaneamente as contas, é *citado para as apresentar no prazo de 30 dias*, a requerimento do Ministério Público, do protutor, do sub curador ou de qualquer parente sucessível do incapaz; o prazo pode ser prorrogado, quando a prorrogação se justifique por juízos de equidade."

Se as contas forem *apresentadas, seguem-se as regras já analisadas* para a prestação espontânea.

Se *não forem apresentadas* ou não forem apresentadas dentro do prazo concedido ou da sua prorrogação, o juiz ordenará as diligências que tiver por convenientes e decidirá segundo juízos de equidade.

Segundo dispõe o n.º 1, do artigo n.º 1 022.º, do Código de Processo Civil, as contas que devam ser prestadas no caso de *levantamento* da incapacidade ou morte do incapaz, ou nos casos em que o menor se emancipe pelo casamento ou atinge a maioridade, seguem *os termos já analisados para a prestação de contas do cabeça-de-casal, devendo ser ouvido, no entanto, o Ministério Público e o protutor ou o sub curador, quando os haja, antes do julgamento.*

As contas prestadas durante a incapacidade e aprovadas judicialmente *podem ser impugnadas pelo pupilo* ou pelos seus herdeiros nos *dois anos subsequentes* à maioridade ou à morte, se esta ocorreu antes da primeira.

Essa impugnação faz-se no próprio processo em que foram prestadas as contas, mas sempre no tribunal comum, sendo o processo requisitado ao tribunal onde correr.

PRESTAÇÃO DE CAUÇÃO – INCIDENTE

Não interessa estudar aqui todos os casos de prestação de caução a que por lei estão obrigados os representantes dos incapazes, mas apenas aqueles que correm por dependência do processo de inventário, isto é, aquela que deva ser apresentada pelos representantes nomeados nesse processo.

Assim *interessam os casos:*

– Do *tutor provisório* nomeado a interessado menor – artigo n.º 1 935.º, 1 920.º e 1 898.º, n.º 1 todos do Código Civil: *quando ao menor couberem valores móveis de considerável valor e o tribunal a julgue necessária, ou quando a má administração do património do menor o ponha em perigo, sendo ele avultado.*

– Do *curador nomeado ao citando incapaz de receber a citação* nos mesmos termos dos anteriores e com base nas mesmas disposições legais e ainda o artigo n.º 139.º do Código Civil.

– Do *curador nomeado ao ausente em parte incerta*, nos termos do n.º 2, do artigo n.º 1 329.º, do Código de Processo Civil, que é equiparado ao curador provisório dos bens do ausente – artigo n.º 93.º, do Código Civil, e artigo 1 329.º, n.º 3, do Código de Processo Civil. O processo é o previsto no art. 989.º, do Código de Processo Civil, isto é, o processo geral de prestação de caução com algumas especialidades.

PRESTAÇÃO ESPONTÂNEA

O que tem obrigação de prestar caução deve indicar na petição inicial, a autuar por apenso, o motivo por que oferece a caução, o valor a caucionar e o *modo* pelo qual a quer prestar – art. 988.º do Código de Processo Civil.

Depois, é citada a pessoa a favor de quem deve ser prestada para *impugnar o valor ou a idoneidade da garantia.*

Claro que, como essa pessoa é incapaz, deverá o autor requerer, nos termos do n.º 4 do artigo 11.º, do Código de Processo Civil, a *nomeação de um curador especial.*

Não concordamos, pois, com a afirmação de Manuel Flamino dos Santos Martins, na obra supra citada, a fls. 55-727 do III volume, de que "se a pessoa a favor de quem há-de prestar a caução for incapaz ou ausente, a citação deve ser feita na pessoa do protutor e do Ministério Público para deduzirem oposição. "Parece-nos que é uma posição destituída de fundamento legal, quer à luz dos diplomas vigentes na data em que foi tomada quer à luz dos actuais.

Se o citado não deduzir oposição, é logo julgada idónea a caução oferecida. É bom de ver que, sendo o citado incapaz e representado por curador especial, há que cumprir primeiramente o disposto no n.º 1, do art. 15.º, do Código de Processo Civil, isto é, há que ser citado o Ministério Público para defender o incapaz. Só no caso de o M.º P.º não deduzir oposição é que a caução é, desde logo, julgada idónea.

Se for impugnado o valor e a idoneidade da caução ou somente alguma destas indicações, *pode o autor responder à matéria da impugnação e depois se decidirá*, precedendo as diligências que se julgue necessárias – artigo 984.º, n.º 3, do Código de Processo Civil.

Segundo se dispõe no artigo n.º 623.º do Código Civil, a caução pode ser prestada por *meio de depósito de dinheiro, títulos de crédito, pedras ou metais preciosos*, ou por penhor, *hipoteca ou fiança bancária*. Se não puder ser prestada por nenhum destes meios, pode ainda ser prestada por *outra espécie de fiança*, desde que o fiador renuncie ao benefício da excussão.

PRESTAÇÃO FORÇADA

Têm legitimidade para requerer a prestação de caução, no caso previsto no artigo n.º 1 898.º do Código Civil, isto é, o caso de caberem ao menor ou incapaz bens móveis de considerável valor, as pessoas com legitimidade para requererem a inibição do exercício do poder paternal, isto é, *o Ministério Público, qualquer parente do menor ou a pessoa a cuja guarda ele esteja confiado*.

Para o caso previsto no artigo n.º 1 920.º do Código Civil, isto é, o caso de má administração, que ponha em perigo o património do incapaz, sendo esse património de valor considerável, têm legitimidade para requerer a prestação de caução o *Ministério Público ou qualquer parente do incapaz.*

Para o caso do curador nomeado ao ausente em parte incerta, têm legitimidade *quer o Ministério Público, quer qualquer interessado na conservação dos bens do ausente.*

O processo inicia-se com um requerimento, a autuar por apenso ao processo de inventário, onde se declara o motivo por que se pede a caução e o valor que deve ser caucionado – artigo 981.º, do Código de Processo Civil.

O representante do incapaz é citado para deduzir oposição em 15 dias.

Se não contesta é logo condenado no pedido e notificado para declarar por que modo quer prestar a caução. Deverá fazê-lo no prazo de dez dias e, fazendo-o, o requerente pode dizer o que se lhe oferecer sobre a idoneidade do meio, no prazo de 15 dias, e efectuadas as diligências absolutamente indispensáveis se decidirá – artigo 984.º, n.º 3, do Código de Processo Civil.

Se o representante do incapaz ou do ausente não indicar a caução que oferece, observar-se-á o disposto para o caso de esse representante não querer ou não poder prestar caução – art. 989.º, alínea b), do Código de P. Civil.

Assim, segundo se dispõe no artigo n.º 625.º, do Código Civil, o credor tem o direito de requerer *o registo de hipoteca sobre os bens do devedor, ou outra cautela idónea*, salvo se for diferente a solução especialmente fixada na lei.

Quanto ao menor ou incapaz, têm eles hipoteca legal sobre os bens dos seus representantes – art. n.º 705.º, alínea c), do Código Civil. Registe-se aqui que o legislador consagrou no artigo n.º 706.º do Código Civil uma das raras funções deliberativas do conselho de família – a determinação do valor da hipoteca e a designação dos bens sobre que há--de ser registada.

Quanto ao ausente em parte incerta, prevê-se no artigo n.º 93.º, n.º 3, do Código Civil, que, *se o curador não prestar caução, será nomeado outro em lugar dele.*

Se o representante do incapaz ou do ausente *contesta a obrigação* de prestar caução, deverá o juiz decidir depois de proceder às diligências consideradas absolutamente indispensáveis – art. 983.º, n.º 1, do Código de Processo Civil.

Se for condenado a prestar caução, é notificado o representante para a oferecer em 10 dias, seguindo-se o disposto sobre o oferecimento da caução ou da devolução ao requerente do direito de indicar o modo da sua prestação – art. 983.º, n.º 2.

Se impugna somente o valor da caução, deve, ao mesmo tempo, declarar por que modo a quer prestar, sob pena de não ser admitida a impugnação e se seguir o disposto no artigo 989.º, alínea b). Se satisfizer essa exigência, pode o requerente responder, seguindo-se o disposto no artigo 984.º – artigo 983.º, n.º 3, do Código de Processo Civil.

CITAÇÕES

Depois de verificar se estão, ou não, devidamente representados os interessados no processo, que sejam incapazes, profere o Juiz despacho a ordenar se proceda às citações. *Quem é que é citado?*

1 – *O Ministério Público*, quando a sucessão seja deferida a incapazes, ausentes em parte incerta ou pessoas colectivas.

2 – *As pessoas com interesse directo na partilha.*

Como já vimos, as pessoas com interesse directo na partilha são os *herdeiros*, quer os testamentários, quer os legítimos; o *meeiro* do inventariado, naqueles casos em que não é herdeiro; os *usufrutuários* de parte da herança sem determinação de valor ou objecto. Quanto aos cônjuges, não se compreendia muito bem que, no Código de Processo Civil, se contivesse a obrigação de os citar, estivessem em causa, ou não, bens imóveis e fosse qual fosse o regime matrimonial de bens, sendo certo que, na redacção do novo artigo n.º 1 682.º-A do Código Civil (redacção do Dec.-lei n.º 496/77 de 25/11) a alienação ou oneração de imóveis ou do estabelecimento comercial próprios não carecem do consentimento do outro cônjuge, no caso de o casamento ter sido celebrado sob o regime da separação de bens. Por isso, no art. n.º 973.º do anteprojecto do Código de Processo Civil se baniu a referência aos cônjuges dos directamente interessados na partilha, devendo apenas ser citados se eles próprios forem directamente interessados nessa partilha, doutrina que foi por diante na reforma do processo de inventário.

3 – *Os legatários, credores e donatários.*

É claro que estes apenas são citados no caso de existirem herdeiros legitimários. Se o donatário, entretanto, alienou os bens doados, o terceiro adquirente, como terá de ser ouvido sobre tudo o que se relacione com a doação, deverá, na altura própria, ser citado para os termos do processo.

Apesar de se afirmar, no art. 233.º, do Código de Processo Civil, que os interessados podem ser citados pelo correio, continuamos a entender que o M.º P.º é citado, no próprio processo, pelo escrivão respectivo.

Quanto aos demais interessados, o legislador da reforma confessa, no preâmbulo, que foi seu propósito ensaiar-se e testar-se as virtualidades da citação pelo correio de pessoas singulares, permitindo-se a rápida citação dos interessados directos e indirectos.

As citações são feitas oficiosamente pela secretaria e, em primeira linha, por via postal registada.

A lei n.º 14/06, de 26/4, acrescentou ao Código de Processo Civil o artigo 138.º-A, do seguinte teor:

"A tramitação dos processos é efectuada electronicamente em termos a definir por portaria do Ministro da Justiça, devendo as disposições processuais relativas a actos dos magistrados e das secretarias judiciais ser objecto das adaptações práticas que se revelem necessárias".

A partir da entrada em vigor da mencionada portaria, as citações poderão ser feitas por meios electrónicos, passando a ser esta a forma privilegiada de citação pessoal, conforme se depreende da actual redacção da alínea *a*), do n.º 2, do Código de Processo civil.

A Portaria em questão já foi publicada, sob o n.º 117/2008, de 6 de Fevereiro, sendo certo que entrará em vigor, na sua totalidade, até 30 de Junho de 2008.

A citação por via postal registada considera-se feita no dia em que se mostrar assinado o aviso de recepção e tem-se por efectuada na própria pessoa do citando, mesmo quando o aviso de recepção haja sido assinado por terceiro, presumindo-se, salvo demonstração em contrário, que a carta foi oportunamente entregue ao destinatário.

No caso de se frustrar a citação por via postal registada, a mesma é efectuada mediante contacto pessoal do solicitador de execução com o executado. A citação será feita, nos mesmos termos, pelo funcionário judicial, desde que o autor declare, na petição inicial, que assim pretende, pagando para o efeito a taxa fixada no Código das Custas, bem como quando não haja solicitador de execução inscrito em comarca do círculo judicial a que o tribunal pertence. Quando a diligência se considere útil, pode o citando ser previamente convocado por aviso postal registado, para comparecer na secretaria, a fim de aí se proceder à citação. Passados 30 dias sem a que a citação se mostre efectuada, é o autor informado das diligências efectuadas e dos motivos da não realização do acto. Passados mais 30 dias, sem que a citação se mostre efectuada, é o processo imediatamente concluso ao juiz, com a informação das diligências efectuadas e das razões da não realização atempada do acto. Se o solicitador de execução ou o funcionário judicial apurar que o citado reside ou trabalha no lugar indicado, não podendo, todavia, proceder à citação por o não encontrar, deixará nota com indicação de hora certa para a diligência na pessoa encontrada que estiver em melhores condições de a transmitir ao citando ou, quando tal for impossível, afixará o respectivo aviso no local mais indicado, seguindo-se, ainda, os demais formalismos previstos para a citação com hora certa consignados nos números 2 e 3, do artigo 240.º, do C.P.C.

Sempre que a citação se mostre efectuada em pessoa diversa do citando, em consequência do preceituado nos artigos 236.º, n.º 2 (carta de citação não entregue ao próprio citando), e 240.º, n.º 2 (citação com hora certa em que o citando não está presente), ou haja consistido na afixação da nota de citação nos termos do artigo 240.º, n.º 3 (citação com hora certa em que não foi possível obter a colaboração de terceiros), será ainda enviada, pela secretaria, no prazo de dois dias úteis, carta registada ao citando, comunicando-lhe a data e o modo como foi realizado o acto.

Este regime resulta dos artigos 236.º, 238.º, 239.º e 240.º, do Código de Processo Civil, na redacção que lhes foi introduzida pelo Decreto-Lei n.º 38/03, de 08/03, diplomas legais que visaram simplificar e acelerar os mecanismos do processo civil.

É admissível, ainda, a citação promovida por mandatário judicial, nos termos dos artigos 245.º e 246.º, do C.P.C., devendo aquele, na petição inicial, declarar tal propósito.

Os representantes das pessoas colectivas podem ser citados na sede da pessoa colectiva, em sua própria pessoa, se aí se encontrarem, ou na pessoa de qualquer empregado.

Mas se aí se não encontrarem, nem qualquer empregado, procede-se à sua citação por via postal, por carta registada com aviso de recepção, remetida para a sua residência ou local de trabalho – art. 237.º, do Código de Processo Civil.

Se o interessado reside no estrangeiro, a citação é feita pelo correio, em carta registada com aviso de recepção. Isto na falta de tratado e convenção internacional que estipule o contrário – art. 247.º, do Código de Processo Civil.

É, ainda, admissível a citação por intermédio do consulado (se o interessado for português) ou de carta rogatória, nos termos do n.º 3, daquele preceito legal.

Diz-se no n.º 1, do artigo 231.º, do Código de Processo Civil que: "Os incapazes, os incertos, as pessoas colectivas, as sociedades, os patrimónios autónomos e o condomínio são citados ou notificados na pessoa dos seus legais representantes, sem prejuízo do disposto no artigo 13.º".

Quanto aos anómalos notórios, seguem-se os formalismos previstos no artigo 242.º, do Código de Processo Civil:

"1 – Se a citação não puder realizar-se por estar o citando impossibilitado de a receber, em consequência de notória anomalia psíquica ou de outra incapacidade de facto, o solicitador de execução ou o funcionário judicial dá conta da ocorrência, dela se notificando o autor.

2 – De seguida, é o processo concluso ao juiz que decidirá da existência da incapacidade, depois de colhidas as informações e produzidas as provas necessárias.

3 – Reconhecida a incapacidade, temporária ou duradoura, é nomeado curador provisório ao citando, no qual é feita a citação.

4 – Quando o curador não conteste, observar-se-á o disposto no artigo 15.º."

No entanto, a desnecessidade de nomeação de curador pode ser provocada por requerimento do próprio curatelado, podendo este produzir quaisquer provas e sendo a questão apreciada sumariamente – artigo 14.º, n.º 3, do Código de Processo Civil.

Quanto aos ausentes em parte incerta sem curadoria deferida, estabelecida nos termos do processo previsto nos artigos 1451.º e seguintes, do Código de Processo Civil, os formalismos a seguir antes de lhes ser nomeado curador especial estão previstos no artigo 244.º, daquele Código.

Os termos da citação edital desses interessados estão previstos nos artigos 248.º, 249.º e 250.º, do mesmo diploma.

Os herdeiros desconhecidos são citados editalmente e nos termos do artigo 251.º, do Código de Processo Civil.

Os prazos de dilação estão previstos no artigo 252.º-A, do Código de Processo Civil:

– 5 dias, se a citação tiver sido realizada em pessoa diversa do citando ou este resida fora da área da comarca;

– 15 dias, se o citando residir no território das regiões autónomas, correndo o inventário no continente ou em outra ilha, ou vice-versa;

– 30 dias, se o citando residir no estrangeiro ou se tiver sido citado editalmente.

– a dilação de 5 dias, por a citação ter sido realizada em pessoa diversa do citando acresce às demais enunciadas.

Quais as consequências da falta de citação de um interessado? Diz-se no n.º 2 do artigo 1 342.º, do Código de Processo Civil:

"1 – (...)

2 – Verificada, em qualquer altura, a falta de citação de algum interessado, é este citado com a cominação de que, se nada requerer no prazo de 15 dias, o processo se considera ratificado. Dentro desse prazo é o citado admitido a exercer os direitos que lhe competiam, anulando-se o que for indispensável."

Portanto, o regime regra da falta de citação em processo declarativo, que é o da anulação de tudo o que se processe depois da petição, é afastado, por razões de economia processual, a favor de um outro onde impera o princípio do máximo aproveitamento dos actos praticados.

O expediente a remeter aos citandos incluirá cópia das declarações de cabeça-de-casal – artigo 1 342.º, n.º 1, do Código de Processo Civil.

NOTIFICAÇÕES

Enquanto a citação é o acto através do qual se dá conhecimento à outra parte de que foi proposta contra ela determinada acção, chamando-a ao processo para se defender, a notificação serve para *dar a qualquer interessado já chamado* aos autos conhecimento de qualquer facto ou situação, ou para chamar alguém a Juízo.

Por isso é que, ao contrário dos outros interessados, quer o cabeça-de-casal, quer o requerente do processo não são citados, mas antes notificados do despacho que ordenou as citações. O primeiro porque já se encontra no processo, por já ter sido citado a fim de prestar declarações; o segundo porque, sendo o requerente, tem a posição equivalente, em processo de inventário, à de autor, no processo comum.

Preceitua-se no artigo 1 328.º do Código de Processo Civil:

"As notificações aos interessados no inventário, ou respectivos mandatários judiciais, para os actos e termos do processo para que estão legitimados, nos termos do artigo anterior, e das decisões que lhes respeitem, são efectuadas conforme o disposto na parte geral deste Código."

Esta disposição legal teve o mérito de afastar definitivamente uma das mais notórias incongruências do anterior regime.

Na verdade, preceituava-se no anterior artigo 1 330.º do Código de Processo Civil:

"1 – Além de serem citados nos termos do artigo anterior, *os herdeiros e o meeiro são notificados da sentença final* e dos despachos que designem dia para a *conferência de interessados, licitações e sorteios* e do que ordene o *exame do mapa da partilha*. Os legatários são notificados da *sentença final* e do despacho que designe dia para a *conferência destinada à aprovação das dívidas* e forma do seu pagamento, quando toda a herança for dividida em legados ou quando da aprovação das dívidas resulte redução dos legados.

Os *credores* são notificados *da sentença que atenda os seus créditos* e do *despacho que marque dia para a conferência* destinada à aprovação do passivo.

2 – Estas notificações fazem-se s*empre que os notificandos residam na área da comarca*, ainda que não tenham domicílio nem constituam mandatário na sua sede.
3 – Fica **salvo** o disposto nos artigos 229.º, 253.º, 254.º e 255.º, quanto à notificação de outros despachos".

Portanto, como o regime regra para as notificações, antes das alterações introduzidas nos respectivos preceitos do Código de Processo Civil pelo Dec.-lei n.º 242/85, de 9/7, era, no caso de se não tratar de chamar a parte a Juízo, apenas fazer-se quando o notificando havia constituído mandatário, ou, em caso negativo, *quando residisse na sede do tribunal ou aí tivesse escolhido domicílio*, justificava-se plenamente que, no âmbito do processo de inventário, o legislador abrisse excepções a esse regime regra, determinando que certos actos do inventário, que reputou de maior interesse para cada uma das espécies de interessados contemplados, lhes fossem comunicados, *não obstante não tivessem constituído mandatário nem residissem na sede do tribunal, nem aí tivessem escolhido domicílio.*

Para os demais despachos, aqueles que naturalmente reputou de menos importantes, deixou em aberto a possibilidade de serem comunicados aos interessados apenas segundo os ditames do dito regime regra.

Só que *este regime regra foi profundamente modificado* pelo aludido diploma legal – Dec.-lei n.º 242/85 – sendo substituída a primitiva redacção do artigo n.º 255.º do Código de Processo Civil pela seguinte:

"Se a parte não tiver constituído mandatário, as notificações ser-lhe-ão feitas *nos termos estabelecidos para as notificações aos mandatários*."

Isto é, serão notificados por *carta registada* (sem aviso de recepção – Dec.-lei n.º 121/76 de 11/2) dirigida para o domicílio escolhido, mas também podendo ser notificados pessoalmente pelo *escrivão* quando este os encontre no edifício do tribunal.

A notificação *presume-se feita* no terceiro dia posterior ao do registo ou no primeiro dia útil seguinte a esse, quando o não seja.

Ora, *prevendo o n.º 3 do artigo n.º 1 330.º, a aplicação do regime regra para a notificação de outros despachos, deixou de ter sentido a aplicação dos seus n.º 1 e n.º 2, sob pena de cairmos na interpretação absurda, certamente não desejada pelo legislador, de que os despachos mais importantes proferidos em processo de inventário apenas são notificados aos directamente interessados se residirem na área da comarca, ao passo que os menos importantes são notificados a todos os interessados, independentemente do lugar onde residam.*

Tínhamos, pois, como mais conforme com o legislado a doutrina de que o artigo 1 330, n.º 2, se encontrava tacitamente revogada pela nova redacção do artigo 255.º do Código de Processo Civil e que, por isso, todos os despachos de que os interessados devessem ter conhecimento em processo de inventário lhes deviam ser comunicados por carta registada, independentemente do lugar onde tivessem domicílio.

Defendem alguns que esta tese deve abrir uma *excepção* para os residentes fora do território nacional, pois, dizendo a lei que as notificações à parte que não tiver constituído mandatário se fazem nos termos estabelecidos para as notificações aos mandatários, ter-se-ia de averiguar as condições em que os advogados e estagiários podem exercer o mandato judicial. Por isso recorriam ao *Estatuto da Ordem*, aprovado pelo Dec.-lei n.º 84/84 de 16/3 (actualmente, o Estatuto da Ordem dos Advogados é o que foi posto em vigor através da Lei n.º 15/05, de 26 de Janeiro, mas o entendimento é sensivelmente o mesmo), concluindo, da sua análise, que só advogado ou estagiário com escritório em Portugal pode exercer o mandato judicial, salvo o disposto para os advogados da União Europeia. Daí concluírem *não serem de efectuar as notificações ao interessado com residência no estrangeiro.*

Salvo o devido respeito, *não nos parece* ter qualquer fundamento esta tese pois que, ao referir-se no artigo 255.º do Código de Processo Civil os termos estabelecidos para as notificações aos mandatários, não quis o legislador mais do que *invocar os termos formais* dessas notificações, isto é, se notificação postal ou pessoal e nunca as condições legais do exercício da profissão de advogado.

Diz-se agora, após a reforma operada no Código de Processo Civil, no n.º 2, do artigo 255.º, que se exceptuam do regime geral das notificações o caso do réu que se haja constituído em situação de revelia absoluta, o qual passará a ser notificado após ter praticado qualquer acto de intervenção no processo, sem prejuízo de lhe serem sempre notificadas as decisões finais.

Quando é que um réu se constitui em revelia absoluta no processo?

Diz-se no artigo 483.º, do Código de Processo Civil, que a revelia absoluta se verificará quando o réu não deduza qualquer oposição, não constitua mandatário, nem tenha qualquer intervenção no processo.

Será que, no processo de inventário, se aplicará, também, esta excepção ao regime geral das notificações?

Pensamos que tal se não aplica, pelo menos em toda a sua extensão.

Na verdade, continuam a existir normas atinentes às notificações que são privativas do processo de inventário.

Assim, todos os interessados, mesmo os absolutamente revéis, têm de ser notificados para eventualmente reclamarem contra a relação de bens – art. 1348°.

Todos devem ser notificados se for negada, pelo pretenso devedor, uma dívida activa da herança – art. 1 351.º.

Todos devem ser notificados da marcação do dia para a realização da conferência de interessados – art. 1 352°.

SUSTAÇÃO DO PROCESSO

Decorria do disposto no n.º 3 do anterior artigo 1 329.º do Código de Processo Civil que as diligências para as citações não suspendiam o andamento do processo, salvo o disposto nos artigos 1 332.º, 1 340.º e 1 351.º.

Esta doutrina estava em perfeita consonância com o carácter urgente do processo e, da leitura conjugada dos aludidos preceitos, extraíam-se as seguintes conclusões:

1 – Se houvesse oposição ao inventário, este suspendia-se até que se decidisse definitivamente e não se decidiria sem estarem citados todos os interessados;

2 – Se se impugnasse a legitimidade dos interessados, suspendia-se o inventário após a descrição de bens e até decisão final, não sendo proferida esta sem estarem citados todos os interessados;

3 – Só se facultava o processo para exame, nos termos do antigo artigo 1 340.º do Código de Processo Civil, após a citação de todos os interessados residentes no continente e ilhas adjacentes;

4 – Só se facultava o processo para exame, nos termos do antigo artigo 1 351.º do Código de Processo Civil, depois de citados todos os interessados.

Actualmente, tendo desaparecido o carácter oficioso do processo, deve entender-se que o mesmo só deve prosseguir depois de citados todos os interessados e depois de resolvidas todas as questões susceptíveis de influir na partilha e na determinação dos bens a partilhar.

Além disso, como completa inovação, o legislador da reforma introduziu a possibilidade de findar o inventário na conferência de interessados.

Preceitua-se, agora, no n.º 6 do artigo 1 353.º:

"1– (...)

2- (...)
3- (...)
4- (...)
5- (...)
6- O inventário pode findar na conferência, por acordo dos interessados e do Ministério Público, quando tenha intervenção principal, desde que o juiz considere que a simplicidade da partilha o consente; a partilha efectuada é, neste caso, judicialmente homologada em acta, da qual constarão todos os elementos relativos à composição dos quinhões e a forma da partilha."

FINALIDADES DAS CITAÇÕES

Para além de dar a conhecer aos interessados que foi instaurado um determinado processo, chamando-os aos autos pela primeira vez, os *herdeiros* são citados para **todos os termos do processo**, podendo aí suscitar todas as questões e deduzir todos os incidentes que a lei lhes faculta.

Já os *legatários e os credores* são citados para *defenderem os seus interesses patrimoniais* relativos à herança, estando num plano secundário relativamente aos herdeiros.

Os *donatários*, por seu turno, são citados para *defenderem as suas doações* das consequências da inoficiosidade.

Vejamos, pois, quais os poderes conferidos aos citados no processo de inventário, que eles poderão exercer logo que essa citação seja levada a cabo, começando, naturalmente, por aquela atitude, que, no âmbito deste processo especial, é o equivalente da contestação em processo comum.

OPOSIÇÃO

Esta forma de impugnação processual, que, se for procedente, tem como consequência determinar o arquivamento do inventário pode ser deduzida por qualquer interessado directo na partilha e pelo Ministério Público, quando haja sido citado – artigo 1 343.º, n.º 1, do Código de Processo Civil e ainda pelo cabeça-de-casal e pelo próprio requerente do processo no prazo de trinta dias seguintes à citação ou notificação.

É surpreendente dar-se a possibilidade a quem requer o inventário de lhe deduzir oposição de seguida, vindo assim *contra facto próprio*, mas tal solução é defendida por Simões Pereira in "Processo de Inventário e Partilha" pág. 108, onde escreve: (...) "O requerente e o inventariante encontram-se perante a questão assim delineada na mesma posição que qualquer outro interessado. Não são, como numa acção qualquer, um autor que se não pode opor aos termos da questão que ele próprio definira."

Curiosamente, no artigo n.º 979.º do anteprojecto do Código de Processo Civil, também se conferia, quer ao cabeça-de-casal, quer ao requerente, legitimidade para se oporem.

Não se aplica ao processo de inventário o disposto no artigo 486.º, n.º 2 do Código de Processo Civil, relativo ao processo comum, pelo que *o citado em primeiro lugar não beneficia da prorrogação do seu prazo de trinta dias até ao termo do prazo do citado em último lugar.*

Com o respectivo requerimento, os interessados oferecerão todas as provas.

Segundo se dispõe no número 1 do artigo 1 344.º do Código de Processo Civil, são notificados para responder, no prazo de quinze dias, os interessados com legitimidade para intervir na questão suscitada.

Com a resposta são oferecidas todas as provas.

Segue-se a produção de prova, cumprindo-se efectuar as diligências tidas por indispensáveis e, de se seguida, profere-se imediatamente decisão.

Se a matéria de facto a apurar para decidir o incidente exigir larga indagação, então, serão os interessados remetidos para os meios comuns.

Quais os possíveis *fundamentos* para a oposição?

A *ilegitimidade* de quem requer o inventário; a *inexistência de bens; a prescrição do direito de petição da herança*; carecer o Ministério Público de legitimidade para requerer o inventário; já *estarem partilhados* os bens; ser baseado em *testamento nulo*; haver apenas legatários, que não herdeiros.

Actualmente, e ao contrário do que acontecia no domínio do Código de processo Civil de 1939, não é admissível a oposição ao inventário e partilha de apenas certos bens da herança. A *oposição apenas pode ser total.*

IMPUGNAÇÃO DA LEGITIMIDADE DOS INTERESSADOS
– INCIDENTE

A lei permite que *qualquer dos citados impugne a sua própria legitimidade e a dos outros interessados*, facultando-lhe o uso do processo que se acabou de analisar para a oposição – art. 1 343.º do Cód. Proc. Civil.

Têm legitimidade para requerer o incidente *todos os citados, com excepção dos credores, e, também, o cabeça-de-casal e o requerente*. Claro que o cabeça-de-casal não poderá impugnar a legitimidade dos interessados por ele próprio indicados, mas apenas a dos indicados pelo requerente ou pelo Ministério Público, no caso em que o inventário prosseguiu, não obstante ele, cabeça-de-casal, ter declarado que ao mesmo não haveria lugar. E claro também que, neste caso, quer o requerente, quer o Ministério Público, não poderão também impugnar a legitimidade dos interessados por si indicados.

INTERVENÇÃO PRINCIPAL DE QUALQUER INTERESSADO
– INCIDENTE

Diz-se no artigo 1 330.º, n.º 1, do Código de Processo Civil:

"1– É admitida, em qualquer altura do processo, a dedução de intervenção principal espontânea ou provocada relativamente a qualquer interessado directo na partilha.
2– (...)
3– (...)
4– (...)"

Como resulta do próprio texto é possível deduzir-se este incidente *até ser proferida sentença homologatória da partilha* com trânsito em julgado.

São notificados o cabeça-de-casal e os interessados para dizerem o que se lhes oferecer, seguindo-se os termos já analisados da oposição.

O requerente considera-se citado para os termos do inventário a partir do trânsito em julgado da decisão que o admita e tem os direitos processuais a que se refere o n.º 2 do art. 1 342.º – art. 1 330.º, n.º 3, isto é anulando-se o que for indispensável.

A dedução do incidente suspende o andamento do processo a partir do momento em que deveria ser convocada a conferência de interessados – n.º 4 do artigo 1 330.º.

HABILITAÇÃO DE CESSIONÁRIO OU ADQUIRENTE
DA QUOTA DE UM INTERESSADO – INCIDENTE.

Pode acontecer que um interessado num determinado processo de inventário tenha alienado a sua quota-parte ideal da herança a partilhar.

Então o cessionário terá de promover a sua habilitação para vir ocupar o lugar do cedente.

Diz-se no artigo 1 332.º, n.º 6, do Código de Processo Civil:

"1 – (...)
2 – (...)
3 – (...)
4 – (...)
5 – (...)
6 – A habilitação do cessionário de quota hereditária e dos sub adquirentes dos bens doados, sujeitos ao ónus de redução, faz-se nos termos gerais".

O transmitente continua a ter legitimidade para intervir no processo enquanto não for substituído pela dita habilitação.

Pode ter lugar *em qualquer altura*, isto é, enquanto não houver trânsito em julgado da sentença homologatória da partilha.

Os termos dessa habilitação são os constantes do artigo 376.º do Código de Processo Civil, que se passa a transcrever:

"1 – A habilitação do adquirente ou cessionário da coisa ou direito em litígio, para com ele seguir a causa, far-se-á nos termos seguintes:

a) *Lavrado no processo o termo* da cessão ou *junto ao requerimento* de habilitação, que será autuado por apenso, o título de aquisição ou da cessão, é notificada a *parte contrária para contestar;* na contestação pode o notificado i*mpugnar a validade do acto ou* alegar que a *transmissão foi feita para tornar mais difícil* a sua posição no processo.

b) Se houver contestação, o requerente pode *responder-lhe* e em seguida, *produzidas as provas* necessárias, se *decidirá*; na falta de contestação, verificar-se-á se o documento prova a aquisição ou a cessão e, no caso afirmativo, declarar-se-á habilitado o adquirente ou cessionário.

2 – A habilitação pode ser promovida pelo transmitente ou cedente, pelo adquirente ou cessionário, ou pela parte contrária; neste caso, aplica-se o disposto no n.º 1, com as adaptações necessárias."

Desde que a cessão do direito do interessado não esteja sujeita a quaisquer formalidades especiais, poderá fazer-se por simples termo no processo principal. A esse termo alude a alínea a) do preceito supra transcrito.

Mas, integrando o direito à herança direitos de propriedade sobre imóveis será questionável se a sua cessão se poderá fazer por simples termo ou apenas por escritura pública. Parece-nos ser a última a solução mais acertada.

Para se processar esta habilitação, *é necessário um requerimento ou do cedente ou do cessionário*. Mais nenhum interessado tem legitimidade para a requerer, já que se trata de uma substituição processual facultativa.

Esta necessidade de requerimento subscrito pelo cedente ou pelo cessionário leva-nos a concluir, ao contrário do Dr. Lopes Cardoso, in obra já citada, 3.ª edição, Vol. III, pág. 147 que *é necessária tal habilitação mesmo nos casos em que o cabeça-de-casal declara a existência de determinada cessão e o cessionário é citado*.

Igualmente nos parece que, ao contrário do que aquele autor defende no local citado, *quando o cessionário é o requerente do processo de inventário não fica dispensado de requerer a sua própria habilitação*, a qual é prévia relativamente ao próprio processo.

São notificados para contestar os demais interessados. Quando a habilitação é requerida pelo cedente, não é notificado para contestar o cessionário e vice-versa, isto pelo simples motivo de *não serem "parte contrária"* isto é, *carecerem de legitimidade, não terem interesse em contestar*.

Os dois fundamentos da contestação admitidos na lei podem ser invocados *simultaneamente*, embora de modo subsidiário, isto é, para o caso de improceder o primeiro, funciona o segundo. Além desses ainda é possível contestar a habilitação invocando *a falta de prova da cessão*, se esta não constituiu causa de indeferimento liminar.

Quer haja quer não haja contestação, na decisão, sempre o Juiz se deverá pronunciar pela validade ou invalidade do acto em que se fundamenta a cessão.

EXERCÍCIO DO DIREITO DE PREFERÊNCIA – INCIDENTE

Preceitua-se no artigo 1 333.º do Código de Processo Civil:

"1 – A preferência na alienação de quinhões hereditários dos interessados na partilha pode ser exercida incidentalmente no processo de inventário, salvo se envolver a resolução de questões de facto cuja complexidade se revele incompatível com a tramitação daquele processo.

2– (...)

3– (...)

4– (...)
5– (...)"

De acordo com o disposto no artigo n.º 1 403.º do Código Civil, "Existe propriedade em comum, ou compropriedade, quando duas ou mais pessoas são simultaneamente titulares do direito de propriedade sobre a mesma coisa." Sendo que, nos termos do artigo n.º 1 404.º daquele diploma "As *regras de compropriedade são aplicáveis*, com as necessárias adaptações, *à comunhão de quaisquer outros direitos*, sem prejuízo do disposto especialmente para cada um deles."

Os comproprietários exercem, em conjunto, *todos os direitos que pertencem ao proprietário singular.*

Um desses direitos é o de preferência, previsto no artigo 1 409.º do referido Código Civil:

"1– O comproprietário goza do direito de preferência e tem o primeiro lugar entre os preferentes legais no caso de venda, ou dação em cumprimento, a estranhos *da quota de qualquer dos seus consortes.*

2– É aplicável à preferência do comproprietário, com as adaptações convenientes, o disposto nos artigos *416.º a 418.º.*

3– Sendo dois ou mais os preferentes, a quota alienada é adjudicada *a todos, na proporção das suas quotas.*"

Assim sendo, o referido direito de preferência cabe, em conjunto, a todos os herdeiros, devendo ser exercido pelo cabeça-de-casal, depois de autorizado pela conferência dos interessados, quando for alienado a um terceiro que não a um co-herdeiro, determinado quinhão hereditário.

Decorrem destes princípios as seguintes conclusões:

1 – *Se determinado interessado* **promete** *alienar a um estranho o seu quinhão hereditário deverá notificar para preferir os seus co-herdeiros*, de acordo com as disposições combinadas dos artigos 416.º do Código Civil e 1 458.º do Código de Processo Civil. Nesse caso, de acordo com o n.º 2 do artigo 1462.º deste último diploma legal, *o cabeça--de-casal requererá uma conferência de interessados* para se deliberar se deverá ou não ser exercido o direito de preferência, o que deverá ser feito *em oito dias*, sob pena de caducidade, salvo se o promitente alienante lhes conceder prazo mais longo.

Este processo é dependência do de inventário quando o haja – n.º 3, do artigo 1462.º, do Código de Processo Civil.

Depois, terão mesmo de exercer o dito direito de preferência, no prazo de dois meses, sob pena de caducidade.

Se os bens a que diz respeito a preferência já foram licitados no processo de inventário, notifica-se o interessado que licitou para ele exercer o direito – artigo n.º 1 462.º, n.º 1, do Código de Processo Civil.

É evidente que esta última norma legal não é aplicável aos casos de alienação por um dos herdeiros de um quinhão hereditário a um estranho, dado que não é configurável a alienação de um quinhão que abranja um determinado bem já licitado em processo de inventário ou incluído num quinhão concreto, pois que, nesse caso, tratar-se-ia de disposição de coisa alheia e, por isso, ineficaz. O preceito contido naquele n.º 1 *rege apenas os casos em que o inventariado era comproprietário com outrem de determinado bem e este outrem vai alienar a um terceiro a sua quota ideal*, querendo notificar para preferência os herdeiros do dito inventariado.

2 – *Se o direito de preferência se exercer* **depois** *da alienação ter sido realizada*, das duas uma: ou o *cessionário se habilitou no processo* **ou não**.

Na *primeira hipótese*, será no decurso do prazo para contestar tal habilitação (isto é, nos 10 dias seguintes à sua notificação para tal fim – artigo 303.º, do Código de Processo Civil) que *deverá ser convocada a conferência de interessados para se pronunciar sobre o exercício do direito em questão* e, no caso de os co-herdeiros não quererem exercer em conjunto tal direito, declarar qualquer deles individualmente se o quer fazer.

Com o requerimento é junta toda a prova documental e o cessionário é notificado para responder no prazo de dez dias, juntando também o respondente todos os documentos.

A questão será decidida no processo de inventário, como já foi dito, se envolver apenas questões de direito ou que exijam prova sumária.

Claro está que tal direito apenas pode ser exercido pelos co-herdeiros se o requererem *dentro do prazo de seis meses a contar da data em que tiveram conhecimento dos elementos essenciais da alienação* e desde que se deposite o preço nos quinze dias seguintes ao despacho que ordene a notificação do cessionário para responder.

O incidente suspende os termos do processo a partir do momento em que deveria ser convocada a conferência de interessados.

Pode ainda acontecer que o conjunto dos co-herdeiros não queira exercer o direito em questão mas, não obstante, se apresentem a preferir *mais do que um dos co-herdeiros, a título individual*.

Nesse caso, diz-se no n.º 2, do artigo 1333.º, que se observa o disposto no *n.º 2 do artigo 1 464.º*, ambos do Código de Processo Civil:

"2 – Quando se apresente a preferir mais de um titular, o bem objecto da alienação é adjudicado a todos, na proporção das suas quotas."

Finalmente, desapareceu do Código de Processo Civil um dos desajustamentos que nele persistiam entre a lei adjectiva e a lei substantiva.

De facto, antes da reforma do Código de Processo Civil, dizia-se no n.º 2 do art. 1 464.º:

"2 – Quando se apresente a preferir mais de uma (pessoa), a prioridade é determinada pelo maior volume dos quinhões. Havendo perda do direito, observar-se-á o disposto na parte final do n.º 2, do artigo 1461.º. Se os quinhões forem iguais, proceder-se-á a licitações, nos termos do artigo 1460.º."

Esta necessidade de determinação do preferente no caso de o direito pertencer em comum a várias pessoas justificava-se face ao disposto no artigo n.º 1 566º, §2.º, do Código Civil de 1867, onde se afirmava:

"§ Havendo mais do que um consorte, observar-se-á o disposto nos §§ 4.º e 5.º do artigo 2309.º (licitação entre os preferentes); mas, se os quinhões forem desiguais e o maior consorte quiser preferir, ser-lhe-á adjudicado o respectivo direito, independentemente de licitação."

Só que, presentemente, *a necessidade de determinação do preferente no caso em exame desapareceu, bem como a preferência do maior consorte*, dispondo-se no artigo n.º 1 409.º, n.º 3, do actual Código Civil, que "Sendo dois ou mais os preferentes (comproprietários), a quota alienada é adjudicada a todos, na proporção das suas quotas."

3 – Se o direito de preferência se vem exercer ao processo de inventário depois da alienação da quota ter sido realizada, mas sem que tenha havido habilitação do cessionário, o interessado poderá fazê-lo, desde que se não mostre excedido o já aludido prazo de *seis meses* e em qualquer tempo, deduzindo o já analisado incidente previsto no artigo n.º 1 333.º do Código de Processo Civil.

4 – Se o exercício do direito de preferência depender de prova mais que sumária, ou no caso de não ter havido notificação para preferência e não correr termos processo de inventário quando o preferente tem conhecimento das condições de alienação será aos *meios comuns* que o interessado deverá recorrer, instaurando a acção própria, cumprindo-lhe observar previamente, se for caso disso, o disposto no artigo n.º 1 465.º do Código de processo Civil – determinação do preferente.

O exercício do direito de preferência fora do processo tem o mesmo efeito sobre o andamento do inventário, se a suspensão for requerida por qualquer interessado na partilha – art. n.º 1 333.º, n.º 6 do Código de Processo Civil.

HABILITAÇÃO DOS SUCESSORES
DOS INTERESSADOS FALECIDOS – INCIDENTE

Esta é a *habilitação incidental* do processo de inventário que nada tem a ver com as demais intervenções no processo e se encontra prevista no artigo 1 332.º do Código de Processo Civil:

"1– Se falecer algum interessado directo na partilha antes de concluído o inventário, o cabeça-de-casal indica os sucessores do falecido, juntando os documentos necessários, notificando-se a indicação aos outros interessados e citando-se para o inventário as pessoas indicadas.
2– (...)
3– (...)
4– (...)
5– (...)
6– (...)."

É evidente que este caso *nada tem a ver com o de cumulação de inventários*. Quando acontece o incidente, não se dá a acumulação do inventário do autor da herança com o inventário do interessado falecido. Apenas se procede à habilitação dos sucessores do interessado falecido para se poder partilhar o seu quinhão na herança.

No preceito, diz-se que se processa a habilitação quando o falecimento do interessado ocorrer antes do inventário estar concluído, devendo interpretar-se esta expressão no sentido de *antes da sentença homologatória da partilha transitada em julgado*.

Se o falecido for donatário, legatário ou credor do autor da herança, podem os seus herdeiros fazer-se admitir no processo através *do processo de habilitação analisado*.

RELAÇÃO DE BENS

Preceitua-se no artigo 1 345.º do Código de Processo Civil:

"1– Os bens que integram a herança são especificados na relação por meio de verbas, sujeitas a uma só numeração, pela ordem seguinte: direitos de crédito, títulos de crédito, dinheiro, moedas estrangeiras, objectos de ouro, prata e pedras preciosas e semelhantes, outras coisas móveis e bens imóveis.

2 – As dívidas são relacionadas em separado, sujeitas a numeração própria.

3 – A menção dos bens é acompanhada dos elementos necessários à sua identificação e ao apuramento da sua situação jurídica.

4 – Não havendo inconveniente para a partilha, podem ser agrupados, na mesma verba, os móveis, ainda que de natureza diferente, desde que se destinem a um fim unitário e sejam de pequeno valor.

5 – As benfeitorias pertencentes à herança são descritas em espécie, quando possam separar-se do prédio em que foram realizadas, ou como simples crédito, no caso contrário; as efectuadas por terceiros em prédio da herança são descritas como dívidas, quando não possam ser levantadas por quem as realizou."

A primeira nota a referir é que o cabeça-de-casal deverá relacionar *todos os bens e direitos de conteúdo patrimonial pertencentes à herança*, quer os que ele próprio administra directamente, quer os que se encontrem em poder de co-herdeiros ou de terceiros, quer os bens doados, estes no caso de existirem herdeiros legitimários.

Claro que este facto aliado, muitas vezes, à escassa cultura da pessoa que exerce o cargo e ao seu inteiro desconhecimento da ordem legal pela qual os bens devem ser relacionados, faz com que *só raras vezes a relação de bens seja correctamente elaborada.*

Em princípio, o cabeça-de-casal deverá apresentar a relação de bens na data das suas declarações iniciais, devendo ser citado expressamente para tal fim. Acontece, porém, que, na maior parte dos casos, ele se não encontra habilitado a fazê-lo e pede *prorrogação* do respectivo prazo, a qual deverá ser concedida mas a *título excepcional*. O não cumprimento de prazo e suas prorrogações é causal de remoção, como já vimos. Só que se não deve avançar logo para uma solução tão drástica, antes sendo preferível tentar compelir por outras formas, que podem incluir a aplicação de multas cíveis, à prática do acto em falta.

O cabeça-de-casal relacionará todos os bens que se encontravam na posse do inventariado à data da morte dele, presumindo-se a propriedade deles, embora não o deva fazer relativamente àqueles que, logo à partida, se reconheça que não pertenciam ao mesmo.

Só não se relacionam os direitos e as obrigações intransmissíveis.
Preceitua-se no artigo n.º 2 024.º do Código Civil:
"Diz-se sucessão o chamamento de uma ou mais pessoas à titularidade das relações jurídicas patrimoniais de uma pessoa falecida e a consequente devolução dos bens que a esta pertenciam."

E no artigo n.º 2 025.º do mesmo diploma:

"1– Não constituem objecto de sucessão as relações jurídicas que devam extinguir-se por morte do respectivo titular, *em razão da sua natureza ou por força da lei*.

2– Podem também extinguir-se à morte do titular, por vontade deste, *os direitos renunciáveis*."

CASOS DUVIDOSOS

1. Bens pertencentes ao inventariado e situados no estrangeiro.

Esta questão é muito antiga, não merecendo solução uniforme, nem da Doutrina, nem da Jurisprudência.

A herança constitui uma *universalidade* pelo que, desde logo, parece ser mais curial com esta realidade, da sua unidade e universalidade, a posição afirmativa quanto à relacionação dos bens sitos no estrangeiro.

Além disso, segundo os artigos 25.º e 62.º do Código Civil, a sucessão por morte é regulada pela lei pessoal do autor da sucessão, ao tempo do seu falecimento, quer dizer, pela *lei da sua nacionalidade*.

Artigo 25.º: "O estado dos indivíduos, a capacidade das pessoas, as relações de família e as sucessões por morte são reguladas pela lei pessoal dos respectivos sujeitos, salvas as restrições estabelecidas na presente secção."

Artigo 62.º: "A sucessão por morte é regulada pela *lei pessoal* do autor da sucessão ao tempo do falecimento deste, competindo-lhe também definir os poderes do administrador da herança e do executor testamentário."

Artigo 31.º: "1. A *lei pessoal é a da nacionalidade* do indivíduo."

Por isso, mesmo que os bens se situem no estrangeiro, o cálculo da legítima faz-se sempre aplicando a lei portuguesa, no caso de o falecido ter a nacionalidade portuguesa.

Estes os principais argumentos a favor da tese da relacionação.

Tal tese, porém, depara *com dificuldades de ordem prática*.

Na verdade, também os outros países têm normas de direito internacional privado que conferem aos respectivos tribunais competência para proceder ao inventário de heranças tituladas por estrangeiros e, daí, que *nenhum desses países*, na falta de convenção ou tratado internacional que regule a matéria, *reconheça, sem mais, as sentenças proferidas sobre o mesmo assunto no nosso país*. Como é sabido, só é reconhecida validade no nosso país às sentenças proferidas em país estrangeiro, depois de revistas nos termos do processo próprio – artigo 1 094.°, do Código de Processo Civil.

Outra dificuldade de ordem prática é a que resulta de *não serem cumpridas as cartas rogatórias para avaliação dos mencionados bens.*

O Prof. Alberto dos Reis, in "Comentário ao Código de Processo Civil I, pág. 217 afirma, a propósito, que "o bom senso aconselha que os tribunais de cada país se limitem a inventariar, em caso de conflito, os bens existentes no território nacional."

E é nesse sentido, portanto, *no sentido da não relacionação, que a Jurisprudência dominante se tem inclinado.*

Recentemente pronunciou-se sobre a matéria o Supremo Tribunal de Justiça, no Acórdão de 21 de Março de 1985, in B.M.J. 245, 355, assim sumariado:

"I. No inventário instaurado em Portugal devem ser descritos os bens do falecido situados no Brasil, cujo valor, desde que comprovado no processo, será considerado para o *cálculo da legítima.*

II. Esse valor tanto pode resultar de avaliação obtida por carta rogatória, como ser conseguido de outro modo, designadamente por certidão do inventário instaurado no estrangeiro, dele comprovativo."

Ao contrário do que à primeira vista parece resultar da leitura deste sumário, os bens são relacionados apenas para que o seu valor seja considerado para o cálculo da legítima e não para serem partilhados e adjudicados aos interessados. No caso, tratava-se, até, de inventário requerido nos termos do artigo 1 398.° (agora revogado) do Código de Processo Civil.

O acórdão teve o aplauso de Antunes Varela, in Revista da Legislação e Jurisprudência, ano 123.°, n.° 3793, pág. 118 e segs.

2. Seguros de vida

Como é evidente que *uma pessoa não pode adquirir um direito cuja efectivação depende da sua morte* e apenas são transmissíveis os direitos e não meras expectativas jurídicas, parece seguro que *o capital segurado por um contrato deste tipo* (contrato a favor de terceiro) *não deve ser relacionado.*

No entanto, *os prémios pagos pelo inventariado, ao longo da sua vida, por força do dito* contrato *devem ser relacionados, caso haja herdeiros legitimários, como quantias doadas a favor do beneficiário* ou beneficiários *do seguro* (doações indirectas).

Alguns magistrados têm-nos transmitido a sua perplexidade quanto a esta questão dos seguros de vida e, mais precisamente, quanto à constatação de que, através do expediente da outorga de um contrato a favor de terceiro, o inventariado consegue favorecer algum ou alguns dos seus herdeiros, em detrimento de todos os outros.

Basta pensar na hipótese de A, com sete filhos, falecer sem quaisquer bens móveis ou imóveis, mas ter pago, durante toda a sua vida, um seguro, no valor de vinte mil contos, que tinha como único beneficiário apenas um dos filhos, sendo certo que a totalidade dos prémios pagos à seguradora ascendeu, na hipótese, apenas a mil contos.

Ora, segundo a doutrina supra referida, seria a totalidade do valor destes prémios, eventualmente actualizada pelos números índices da estatística nacional, que seria relacionada como bem doado ao filho beneficiário do seguro.

A desproporcionalidade entre o valor daquilo que o inventariado doou e o valor daquilo que o donatário recebe, à data da morte do doador, acarreta dúvidas sérias sobre se, por esta via, não ficará bem aberta a porta da violação do princípio da intangibilidade da legítima...

3. Bens expropriados por utilidade pública.

Esses bens, expropriados em vida do inventariado, não devem ser relacionados em espécie, pois já não são propriedade dele; em seu *lugar, deve, antes, ser relacionado o direito à justa indemnização.* Isto, claro está, no caso desta não ter sido ainda definida e atribuída.

Muito recentemente, por acórdão inédito, de 14/6/07, o Tribunal da Relação de Évora pronunciou-se acerca da questão de saber se os bens provenientes do exercício do direito de reserva atribuídos a um filho do inventariado, depois da morte do pai, expropriado em vida, faziam parte, ou não, da herança do respectivo progenitor.

A esta questão, o referido acórdão respondeu afirmativamente, nos seguintes termos:

"... o direito de reserva reconhecido ao proprietário expropriado e aos respectivos herdeiros (D.L. n.º 406-A/75) radica, quando exercido pelos herdeiros do proprietário expropriado, no direito de propriedade deste e na relação sucessória que, por essa razão, se estabelece entre ele e o reservatário, sendo a qualidade de herdeiro o único título que lhe permite aceder a esse direito.

Assim, uma vez exercido, pelo herdeiro, o direito de reserva, o direito de propriedade renasce, tal como existia à data da expropriação e volta a integrar a massa hereditária como se nunca tivesse havido expropriação".

Este acórdão contraria frontalmente o do S.T.J., de 26/9/02, ao que sabemos também inédito, proferido sobre o mesmo assunto, onde se afirma:

"Ora, por força da expropriação, operou-se a transferência forçada da propriedade para o expropriante, no caso o Estado Português, em vida da inventariada.

(...) Assim, como as ditas verbas não faziam parte do património da inventariada quando esta faleceu, correcta foi a decisão da Relação em confirmar a sua supressão da relação de bens."

4. Depósitos bancários constituídos em nome do inventariado e de outra pessoa.

Esses depósitos podem ter sido efectuados na modalidade de depósito *conjunto*, que *só pode ser movimentado a débito por todos os seus titulares*, ou na modalidade de depósito *solidário, que pode ser movimentado por todos os seus titulares, quer a crédito, quer a débito*.

Do facto de o depósito ter mais de um titular não se pode extrair a conclusão de que não pertença exclusivamente a um deles, sendo muito frequentes os casos de constituição de tais depósitos para se *facilitar a movimentação das contas*.

Embora na lei fiscal se faça presumir que tais depósitos pertencem, em partes iguais, aos respectivos titulares, tal presunção não funciona no direito civil.

Por isso e *por regra devem ser relacionados esses depósitos e pela totalidade do seu saldo à data da morte do inventariado*, podendo as pessoas que se arroguem a propriedade deles vir aos outros pedir a sua exclusão, nos termos que, adiante, analisaremos.

5. Direito de indemnização por morte ocorrida em acidente de viação.

Questão altamente controversa esta, dividindo-se os autores e a Jurisprudência na solução a dar-lhe.

Enquanto a indemnização devida por danos patrimoniais da vítima parece dever sempre relacionar-se, já o mesmo não acontece relativamente à indemnização devida por danos morais, pela simples razão de que *este direito parece nascer no preciso momento em que ocorre a morte do seu titular e*, por isso, nunca lhe chegou a pertencer. *Daí a necessidade de a lei civil dispor em preceito próprio relativamente às pessoas a quem cabe o direito à indemnização por danos não patrimoniais* – art. 496.º, n.º 2 do Código Civil: "por morte da vítima, o direito à indemnização por danos não patrimoniais cabe, em conjunto, ao cônjuge não separado judicialmente de pessoas e bens e aos filhos ou outros descendentes; na falta destes, aos pais ou outros ascendentes; e, por último, aos irmãos ou sobrinhos que os representem".

É que *o dano indemnizável é o da própria morte e, por isso, o direito à indemnização desse dano surge necessariamente depois da extinção da personalidade jurídica do indivíduo.*

Portanto, as pessoas referidas no n.º 2 do artigo 496.º, supra citado, devem receber uma indemnização, que abrange não só os danos morais por elas suportados pela perda do seu familiar próximo, mas também os danos morais sofridos pela vítima pela perda do seu direito à vida, não a título hereditário, *mas por direito próprio*. Esta é, em traços muito gerais, a tese defendida pelo Prof. Antunes Varela in "Das obrigações em Geral" vol. I, pág. 489.

Outros, porém, defendem que, no artigo n.º 496.º, estão previstas *duas espécies de danos não patrimoniais*. Por um lado, *os danos morais suportados pelos familiares da vítima* – n.º 2 do artigo n.º 496.º. Por outro *os danos morais sofridos pela vítima* – n.º 3 do mesmo preceito.

Depois, explicam que a vítima adquire um direito à indemnização pela perda do seu direito à vida de duas formas diferentes:

a) A *lei admite a indemnização de danos futuros*, desde que sejam previsíveis (art. 564.º, n.º 2 do Código Civil). O facto ilícito determinante da morte ocorre ainda em vida da vítima e causa uma lesão que, com toda a probabilidade, irá determinar a morte. Logo, é *ainda em vida da vítima que esta adquire o direito à indemnização, o qual é transmissível* aos herdeiros dela.

b) Numa *outra perspectiva* o direito à indemnização nasce já *depois da morte do titular do direito lesado, sendo, no entanto, uma manifestação da sua personalidade jurídica*, pois que o seu direito à vida como que se projecta para além da morte, na sequência do disposto no artigo n.º 71.º, n.º 1 do Código Civil: "os direitos de personalidade gozam igualmente de protecção depois da morte do respectivo titular."

Portanto, embora nascido depois da respectiva morte, o direito de indemnização pertence ainda ao lesado, *mas só se transmite, por via sucessória, ao grupo de pessoas que é referido no artigo 496.º, n.º 2.*

Esta última é a tese preferida do Dr. Leite de Campos, in "A indemnização do dano da morte", publicada no Boletim da Faculdade de Direito de Coimbra, vol. L, pág. n.º 247 e segs.

Defendem ainda a tese da transmissibilidade desse direito de indemnização, mas sem as limitações da transmissão a favor apenas dos familiares referidos no n.º 2 do artigo n.º 496.º, o Prof. Inocêncio Galvão Teles (que afirma ser o momento da morte o último momento da vida) in "Direito das Sucessões, pág. 93 e segs.; o Prof. Vaz Serra, in Revista de Legislação e Jurisprudência, anos 107.º, 143 e 109.º, 44 e Dario Martins de Almeida, in "Manual de Acidentes de Viação, 2.ª edição, pág. 170 e segs (para quem *o direito à vida faz parte do património do indivíduo*).

Em sentido contrário, isto é, no sentido de que tal direito não é transmissível, sendo adquirido por direito próprio, o Prof. Pereira Coelho, in. "Direito das Sucessões", pág. 65 e segs., Oliveira Matos, in "Código da Estrada anotado", 3.ª edição, pág. 372 e segs., Capelo de Sousa, Lições, I, 276 segs..

O Dr. J. A. Lopes Cardoso, pelo contrário, na obra já citada, 4.ª edição I volume, pág. 444, defende que esse direito à indemnização deve ser relacionado.

6. Bens com titulares predeterminados

Existem certos bens que, embora pertencendo a determinado indivíduo, por lei ou por contrato, só podem ser transmitidos a pessoas determinadas. Estão no primeiro caso as transmissões *das farmácias* que, pelo Dec.-lei n.º 48 547, de 27/8/68, regulamentador da Lei n.º 2 125, de 20/3/65, só podem fazer-se a favor de sucessor legítimo que seja farmacêutico. Estão no segundo caso os frequentes *pactos constitutivos de sociedades comerciais* em que se restringe a sucessão por morte das parcelas do capital social.

Claro que estas restrições à sua transmissão *não impedem o seu relacionamento em processo de inventário.*

Estes diplomas foram expressamente revogados pelo Decreto-Lei n.º 307/2007, de 31 de Agosto. Todavia, mantemos a referência a esta questão, dado que se prevê virem a ser suscitadas inúmeras questões relacionadas com a aplicação da nova lei no tempo.

7. Bens doados, consumidos ou alienados, em vida do doador, pelo donatário.

Preceitua o artigo 2 112.º do Código Civil que "Não é objecto de colação a coisa doada que tiver perecido em vida do autor da sucessão por facto não imputável ao donatário.

Mas, se essa perda lhe é imputável, ou simplesmente consome, ou aliena a coisa doada?

Nestes casos, diz-se, no n.º 2 do artigo 2 109.º do Código Civil, que se atende ao valor que esses bens teriam na data da abertura da sucessão, se não fossem consumidos, alienados ou onerados, ou não tivessem perecido.

Portanto, *esses bens ou o seu valor, assim determinado, devem ser relacionados.*

8. Direitos intransmissíveis.

Não são relacionáveis certos direitos do inventariado que, por força da lei ou de contrato, se extinguem com a morte do respectivo titular.

Assim, por força da lei, quer o *usufruto*, quer o *direito ao uso e habitação*, quer o *direito a alimentos* são absolutamente intransmissíveis.

Por outro lado, o *quinhão do sócio de mera indústria* também não é relacionável, bem como as chamadas *servidões pessoais e o direito e obrigação de preferência* (art. 420.º do Código Civil).

9. O direito ao arrendamento

Embora transmissível este direito, tem-se entendido não ser de relacionar no processo de inventário do seu titular, por aquela transmissão não ser a título sucessório. Na verdade a transmissão do direito do arrendatário dá-se, depois da entrada em vigor da Lei n.º 6/06, de 27/2/06, em 28/8/06, por força do artigo 1106.º, do Código Civil, e do artigo 57.º da referida Lei, quanto aos arrendamentos para fins habitacionais e, por força do artigo 1113.º, do Código Civil, e do artigo 58.º, daquela mesma Lei, quanto aos arrendamentos para fins não habitacionais. Neste último caso, o sucessor, não renunciante, para suceder no arrendamento, tem de explorar o estabelecimento a funcionar no local, em comum com o arrendatário primitivo, há mais de 3 anos.

10. Os direitos decorrentes dos contratos de leasing e de ALD

Muito recentemente, fomos confrontados com a questão de saber se são, ou não, relacionáveis por morte do respectivo contratante, os bens por este adquiridos em leasing ou aluguer de longa duração, designadamente bens móveis sujeitos a registo e bens imóveis.

Comum a estes contratos de financiamento é o facto de o bem locado continuar a ser propriedade da empresa locadora até ao fim do contrato. Daí a dificuldade em saber se se relaciona, ou não, o bem locado no inventário por morte do locatário, ocorrida antes do fim do contrato de financiamento. Ora, dispõe-se no artigo 11.º, do Decreto-Lei n.º 149/95, de 24 de Janeiro:

"1 – Tratando-se de bens de equipamento, é permitida a transmissão entre vivos, da posição de locatário, nas condições previstas pelo artigo 115.º, do Decreto-Lei n.º 321-B/90, de 15 de Outubro, e a transmissão por morte, a título de sucessão legal ou testamentária, quando o sucessor prossiga a actividade profissional do falecido.
2 – Em qualquer dos casos, pode o locador opor-se à transmissão da posição contratual, provando não oferecer o cessionário garantias bastantes à execução do contrato.
3 – Não se tratando de bens de equipamento, a posição do locatário pode ser transmitida nos termos previstos para a locação.
4 – O contrato de locação financeira subsiste para todos os efeitos nas transmissões da posição contratual do locador, ocupando o adquirente a mesma posição jurídica do seu antecessor."

Portanto, teremos de concluir que a propriedade dos referidos bens não se transmite aos sucessores por via hereditária mas por meio das regras próprias deste mesmo diploma ou por força das normas que regulam o contrato de locação e, assim sendo, tais bens não são relacionáveis, em processo de inventário.

Não poderemos considerar, sequer, que exista qualquer direito de crédito da herança.

Quanto ao contrato de aluguer de longa duração, sabe-se que é geralmente considerado um contrato atípico, existindo, para além da locação, simultaneamente, um contrato promessa de compra e venda, visando os outorgantes um efeito prático idêntico ao que se obtém com o contrato de leasing. Pensamos, por isso, que, relativamente à transmissão, por morte do locatário, da respectiva posição contratual, se aplicarão, por analogia, as supras transcritas regras do contrato de leasing.

COMO SE RELACIONAM

Como resulta da leitura do artigo n.º 1345.º, supra transcrito, os bens que fazem parte da herança a partilhar devem ser relacionados *por verbas numeradas* e por uma *certa ordem* nele estabelecida.

As dívidas deverão ser relacionadas em separado, em verbas sujeitas a numeração diferente das verbas do activo.

Além de os relacionar, descrevendo-os e indicando-lhes as respectivas origens, deverá o cabeça-de-casal, *em certos casos, indicar-lhes o valor* e juntar aos autos certos documentos que o justifiquem.

De facto, determina-se no artigo 1 346.º do Código de Processo civil:

"1 – Além de os relacionar, o cabeça-de-casal indicará o valor que atribui a cada um dos bens.

2 – O valor dos prédios inscritos na matriz é o respectivo valor matricial, devendo o cabeça-de-casal exibir a caderneta predial actualizada ou apresentar a respectiva certidão.

3 – São relacionados como bens ilíquidos:

> a) Os direitos de crédito ou de outra natureza cujo valor não seja ainda possível determinar;
> b) As partes sociais em sociedade cuja dissolução seja determinada pela morte do inventariado, desde que a respectiva liquidação não esteja concluída, mencionando-se, entretanto, o valor que tinham segundo o último balanço."

O princípio geral que se pode extrair da reforma do processo de inventário, nesta matéria, é o de que desapareceram os casos da chamada primeira avaliação dos bens relacionados, passando o cabeça-de-casal a indicar o valor de todos eles.

Como se diz no preâmbulo do Dec.-lei n.º 227/94, de 8/9. "Ao cabeça-de-casal incumbe indicar o valor que atribui aos bens relacionados, não havendo qualquer razão para confiar no seu critério quanto a alguns bens eventualmente de elevado valor e não quanto a outros: no sistema adoptado, apenas se procede à avaliação quando se frustrar o acordo acerca da partilha, surgindo as avaliações como forma de evitar que a base de partida das licitações se apresente falseada, permitindo aos herdeiros mais abonados pecuniariamente apropriar-se da totalidade do património hereditário."

O cabeça-de-casal poderá orientar-se pelos critérios que constavam da redacção do artigo 603.º do Código de Processo Civil que, entretanto, foi revogado pelo Decreto-Lei n.º 329-A/95, de 12/12.

Era o seguinte o teor desse preceito legal:

"Na determinação do valor dos bens observar-se-á o seguinte:

a) *Os prédios são estimados, tomando-se por base o rendimento colectável inscrito na matriz* ou, na falta de inscrição, o rendimento ou o produto médio nos últimos três anos; quando o rendimento seja em géneros, atende-se ao preço médio durante o mesmo prazo; deduzidas as despesas de amanho e conservação, quando não haja rendimento colectável, e multiplicado o resultado por vinte, obter-se-á o valor normal, que pode ser corrigido para mais ou para menos consoante o tempo por que o prédio puder continuar a dar o mesmo produto ou renda, o uso a que for aplicável ou outras circunstâncias capazes de influírem no valor venal;

b) *Os móveis são estimados em atenção à sua matéria, utilidade e estado de conservação.* Se produzirem rendimento, é este tomado como base do valor, nos termos da alínea antecedente;

c) O valor *das prestações perpétuas* ou das prestações temporárias que devam ser satisfeitas durante vinte anos ou mais é igual a *vinte prestações anuais*; o valor da prestação anual, pagável em géneros, é determinada pelo preço médio dos géneros nos últimos três anos; a tarifa camarária, se a houver e estiver actualizada, indicará o preço médio;

d) O valor de *qualquer outra prestação temporária é determinado pela soma das que faltarem*, fazendo-se as deduções necessárias para que o capital e os respectivos juros anuais da taxa de cinco por cento reconstituam, no fim do prazo, a importância total das prestações vincendas;

e) *O valor do usufruto, do uso e da habitação vitalícios obtém-se multiplicando por dez o rendimento anual*; mas o produto pode ser *corrigido para mais ou para menos*, conforme a duração provável do respectivo direito;

f) *Os direitos de servidão e semelhantes são avaliados pela maior estimativa dos cómodos* a que derem lugar e os encargos pelos prejuízos que determinarem;

g) O valor de *qualquer direito e acção é determinado pelo valor da causa* a que diga respeito, dando-se a devida consideração à dificuldade que haja em o tornar efectivo;

h) O valor das moedas estrangeiras, das acções, dos títulos e certificados da dívida pública e outros papéis de crédito e dos géneros que tiverem cotação ou preço oficial é o *dessa cotação* ou preço. Se as acções ou os papéis de crédito não tiverem cotação, o valor é determinado *pela Câmara dos Corretores*, juntando-se ao processo a respectiva declaração;

i) O valor de *estabelecimento comercial ou* industrial, considerado como universalidade que compreende tanto o activo como o passivo, é determinado segundo o *último balanço* e também de *harmonia com este se determina o valor das partes ou quotas em sociedades* que não sejam por acções."

ESPECIFICANDO:

Direitos de crédito

Serão todos relacionados, quer os líquidos, quer os ilíquidos, quer os vencidos, quer os não vencidos, desde que tenham sido constituídos até à morte do autor da herança. Além de serem descritos, deve ser apontada a proveniência do crédito e anotada a identidade e morada do devedor, bem como a taxa de juro que vence e o montante dos juros vencidos até à data da morte do inventariado.

Ao grupo dos direitos de crédito devem ser juntos todos os outros direitos pertencentes à herança, tais como os trespasses dos estabelecimentos comerciais, as indemnizações por perdas e danos, o direito e acção a uma quota parte de herança, os direitos de autor de carácter patrimonial, os direitos protegidos pelo Código de Propriedade Industrial, etc.

Na indicação do valor, feita pelo cabeça-de-casal, deverá este ter em conta os critérios das alíneas f) e g) do artigo 603.º, supra transcrito.

NEGAÇÃO DA DÍVIDA ACTIVA – INCIDENTE

Preceitua-se no artigo 1 351.º do Código de Processo Civil:

"1– Se uma dívida activa, relacionada pelo cabeça-de-casal, for negada pelo pretenso devedor, aplica-se o disposto no artigo 1 348.º, com as necessárias adaptações.

2 – Sendo mantido o relacionamento do débito, a dívida reputa-se litigiosa; sendo eliminada, entende-se que fica salvo aos interessados o direito de exigir o pagamento pelos meios competentes."

Como iremos ver adiante, o procedimento previsto no artigo 1 348.º é o próprio para decidir as reclamações contra a relação de bens.

Ora, dado que, ao contrário dos credores da herança, os devedores não são citados para o processo de inventário, *é raro* surgir este incidente, o qual só por acaso poderá acontecer, ou, então, se o devedor for ele próprio interessado no processo a outro título.

Claro que *isso não torna certa a dívida* para o pretenso devedor, podendo este defender-se pelos meios ao seu alcance, quando lhe for exigido o cumprimento por parte do credor.

Títulos de crédito

Nesta rubrica, compreendem-se não só os verdadeiros papéis de crédito, como sejam as obrigações, letras e livranças, como acções, nominativas ou ao portador, de sociedade anónimas, como ainda as participações sociais em sociedade que não sejam por acções.

Devem ser indicados os seus números e características e juros que vencem. As partes sociais devem ser identificadas pelo seu montante e pelas empresas a que dizem respeito.

Os títulos de crédito e as acções, se tiverem cotação na bolsa de valores, terão o valor constante da respectiva cotação na data da morte do inventariado. Se *não tiverem cotação, o seu valor é determinado pela Câmara de Corretores*, juntando-se aos autos a respectiva declaração.

As partes sociais têm o valor da respectiva cotação ou de acordo com o último balanço, se a morte do inventariado não determinar a dissolução da sociedade ou enquanto não estiver ultimada a liquidação, no caso contrário.

Dinheiro, moedas estrangeiras, objectos de ouro, prata, pedras preciosas e semelhantes.

É evidente que todos estes bens devem ser devidamente identificados, indicando-se o montante das quantias, a proveniência das moedas e a sua época, os sinais distintivos dos objectos de metais preciosos, o seu peso e a sua qualidade. Deve referir-se que, quando o legislador determina que devem ser relacionados os objectos semelhantes aos de ouro e prata quer significar os objectos de adorno que sejam imitação daqueles mas de outros metais menos nobres que aqueles.

O valor das moedas estrangeiras também é o da respectiva cotação, se a tiverem, ou o resultante do seu câmbio com outra moeda que esteja cotada.

Quanto aos metais e pedras preciosas e semelhantes é o cabeça-de--casal que indica o respectivo valor, não sendo aplicável ao processo de inventário o que se dispunha no revogado art. 604.º, n.º 2, do Código de Processo Civil, por força do qual esse valor era determinado por um perito nomeado pelo juiz, de preferência entre os ourives. Não obstante, *deverá sempre promover-se no sentido de ser junta aos autos uma certidão de avaliação desses objectos feita por um avaliador oficial*.

Estabelecimento comercial ou industrial

Embora o valor da unidade económica própria que constitui um estabelecimento comercial ou industrial deva ser indicado pelo cabeça--de-casal, deverá fazê-lo segundo o critério estabelecido na alínea i) do supra transcrito artigo n.º 603.º do Código de Processo Civil, isto é, *segundo o que resultar do último balanço*. Esse valor será o correspondente à situação líquida resultante do último balanço feito ao estabelecimento na data da morte do inventariado.

Este balanço é o que é feito nos termos do Código Comercial, não devendo ser confundido nem com a conta de resultados do exercício, que apenas exprime o total dos lucros ou perdas de um determinado ano económico, nem com a participação feita na Repartição de Finanças para fins tributários.

Restantes coisas móveis

Quanto a estes, deve dizer-se que *se relacionarão numa única verba* os que forem de igual natureza, ou formem conjunto: uma mobília; uma biblioteca; uma colecção de moedas; um serviço de louça; um rebanho de cabras ou de ovelhas; uma junta de bois, etc.

Bens imóveis

A lei compreende nesta designação – artigo n.º 204.º do Código civil:
    a) Os prédios rústicos e urbanos

b) As águas

c) As árvores, os arbustos e os frutos naturais, enquanto estiverem ligados ao solo;

d) Os direitos inerentes aos imóveis mencionados nas alíneas anteriores;

e) As partes integrantes dos prédios rústicos e urbanos.

2 – (...)

3 – É parte integrante toda a coisa móvel ligada materialmente ao prédio com carácter de permanência."

O cabeça-de-casal deverá relacionar *cada prédio em cada verba*, sendo de repudiar a prática muito frequente de desdobrar em várias verbas várias fracções de um só, na tentativa clara de fraude à lei, fugindo à obrigatoriedade de loteamento ou à necessidade de constituição de propriedade horizontal. A prática oposta, de englobar numa só verba diversos prédios é também de rejeitar.

Devem ser *indicados* pela sua localização, confrontações, denominações, números de polícia, número do artigo ou artigos matriciais, número da descrição na conservatória do registo predial, ou menção da respectiva omissão bem como pertenças, servidões e ónus que sobre eles recaem.

Se os prédios estiverem inscritos na matriz, o seu valor é o resultante do valor tributável, *determinado de acordo com as regras do regime transitório, estabelecidas nos artigos 15.º 16.º 17.º e 19.º do Decreto-lei n.º 287/2003, de 12 de Novembro, que se passam a transcrever:*

"Art. 15.º – 1 – Enquanto não se proceder à avaliação geral, os prédios urbanos já inscritos na matriz serão avaliados, nos termos do CIMI, aquando da primeira transmissão ocorrida após a sua entrada em vigor, sem prejuízo, quanto a prédios arrendados, do disposto no artigo 17.º.

2 – O disposto no n.º 1 aplica-se às primeiras transmissões gratuitas isentas de imposto do selo, bem como às previstas na alínea e) do n.º 5 do artigo 1.º do Código do Imposto do Selo, ocorridas após 1 de Janeiro de 2004.

3 – O disposto no presente artigo aplica-se também às primeiras transmissões de partes sociais de sociedades sujeitas a IMT, ou de estabelecimentos comerciais, industriais ou agrícolas de cujo activo façam parte prédios urbanos, ocorridas após 1 de Janeiro de 2004, inclusive.

4 – Será promovida uma avaliação geral dos prédios urbanos, no prazo máximo de 10 anos após a entrada em vigor do CIMI.

5 – Quando se proceder à avaliação geral dos prédios urbanos ou rústicos, será afectada para despesas do serviço de avaliações uma percentagem até 5, a fixar e regulamentar por portaria do Ministro das Finanças, do IMI cobrado nos anos em que se realizar aquela avaliação.

"Art. 16.º – 1 – Enquanto não se proceder à avaliação geral, o valor patrimonial tributário dos prédios urbanos não arrendados, para efeitos de IMI, é actualizado com base em coeficientes de desvalorização da moeda ajustados pela variação temporal dos preços no mercado imobiliário nas diferentes zonas do País.

2 – Os coeficientes referidos no n.º 1 são estabelecidos, entre um máximo de 44,21 e um mínimo de 1, e constam de portaria do Ministro das Finanças.

3 – Aos valores dos prédios inscritos nas matrizes até ao ano de 1970, inclusive, é aplicado o coeficiente que lhe corresponder nesse ano e, aos dos prédios inscritos posteriormente, aquele que corresponder ao ano da inscrição matricial.

4 – Em qualquer dos casos previstos no número anterior, o coeficiente é sempre aplicado aos referidos valores já expurgados de quaisquer correcções efectuadas posteriormente ao ano de 1970 e aos anos da respectiva inscrição matricial.

5 – No caso de prédios urbanos arrendados que o deixaram de estar até 31 de Dezembro de 1988, é aplicado ao valor patrimonial resultante da renda o coeficiente correspondente ao ano a que respeita a última actualização."

Note-se que a portaria que se refere aqui é a Portaria 1337/2003, de 5 de Dezembro.

"Art. 17.º – 1 – Para efeitos exclusivamente de IMI, o valor patrimonial tributário de prédio ou parte de prédio urbano arrendado, por contrato ainda vigente que tenha dado lugar ao pagamento de rendas até 31 de Dezembro de 2001, é o que resultar da capitalização da renda anual pela aplicação do factor 12, se tal valor for inferior ao determinado nos termos do artigo anterior.

2 – Quando se proceder à avaliação geral dos prédios urbanos, o valor patrimonial dos prédios arrendados referidos no número anterior será determinado nos termos do artigo 38.º do CIMI, não podendo tal valor, para efeitos de IMI, exceder o obtido pela capitalização da renda anual, através de factores, com o limite máximo de 15, fixados por

portaria do Ministro das Finanças, mediante proposta da Comissão Nacional de Avaliação de Prédios Urbanos.

3 – Quando se transmitirem os prédios referidos no n.º 1 que ainda se encontrem arrendados, nessa altura, o valor patrimonial tributário para efeitos do Código do IMT, do Código do Imposto do Selo e do Código do IMI é o que resultar da avaliação efectuada nos termos do artigo 38.º deste último Código ou o resultante da aplicação do disposto na parte final do número anterior se este for inferior.

4 – Os prédios arrendados na data referida no n.º 1 e que já não estejam nessa situação na datada transmissão são avaliados nos termos do artigo 38.º do CIMI.

5 – O disposto no presente artigo será revisto, na parte aplicável, quando se proceder à revisão da lei do arrendamento urbano."

"Artigo 19.º – Tratando-se de prédios urbanos só em parte arrendados, cujos rendimentos parciais estão discriminados nas matrizes urbanas, aplicam-se os dois critérios a que se referem os artigos 16.º e 17.º à parte não arrendada e à parte arrendada, respectivamente, somando-se os dois valores para determinar o valor patrimonial tributário global do prédio."

Finalmente, é importante transcrever, nesta matéria, o disposto no artigo 27.º, do citado Decreto-Lei:

"Artigo 27.º – 1 – O IMT relativo aos prédios cujo valor patrimonial tributário tenha sido determinado nos termos do Código da Contribuição Predial e do Imposto sobre a Indústria Agrícola, e enquanto não for efectuada a avaliação geral da propriedade imobiliária, nos termos previstos no Código Municipal sobre Imóveis (CIMI), é liquidado, sem prejuízo das regras especiais previstas no CIMT, nos termos seguintes:

a) O imposto relativo aos prédios urbanos é provisoriamente liquidado pelo valor constante do acto ou do contrato ou pelo valor patrimonial tributário inscrito na matriz à data da liquidação, consoante o que for maior, sendo a liquidação corrigida oficiosamente, sendo caso disso, logo que se torne definitivo o valor da avaliação a levar a efeito nos termos pre-vistos no n.º 1 do artigo 15.º do presente diploma, relativamente a todas as primeiras transmissões que ocorrerem após a entrada em vigor do CIMT;

b) O imposto relativo aos prédios arrendados até 31 de Dezembro de 2001 e que ainda se encontrem arrendados na data da liquidação é liquidado pelo preço constante do acto ou do contrato ou pelo valor determinado nos termos do n.º 3 do artigo 17.º do presente diploma, consoante o que for maior;

c) O imposto relativo a prédios rústicos é liquidado sobre o valor patrimonial tributário inscrito na matriz à data da liquidação, actualizado com base em factores de correcção monetária cujo limite não poderá exceder 44,21, a fixar em função do ano da última avaliação geral ou cadastral, a publicar em portaria do Ministro das Finanças, ou pelo valor constante do acto ou do contrato, consoante o que for maior.

2 – O Imposto do Selo é liquidado, sem prejuízo das regras especiais previstas no respectivo Código, nos seguintes termos:

a) No caso de prédios urbanos, com base no valor da avaliação prevista no n.º 1 do artigo 15.º do presente diploma.

b) No caso de prédios urbanos arrendados até 31 de Dezembro de 2001 e que ainda se encontrem arrendados na data da liquidação, com base no valor determinado nos termos do n.º 3 do artigo 17.º do diploma;

c) No caso dos prédios rústicos, com base no valor patrimonial tributário actualizado pela forma prevista na alínea c) do n.º 1.

3 – Havendo lugar a transmissão para efeitos de IMT que não envolva mudança de sujeito passivo em sede de IMI, o adquirente apresenta a declaração prevista no artigo 37.º do CIMI, conjuntamente com a referida no artigo 19.º do CIMT.

4 – O valor patrimonial tributário resultante da avaliação efectuada com base na declaração referida na primeira parte do número anterior só produz efeitos no IMI quando se operar a mudança de sujeito passivo deste imposto."

* Note-se que a Portaria referida na alínea c) dos números 1 e 2 é a já citada 1337/2003, de 5 de Dezembro.

Para efeitos de CIMI, a avaliação dos prédios rústicos é de base cadastral, não cadastral ou directa. A avaliação dos prédios urbanos é directa. A avaliação directa dos prédios urbanos é constituída por um conjunto de operações bastante complexas, previsto nos artigos 37.º a 46.º do CIMI.

Portanto, no caso de os prédios estarem inscritos na matriz predial, deverá o cabeça-de-casal juntar aos autos certidão do seu valor tributável.

No caso de os prédios estarem omissos, o valor é indicado pelo cabeça-de-casal.

No caso de os prédios estarem omissos na respectiva conservatória do registo predial, deverá ser junta certidão dessa omissão e, no caso de aí estarem descritos, deverá ser junta certidão dessa descrição e das inscrições em vigor (não devendo o processo prosseguir, como foi referido supra, enquanto não for comprovada a inscrição a favor do inventariado).

Ainda no caso de os prédios estarem omissos na Conservatória, como supra se referiu, deverá o cabeça-de-casal juntar aos autos os *títulos comprovativos do direito* de propriedade do inventariado relativamente a tais prédios.

Benfeitorias

Diz-se no artigo n.º 216.º do Código Civil que:

"1 – Consideram-se benfeitorias todas as despesas feitas para conservar ou melhorar a coisa.

2 – As benfeitorias são *necessárias, úteis ou voluptuárias*.

3 – São benfeitorias necessárias as que têm por fim evitar a perda, destruição ou deterioração da coisa; úteis as que, não sendo indispensáveis para a sua conservação, lhe aumentem, todavia o valor; voluptuárias as que, não sendo indispensáveis para a sua conservação nem lhe aumentando o valor, servem apenas para recreio do benfeitorizante."

A lei processual distingue entre as benfeitorias *feitas pelo inventariado*, em prédio não pertencente à herança, e as benfeitorias feitas por terceiros em prédio da herança.

Depois, distingue ainda *se podem, ou não, separar-se* do prédio *em que foram* feitas, *para afirmar* relativamente *às primeiras* pertencentes *à* herança que *são descritas em espécie* e as pertencentes ao benfeitorizante que as podem levantar livremente e, quanto *às segundas*, que devem ser descritas *como crédito*, se forem feitas pelo autor da herança e *como débito* se forem feitas por terceiro.

Regime próprio, porém, têm as benfeitorias feitas *pelo donatário* em prédio doado, decorrente do facto de o donatário não ser um terceiro, relativamente à herança; ser equiparado, quanto a benfeitorias, ao possuidor de boa fé, nos termos do artigo n.º 2 115.º do Código Civil e, por isso, nos termos do artigo n.º 1 273.º do mesmo Código, ter *direito a ser indemnizado das benfeitorias necessárias que haja feito, a levantar as benfeitorias úteis que o possam ser sem detrimento da coisa e, em caso de este existir, a ser indemnizado segundo as regras do enriquecimento sem causa.*

Portanto, relativamente a estas benfeitorias, deve fazer-se a menção delas na descrição do prédio, devendo contar-se como valor dele o valor total (o constante da certidão matricial, ou o indicado pelo cabeça-de--casal, em caso de omissão) e ser indicado o valor das benfeitorias, a fim de ser descontado ao valor total do prédio doado.

Nesse sentido se vem pronunciando a Jurisprudência dominante, de que é exemplo o Acórdão da Relação de Coimbra de 15/1/80, in C.J., tomo I, 112:

"1– Tendo as benfeitorias sido feitas por donatário em bens que lhe foram doados pelo inventariado, não foram feitas pelo autor da herança nem por um terceiro – um estranho relativamente à herança – mas sim por interessado. Assim, *não têm de ser descritas nem como "créditos" nem como "débitos"*.

2 – Avaliadas as benfeitorias (...) os interessados não têm que as aprovar mas apenas que reclamar contra o excesso de avaliação.

3 – *O valor dos bens doados é aquele que eles efectivamente têm* e não o que resulta das benfeitorias feitas pelo donatário".

Dívidas passivas

A relacionação destas dívidas é acompanhada dos documentos que as titulem.

Claro que há dívidas da herança que, atenta a sua natureza, como as dívidas fiscais e as do funeral e sufrágios do falecido, podem *ser pagas pelo cabeça-de-casal, sem necessidade de prévia aprovação*, devendo tal pagamento entrar no processo de prestação de contas como despesa.

Devem ser relacionadas todas as dívidas da herança, como já foi dito, e em separado.

AVALIAÇÃO FEITA POR LOUVADO

Como dissemos supra, a reforma do processo de inventário introduziu nele o princípio de que a avaliação só será feita por louvado, se for caso disso, depois da conferência de interessados.

De facto, desapareceram os casos de primeira avaliação de prédios omissos, de estabelecimentos comerciais sem escrita comercial organizada, de benfeitorias inseparáveis dos prédios onde foram realizadas e de bens móveis, ou semoventes, de elevado valor.

Agora, apenas se procede a avaliação naqueles casos das antigas segundas avaliações e ainda quando não existir acordo dos interessados quanto à composição dos quinhões e os interessados requeiram a avaliação.

Como se procederá, nesses casos?

O despacho judicial em que se nomeia o louvado tem de ser notificado aos interessados, pois estes podem-se *opor* à sua nomeação.

Ao louvado nomeado é tomado compromisso, não obstante ter sido revogado o art. 593.º do Código de Processo Civil (art. 581.º do mesmo diploma legal).

De seguida, deve-lhe ser entregue, com o mandado de avaliação, uma relação dos bens a avaliar.

Em seguida a cada verba, no espaço deixado em branco para o efeito, escreverá o louvado os valores respectivos, as alterações ou adicionamentos à relação, que julgue necessários e as declarações relativas às bases da avaliação.

A falta de indicação destas bases de avaliação constitui irregularidade susceptível de influir no exame e decisão da causa, o que constitui *nulidade* sujeita a arguição.

A arguição vitoriosa dessa nulidade, nos termos dos artigos 205.º e 207.º do Código de Processo Civil, trará como consequência a repetição da diligência a efectuar por outro louvado, se o primeiro, depois de convidado a fazê-lo, não vier indicar as bases que serviram à avaliação.

Também desapareceram das regras privativas do processo de inventário os casos de avaliação pela secretaria.

No entanto, dispunha-se no revogado art. 604.º, n.º 1, do Código de Processo Civil que "A avaliação é feita pela secretaria, quando dependa unicamente de operações aritméticas, e é feita por louvados, quando demande averiguações ou actos de inspecção.

Por isso, pensamos continuar a competir à secretaria proceder à *actualização das entradas em dinheiro* feitas pelo donatário ou *dos pagamentos* feitos aos co-herdeiros pelos donatários e por conta da parte daqueles nos bens doados, bem como das *doações em dinheiro*, desde o momento em que foram efectuados para a data da abertura da sucessão.

Segundo se dispõe no artigo 2 109.º, n.º 3, do Código Civil, "A doação em dinheiro, bem como os encargos em dinheiro que a oneraram e foram cumpridos pelo donatário, são actualizados nos termos do artigo 551.º."

E neste artigo n.º 551.º:

"Quando a lei permitir a actualização das prestações pecuniárias, por virtude das flutuações do valor da moeda, atender-se-á, na falta de outro critério legal, *aos índices dos preços*, de modo a restabelecer, entre a prestação e a quantidade de mercadorias a que ela equivale, a relação existente na data em que a obrigação se constituiu."

Estes números índices *são publicados com periodicidade mensal* pelo Instituto Nacional de Estatística, devendo ser ordenada a junção aos autos das declarações daquele Instituto respeitantes aos meses que interessa considerar (data da doação ou do cumprimento do encargo e data da abertura da sucessão) e, depois, através do uso da regra de três simples, calculará a secretaria os valores actualizados.

Também o cálculo do valor das prestações perpétuas ou temporárias que devam ser satisfeitas durante vinte anos ou mais, ou outras, é feito pela secretaria, nos termos das alíneas c) e d) do artigo 603.º supra transcrito, sendo que o valor da prestação anual, quando em géneros, é calculado com base na *tarifa camarária*, se existir e estiver actualizada, que, por isso, deverá igualmente ser obtida e junta ao processo. Se não existir ou não estiver actualizada, o valor da prestação anual é determinado pela avaliação do louvado, sendo, com base nela, calculado, pela secretaria, o valor da prestação.

Vem a talho de foice referir aqui o *cálculo do valor do usufruto* ou do direito ao uso e habitação, o qual é igualmente feito pela secretaria.

E trataremos do assunto neste momento por vir a propósito e não por ser o lugar próprio no processo de inventário. De facto, aqueles direitos, que são intransmissíveis, nunca fazem parte da herança a partilhar e, por isso, não se faz o cálculo do seu valor no momento em que se procede à relacionação dos bens.

Como são ónus que recaem sobre os bens da herança, *apenas são calculados no processo quando nele se chegou a um valor mais ou menos certo dos bens sobre que incidem*, isto é, depois da conferência de interessados e, eventualmente, da realização de licitações.

Conforme resulta do supra transcrito artigo n.º 603.º, alínea e), do Código de Processo Civil, se se trata de usufruto ou direito ao uso e de habitação vitalícios, multiplica-se por dez o valor do rendimento anual, sendo o produto corrigido para mais ou para menos, conforme a duração provável daqueles direitos, sendo que esta duração depende do tempo provável de vida dos respectivos titulares.

Que critérios utilizar para fazer essa correcção para mais ou para menos?

Entendemos que a secretaria se deve socorrer do critério estabelecido no artigo *n.º 13.º* do Código do Imposto Municipal sobre as Transacções Onerosas de Imóveis, que se passa a transcrever:

"a) O valor da propriedade separada do usufruto, uso ou habitação vitalícios, obtém-se deduzindo ao valor da propriedade plena as seguintes *percentagens*, de harmonia com a idade da pessoa de cuja vida depende a duração daqueles direitos ou, havendo várias, da mais velha ou da mais nova, consoante eles devam terminar pela morte de qualquer ou da última que sobreviver:

Idade: Percentagem a deduzir:
Menos de 20 anos 80
Menos de 25 anos 75
Menos de 30 anos 70
Menos de 35 anos 65
Menos de 40 anos 60
Menos de 45 anos 55
Menos de 50 anos 50
Menos de 55 anos 45
Menos de 60 anos 40
Menos de 65 anos 35
Menos de 70 anos 30
Menos de 75 anos 25
Menos de 80 anos 20
Menos de 85 anos 15
85 ou mais anos 10

Se o usufruto uso e habitação não forem vitalícios, parece dever aplicar-se a última parte da regra supra referida e que se passa a transcrever:

"Se o usufruto, uso ou habitação forem temporários, deduzir-se-ão ao valor da propriedade plena *10% por cada período indivisível de cinco anos*, conforme o tempo porque esses direitos ainda devam durar, não podendo, porém, a dedução exceder a que se faria no caso de serem vitalícios."

Quanto aos aspectos de que vimos tratando, respeitantes à relação de bens e à avaliação há que fazer ainda referência às seguintes questões:

PRIMEIRA

Bens cujo valor já consta do inventário

Apenas por se considerar preceito desnecessário, foi revogado o disposto no artigo 1 393.º, n.º 1, do Código de Processo Civil, em que se dizia:

"1 – Os bens que já tenham sido avaliados noutro inventário não são objecto de nova avaliação, salvo se houver razões para crer que o seu valor se alterou."

Também se não procede à indicação do valor dos bens objecto de procedimento cautelar de arrolamento prévio ao processo de inventário, pela singela razão de que essa avaliação foi já efectuada, como vimos no local próprio, no momento em que foi efectuado o arrolamento e pelo louvado nomeado para o efeito.

SEGUNDA

Bens em poder de outra pessoa, que não o cabeça-de-casal

Como já foi dito, o cabeça-de-casal deve relacionar todos os bens que pertenciam ao autor da herança, mesmo aqueles que se não encontram em poder dele e sob a sua directa administração.

Essa c*ircunstância pode acarretar dificuldades* ao cabeça-de-casal, no desempenho do seu encargo de relacionar fielmente todos os bens da herança, devendo, nesse *caso, promover a aplicação das normas contidas* no artigo 1 347.º do Código de Processo Civil:

"1 – Se o cabeça-de-casal declarar que está impossibilitado de relacionar alguns bens que estejam em poder de outra pessoa é esta notificada para, no prazo designado, facultar o acesso a tais bens e fornecer os elementos necessários à respectiva inclusão na relação de bens.

2 – Alegando o notificado que os bens não existem ou não têm de ser relacionados, observar-se-á, com as necessárias adaptações, o disposto no n.º 3 do artigo 1 349.º. (Isto é, convidará o juiz os interessados para produzirem quaisquer provas, procederá às diligências que entender necessárias e, por fim, decidirá, se o puder fazer com a prova sumária produzida. Se o não puder fazer, por a questão requerer mais larga indagação, remeterá os interessados para os meios comuns).

3 – Se o notificado não cumprir o dever de colaboração que lhe cabe, pode o juiz ordenar as diligências necessárias, incluindo a apreensão dos bens pelo tempo indispensável à sua inclusão na relação de bens."

EXAME DO PROCESSO

Uma das decisões do legislador da reforma do processo de inventário foi eliminar a descrição de bens, por se ter considerado, como já era reconhecido de há muito, tratar-se de peça desnecessária e inútil.

Como consequência desse desaparecimento, desapareceu, também, a distinção sistemática entre primeiro e segundo exame do processo.

Determina-se, agora, no artigo 1 348.º do Código de Processo Civil:

"1 – Apresentada a relação de bens, são os interessados notificados de que podem reclamar contra ela, no prazo de 10 dias, acusando a falta de bens que devam ser relacionados, requerendo a exclusão de bens indevidamente relacionados, por não fazerem parte do acervo a dividir, ou arguindo qualquer inexactidão na descrição dos bens, que releve para a partilha.

2 – Os interessados são notificados da apresentação da relação de bens, enviando-se-lhes cópia da mesma.

3 – Quando o cabeça-de-casal apresentar a relação de bens ao prestar as suas declarações, a notificação prevista no número anterior terá lugar conjuntamente com as citações para o inventário.

4 – No caso previsto no número anterior, os interessados poderão exercer as faculdades previstas no n.º 1 no prazo da oposição.

5 – Findo o prazo previsto para as reclamações contra a relação de bens, dá-se vista ao Ministério Público, quando tenha intervenção principal no inventário, por 10 dias, para idêntica finalidade.

6 – As reclamações contra a relação de bens podem ainda ser apresentadas posteriormente, mas o reclamante será condenado a multa, excepto se demonstrar que a não pôde oferecer no momento próprio, por facto que não lhe é imputável."

O fundamento da existência deste exame, que não depende de prévio despacho do juiz a ordená-lo, sendo a necessidade de resolver certas questões que têm a ver com a relação de bens, revela-se pouco consistente, a ponto de, no já citado Anteprojecto do Código de Processo Civil, ter sido substituído pela concessão de um prazo de catorze dias aos interessados e ao Ministério Público, no caso do inventário obrigatório, para deduzirem reclamação contra a relação de bens apresentada – art. n.º 983.º.

O exame em questão destina-se a *habilitar os advogados dos interessados e o Ministério Público a dizerem o que se lhes oferecer sobre a relação de bens ou sobre a sua falta*. Mas, só esses o poderão fazer? Tal estará proibido aos interessados que não constituíram mandatário? Resulta que não do preceituado no n.º 1, do supra citado artigo 1 348.º, do Código de Processo Civil.

ACUSAÇÃO DA FALTA DE RELACIONAÇAO DOS BENS
– INCIDENTE

Determina-se no artigo 1 349.º, do Código de processo Civil:

"1– Quando seja deduzida reclamação contra a relação de bens, é o cabeça-de-casal notificado para relacionar os bens em falta ou dizer o que se lhe oferecer sobre a matéria da reclamação, no prazo de 10 dias.

2– Se o cabeça-de-casal confessar a existência dos bens cuja falta foi acusada, procederá imediatamente, ou no prazo que lhe for concedido, ao aditamento da relação de bens inicialmente apresentada, notificando--se os restantes interessados da modificação efectuada.

3– Não se verificando a situação prevista no número anterior, notificam-se os restantes interessados com legitimidade para se pronunciarem, aplicando-se o disposto no n.º 2 do artigo 1 344.º e decidindo o juiz da existência de bens e da pertinência da sua relacionação, sem prejuízo do disposto no artigo seguinte.

4– (...)
5– (...)
6– (...)"

Será aplicável, neste caso, por força da aplicação do n.º 2, do artigo 1344.º, o disposto no artigo 1335.º? (remessa dos interessados para os meios comuns, com correspondente suspensão da instância?)

Dada a ressalva, "sem prejuízo do disposto no artigo seguinte", parece que o regime legal estabelecido será diferente.

Diz-se no artigo 1 350.º:

"1– Quando a complexidade da matéria de facto subjacente às questões suscitadas tornar inconveniente, nos termos do n.º 2 do artigo

1 336.º, a decisão incidental das reclamações previstas no artigo anterior, o juiz abstém-se de decidir e remete os interessados para os meios comuns.

2 – No caso previsto no número anterior, não são incluídos no inventário os bens cuja falta se acusou e permanecem relacionados aqueles cuja exclusão se requereu.

3 – Pode ainda o juiz, com base numa apreciação sumária das provas produzidas, deferir provisoriamente as reclamações, com ressalva do direito às acções competentes, nos termos previstos no n.º 2 do artigo 1336.º."

Este incidente *pode ser deduzido quer pelos herdeiros, meeiros, usufrutuário de parte da herança sem determinação de valor ou objecto* (interessados directos na partilha), *quer pelos legatários, credores ou donatários*, estes no caso de existirem herdeiros legitimários (simples interessados). Claro que o cabeça-de-casal não poderá reclamar da relação de bens por ele próprio apresentada.

Até quando pode ser acusada a falta de relacionação de bens?

Em regra, é durante o prazo do exame do processo que se deduz tal incidente. No entanto, diz-se no n.º 6 do artigo 1 348.º do Código de Processo Civil, supra transcrito, que as reclamações contra a relação de bens podem ser apresentadas posteriormente.

Daqui se conclui que pode ser arguida **em qualquer altura**, até ao trânsito em julgado da sentença homologatória da partilha, com as consequentes e óbvias perturbações no andamento normal do processo.

E nem se pense que não será permitido ao interessado que vem fora do seu prazo e sem lograr convencer o tribunal de que só naquela altura teve conhecimento da existência dos bens, deduzir a acusação da sua falta, pois a sanção que poderá sofrer é apenas a de ser condenado em multa. *Os bens, se há que os relacionar, serão mesmo relacionados...*

A falta de relacionação de bens é arguida através de requerimento, ou aproveitando o próprio termo de vista, no caso do M.º P.º. Nesse requerimento ou promoção *devem ser especificados os bens em falta*. Esta indicação deve ser feita de molde a convencer que se trata de uma concreta reclamação, mas *não pode ser levada tão longe que inutilize, na prática, a arguição*. De facto, não será de exigir que se identifiquem completamente os bens em falta, já que eles, em regra, estão fora do alcance do próprio reclamante e este só conhece da sua existência por referências remotas.

O cabeça-de-casal ou o seu mandatário têm, depois, o prazo de dez dias para responder, podendo tomar as seguintes atitudes:

a) *Confessa expressamente* a existência dos bens a relacionar e a obrigação de o fazer, alegando paralelamente que os não incluiu na relação de bens por mero lapso ou por desconhecimento. Nesse caso tem, também, de proceder ao seu relacionamento, podendo *vir aos autos pedir prorrogação do prazo* para o fazer, se o não puder fazer de imediato.

b) Não se pronuncia, *nega expressamente* a existência dos bens ou responde de molde *a concluir-se que desconhece* a sua existência. Este desconhecimento da veracidade da alegação do arguente não equivale à confissão da existência dos bens pois esta existência não pode ser considerada facto pessoal do cabeça-de-casal.

Neste caso, o *juiz convidará os interessados a produzir quaisquer provas* e mandará proceder às diligências que julgue necessárias. A prova a produzir terá de ser sumária: prova testemunhal com limitação do número de testemunhas (três a cada facto, com limitação do total a oito, por força do artigo n.º 304.º, n.º 1 do Código de Processo Civil, aplicável por se tratar de incidente) depoimento de parte e a simples inspecção.

Se a questão não puder ser resolvida através destes meios de prova a que acresce, naturalmente, a documental, deverão os interessados ser remetidos para os meios comuns.

Se o juiz conseguir decidir a questão no processo de inventário pela procedência da arguição poderá mandar remover o cabeça-de-casal, se chegar à conclusão que a falta de relacionação se ficou a dever a conduta negligente dele.

c) *Confirma a existência dos bens, mas declara-se impossibilitado de os relacionar* por estarem em poder de outra pessoa, de um terceiro.

Neste caso seguir-se-ão os termos do incidente já analisado supra e previsto no artigo 1347.º do Código de Processo Civil. Portanto, mesmo que seja necessário fazer intervir estranhos no processo, é possível decidir a questão no inventário, isto é, este é processo suficiente para o efeito, desde que seja respeitado o princípio já analisado quanto ao regime das provas, isto é, desde que a questão possa ser decidida sumariamente.

Por isso, se preceitua no artigo 1 336.º do Código de Processo civil:

"1 – Consideram-se definitivamente resolvidas as questões que, no inventário, sejam decididas no confronto do cabeça-de-casal ou dos demais interessados a que alude o artigo 1 327.º, desde que tenham sido regularmente admitidos a intervir no procedimento que precede a decisão, salvo se for expressamente ressalvado o direito às acções competentes.

2 – Só é admissível a resolução provisória, ou a remessa dos interessados para os meios comuns, quando a complexidade da matéria de facto subjacente à questão a dirimir torne inconveniente a decisão incidental no inventário, por implicar redução das garantias das partes."

SONEGAÇÃO DE BENS – INCIDENTE

Este incidente está intimamente ligado ao anterior já que, como iremos ver, sem se provocar a reclamação da falta de relacionação de determinados bens, dificilmente se conseguirá fazer a prova, em processo de inventário, de que a omissão da descrição dos bens foi dolosa.

Determina-se no n.º 4 do artigo 1 349.º do Código de Processo Civil:

"4 – A existência de sonegação de bens, nos termos da lei civil, é apreciada conjuntamente com a acusação da falta de bens relacionados, aplicando-se, quando provada, a sanção civil que se mostre adequada, sem prejuízo do disposto no n.º 2 do artigo 1 336.º."

Com a reforma, eliminou-se qualquer preceito equivalente ao n.º 1 do anterior artigo 1 343.º do Código de Processo Civil, pelo que, agora, só a lei civil nos dá a definição de sonegação.

Determina-se no artigo n.º 2 096.º do Código Civil:

"1 – O herdeiro que sonegar bens da herança, ocultando *dolosamente* a sua existência, seja ou não cabeça-de-casal, perde em *benefício dos co-herdeiros o direito* que possa ter a qualquer parte dos bens sonegados, além de incorrer nas mais sanções que forem aplicáveis.

2 – O que sonegar bens da herança é considerado mero detentor desses bens".

Com a ressalva contida na parte final do n.º 1 do artigo n.º 2 096.º do Código Civil, quis o legislador deixar em aberto a aplicação ao sonegador de outras sanções para além da civil aí prevista.

Essas *outras sanções* podem ser de *natureza penal, pois os* factos que constituem a sonegação de bens podem integrar crime de furto ou de abuso de confiança, ou de *natureza fiscal*, prevendo-se no artigo 29.º do Código do Imposto de Selo, que, em caso de suspeita fundada de sonegação, o chefe de finanças competente requer o respectivo arrolamento nos termos do artigo 141.º e 142.º do Código de Procedimento e de Processo Tributário.

Além disso, *o cabeça-de-casal*, que seja judicialmente declarado sonegador *deverá ser removido*, conforme já foi dito no local próprio.

Por outro lado, sendo o sonegador considerado mero detentor dos bens sonegados, só poderá adquiri-los por usucapião, desde que inverta o título de posse, começando a correr o prazo da usucapião desde esta inversão.

Finalmente, deverá ainda dizer-se que, face à eliminação do n.º 1 do artigo 1 343.º do Código de Processo Civil, na redacção anterior à reforma e ainda ao disposto no actual n.º 4 do artigo 1 349.º, que poderá o juiz, agindo oficiosamente, determinar que existiu sonegação de bens. É sempre necessária, no entanto, a iniciativa dos interessados consistente na apresentação de reclamações, pois podem eles, até, em lugar de acusar a sonegação, pedirem apenas a partilha dos bens.

EXCLUSÃO DOS BENS RELACIONADOS – INCIDENTE

Confere a lei adjectiva a *qualquer interessado* na partilha ou *a qualquer terceiro* a possibilidade, desde que tenham legítimo interesse nisso, de pedir a exclusão do inventário de qualquer bem que tenha sido relacionado pelo cabeça-de-casal como fazendo parte da herança, o que poderão fazer a todo o tempo, isto é, até à sentença homologatória da partilha.

Art. 1 349.º, n.º 6: "O disposto neste artigo é aplicável, com as necessárias adaptações, quando terceiro se arrogue a titularidade de bens relacionados e requeira a sua exclusão do inventário."

RECLAMAÇÃO DE CRÉDITO – INCIDENTE

Confere a lei ao credor da herança a possibilidade de reclamar qualquer crédito seu que não tenha sido incluído na relação de bens.

Tal encontra-se previsto no n.º 2 do artigo 1 331.º do Código de Processo Civil:

"1 – (...)

2 – Os titulares activos de encargos da herança podem reclamar no inventário os seus direitos, mesmo que estes não hajam sido relacionados pelo cabeça-de-casal, até à realização da conferência de interessados destinada à aprovação do passivo; se não o fizerem, não ficam, porém, inibidos de exigir o pagamento pelos meios comuns, mesmo que hajam sido citados para o processo."

Da leitura do preceito conclui-se que podem reclamar créditos no processo de inventário, *não só os credores citados no processo, mas também os que o não foram*, por não terem sido indicados pelo cabeça-de-casal.

Desapareceu, com a reforma, a dupla possibilidade que a lei adjectiva estabelecia para os credores: a de se habilitarem nos termos do antigo artigo 1 334.º do Código de Processo Civil, ou de reclamarem os seus créditos.

Agora, só a última possibilidade subsiste, devendo ser exercida nos termos expostos.

Com a reforma, desapareceu, igualmente, o regime sancionatório que o n.º 2 do artigo 1 345.º do Código de Processo Civil estabelecia para o credor que, por comodismo ou negligência, não aproveitava o processo de inventário em que fora citado para reclamar a descrição correcta do seu crédito e que consistia no pagamento das custas do processo, que, mais tarde, viesse a instaurar para exigir o pagamento daquele, se os demandados não deduzissem oposição.

Todos os créditos sobre a herança devem ser reclamados, sem excluir os hipotecários ou os pignoratícios, sem embargo de se reconhecer que estas garantias especiais das obrigações acompanham o objecto sobre que recaem, esteja o mesmo em poder de quem estiver. Bem assim as despesas com o funeral e sufrágios do autor da herança por força do disposto no artigo n.º 2 068.º do Código Civil: "A herança responde pelas despesas com o funeral e sufrágio do seu autor, pelos encargos com a testamentaria, administração e liquidação do património hereditário, pelo pagamento das dívidas do falecido, e pelo cumprimento dos legados".

DESCRIÇÃO DE BENS

Estabelecia-se no artigo n.º 1 350.º do Código de Processo Civil:

"1 – Concluída a avaliação, a secretaria faz, dentro de oito dias, a descrição dos bens e das dívidas, com a indicação dos valores.

2 – Para a descrição dos móveis de pequeno valor, ainda que de diversa natureza, são formados lotes, de modo que, tanto quanto possível, em cada verba se compreendam bens de valor não inferior a 200$00".

Sendo a descrição de bens, na maioria dos casos, uma repetição da relação de bens e sendo possível introduzir na própria relação de bens as alterações decorrentes da tramitação dos incidentes acabados de analisar, *não se vê razão plausível para a existência desta peça processual* da autoria do funcionário encarregado do processo, que não seja a de impor uma certa ordem.

Tal foi reconhecido no Anteprojecto do Código de Processo Civil, onde se deixou de falar de descrição de bens, tendo-se criado, em sua substituição, um preceito, o n.º 991.º, do seguinte teor:

"Se for decidido alterar a relação de bens, pode o juiz determinar que a secretaria introduza as respectivas modificações na própria relação ou mencione apenas, em cota, as verbas que tenham sido alteradas."

Actualmente, como já dissemos supra, desapareceu esta fase processual, preceituando-se no n.º 5 do artigo 1 349.º do Código de Processo Civil:

"5 – As alterações e aditamentos ordenados são sempre introduzidos pela secretaria na relação de bens inicialmente apresentada."

Pensamos, porém, que, se as alterações forem em número substancial, será preferível ao funcionário lavrar uma nova relação de bens, a qual corresponderia à antiga descrição.

Ao longo do processo esta relação não se mantém inalterável, podendo *ser rectificada*, sempre que o juiz decidir nesse sentido por despacho e pode ser acrescentada com relações complementares.

Se houver relação adicional, a primeira verba dessa relação receberá o número imediatamente a seguir ao último da primeira relação, de forma a não haver repetições.

SEGUNDO EXAME DO PROCESSO

Determinava-se no antigo artigo n.º 1 351.º do Código de Processo Civil:

"1– Feita a descrição e depois de citados todos os interessados, observar-se-á o disposto no n.º 1 do artigo 1 340.º.

Durante o prazo do exame ou da vista pode reclamar-se contra qualquer inexactidão da descrição ou contra o excesso da avaliação e suscitar-se qualquer questão que possa influir na partilha.

De igual faculdade gozam, até ao termo dos exames, os interessados que não tenham constituído advogado.

2– Se houver interessado nascituro, o inventário é suspenso, após a descrição dos bens até ao nascimento."

Servia este segundo exame, portanto, para rever o processo e suscitar algumas questões cuja solução tem directa influência no posterior desenvolvimento dele.

Coerentemente com a abolição da descrição de bens, o Anteprojecto baniu também este segundo exame do processo, permitindo, todavia, a alteração de relação de bens, nos termos já mencionados, e estabelecendo num preceito autónomo, o artigo n.º 992.º, as causas de suspensão do inventário:

"1 – O inventário obrigatório pode ser suspenso, a requerimento de qualquer interessado ou do Ministério Público, nos seguintes casos:

a) Quando o fundamento do inventário for a menoridade de um ou mais interessados e esse fundamento cessar menos de um ano após o requerimento;

b) Quando na conferência de interessados houver acordo de todos os interessados e do Ministério Público sobre a suspensão do processo por período não superior a dois anos, desde que exista alguma vantagem ponderosa na dilação da partilha e estejam salvaguardados os interesses daqueles a quem a lei deva especial protecção.

2 – Havendo interessado nascituro, o inventário será suspenso desde o momento em que deveria ser convocada a conferência de interessados até ao nascimento do interessado.

3 – A suspensão cessa, a requerimento de qualquer dos interessados ou do Ministério Público, logo que se extinga a causa que a determinou."

Com a reforma do processo de inventário, desapareceu, também, conforme já foi dito, este segundo exame do processo, encontrando-se as causas da respectiva suspensão previstas no supra transcrito artigo 1 335.º.

CONFERÊNCIA DE INTERESSADOS

Diz-se no artigo n.º 1 352.º do Código de Processo Civil:

"1 – Resolvidas as questões suscitadas susceptíveis de influir na partilha e determinados os bens a partilhar, o juiz designa dia para a realização de uma conferência de interessados.

2 – (...)
3 – (...)
4 – (...)
5 – (...)"

Como resulta do transcrito preceito, *não precisa a conferência de ser requerida*, pois sempre terá lugar por despacho do juiz, devendo este, *ao mandar convocá-la, especificar os assuntos* que, na mesma, irão ser tratados – n.º 3 do citado preceito: "Na notificação das pessoas convocadas faz-se menção do objecto da conferência."

A omissão dessa especificação determina a anulabilidade da deliberação referente ao assunto omitido na convocatória.

Para a conferência são notificados todos os interessados e o M.º P.º.

É presidida pelo juiz e os interessados não precisam de comparecer pessoalmente.

Segundo o disposto no n.º 4 do aludido preceito legal, "Os interessados directos na partilha que residem na área do círculo judicial são notificados com obrigação de comparência pessoal, ou de se fazerem representar nos termos do n.º 2 (isto é, por qualquer outro interessado, ou por mandatário judicial), sob cominação de multa."

E, no n.º 5, preceitua-se que "A conferência pode ser adiada, por determinação do juiz ou a requerimento de qualquer interessado, por uma só vez, se faltar algum dos convocados e houver razões para considerar viável o acordo sobre a composição dos quinhões."

Portanto, *para a realização da conferência é indiferente o número de interessados que se encontrem presentes*, realizando-se mesmo, logo que esgotadas aquelas possibilidades de adiamento.

Só não se realiza, como é óbvio, se nenhum interessado comparecer, continuando o processo os seus termos normais e considerando-se como não resolvidos os assuntos que deveriam ser submetidos à conferência.

Como iremos ver mais detalhadamente, as deliberações, na conferência, serão tomadas umas vezes por unanimidade e outras por maioria. Tudo dependerá do assunto de que se trate.

Iremos analisar, de seguida, um por um, os assuntos que podem ser submetidos à conferência de interessados, verdadeiro órgão deliberativo no processo de inventário.

COMPOSIÇÃO DE QUINHÕES

Diz-se no n.º 1 do artigo 1 353.º:

"1– Na conferência podem os interessados acordar, por unanimidade, e ainda com a concordância do Ministério Público quando tiver intervenção principal no processo, que a composição dos quinhões se realize por algum dos modos seguintes:

> a) Designando as verbas que hão-de compor, no todo ou em parte, o quinhão de cada um deles e os valores por que devem ser adjudicados;
> b) Indicando as verbas ou lotes e respectivos valores, para que, no todo ou em parte, sejam objecto de sorteio pelos interessados;
> c) Acordando na venda total ou parcial dos bens da herança e na distribuição do produto da alienação pelos diversos interessados.

2 – (...)
3 – (...)
4 – (...)
5 – (...)
6 – (...)"

Esta possibilidade conferida aos interessados é uma inovação do Código de Processo Civil actual, relativamente ao de 1939, podendo até afirmar-se que é uma inovação privilegiada pelo legislador, na medida em que um dos escassos fundamentos para o adiamento da conferência, como se viu, é precisamente, o de se presumir poderem os interessados chegar ao dito acordo.

A mesma inovação surgiu como necessidade bem sentida de moderar os "malefícios" do sistema das licitações.

Com a reforma, a inovação foi mais longe, prevendo-se, agora, a hipótese do acordo para a venda total ou parcial dos bens da herança.

Deliberadamente, ou não, ficou por esclarecer se esta venda era judicial ou extrajudicial. O espírito do sistema faz pensar que o legislador deixou ao critério dos interessados a escolha da forma de venda. Porém, se for escolhida a extrajudicial, ficou por esclarecer qual o prazo durante o qual ficará suspensa a instância a aguardar a ultimação da diligência.

As inovações da reforma prosseguiram aqui, ao estabelecer-se no n.º 2 do citado artigo 1 353.º, que:

"1– (...)

2 – As diligências referidas nas alíneas a) e b) do número anterior podem ser precedidas de arbitramento, requerido pelos interessados ou oficiosamente determinados pelo juiz, destinado a possibilitar a repartição igualitária e equitativa dos bens pelos vários interessados."

Trata-se da introdução da figura dos partidores no processo de inventário e a ela já se referia o Anteprojecto do Código de Processo Civil, no seu artigo 1004.º:

"Podem ser nomeados partidores os indivíduos que assumam o encargo de promover o acordo de todos os interessados na organização dos quinhões de cada um deles dentro do prazo fixado pelo juiz, nunca inferior a um mês."

Convém frisar que o acordo sobre a composição dos quinhões ou sobre o sorteio das verbas tem de ser obtido pela unanimidade dos interessados. Portanto, logo que falte à conferência de interessados qualquer deles, o acordo em questão deixa de ser possível.

Os interessados que deliberam quanto à composição dos quinhões são naturalmente todos os herdeiros e respectivos cônjuges, desde que tenham comunhão nos bens a partilhar. O acordo terá ainda de obter a aprovação do Ministério Público, quando tiver intervenção principal no processo, bem como dos representantes dos incapazes.

Actualmente, não será necessário obter o acordo do conselho de família, nos casos em que este devesse intervir, por ele ter deixado de ser convocado para o processo de inventário, conforme já foi referido.

Se não for possível o acordo, serão abertas as licitações.

APROVAÇÃO DO PASSIVO

Determina-se no n.º 3 do artigo 1 353.º do Código de Processo Civil que "À conferência compete ainda deliberar sobre a aprovação do passivo e forma de cumprimento dos legados e demais encargos da herança."

Já se disse que devem ser relacionadas todas as dívidas da herança, quer as vencidas quer as não vencidas, quer líquidas, quer ilíquidas, quer exigíveis, quer não.

"Os bens da herança indivisa respondem colectivamente pela satisfação dos respectivos encargos." – artigo n.º 2 097.º do Código Civil.

Sobre a aprovação das dívidas da herança na conferência de interessados *têm de se pronunciar os herdeiros* (e não os respectivos cônjuges, mesmo que tenham comunhão nos bens que couberem ao cônjuge na herança a partilhar).

O *usufrutuário da totalidade da herança* ou de uma quota dela sem determinação de valor ou objecto tem legitimidade também para se pronunciar, dado o disposto no artigo n.º 2 072 n.º 1 do Código Civil:

"1 – O usufrutuário da totalidade ou de uma quota do património do falecido pode adiantar as somas necessárias, conforme os bens que usufruir, para cumprimento dos encargos da herança, ficando com o direito de exigir dos herdeiros, findo o usufruto, a restituição sem juros das quantias que despendeu."

Os legatários são chamados a deliberar sobre a aprovação do passivo *quando toda a herança for distribuída em legados* – artigo n.º 2 277.º do Código Civil "Se a herança for toda distribuída em legados, são os encargos dela suportados por todos os legatários em proporção dos seus legados, excepto se o testador houver disposto outra coisa. *"Também o são quando o testador os encarregou do pagamento do passivo* nos termos do artigo n.º 2 276.º do Código Civil: "1 – O legatário responde pelo cumprimento dos legados e dos outros encargos que lhe sejam impostos, mas só dentro dos limites do valor da coisa legada. "*Ainda*, nos termos do n.º 1 do artigo n.º 1 359.º do Código de Processo Civil, *quando da aprovação das dívidas resulte redução dos legados*:

"1 – Aos legatários compete deliberar sobre o passivo e forma do seu pagamento, quando toda a herança seja dividida em legados, ou quando da aprovação das dívidas resulte redução de legados.

Quanto aos donatários a lei parece ter sido menos exigente do que em relação aos legatários dado que, enquanto que estes intervêm na aprovação do passivo somente quando dessa aprovação resulte redução dos legados, quanto aos donatários *contenta-se com um juízo de probabilidade dessa redução:*

"2 – Os donatários serão chamados a pronunciar-se sobre a aprovação das dívidas, sempre que haja sérias probabilidades de resultar delas a redução das liberalidades." – Artigo 1 359.º do Código de Processo Civil.

Quanto ao *Ministério Público*, deve dizer-se que ele *não participa directamente na deliberação sobre a aprovação do passivo*. Apenas tem por função aconselhar os representantes dos incapazes na tomada de decisão de aprovar ou não as dívidas. *Como fiscal dos interesses da*

Fazenda Pública, o representante do Ministério Público intervém nos termos do artigo n.º 138.º do Código do Imposto Municipal de Sisa e do Imposto sobre as Sucessões e Doações: "Nos inventários judiciais de herança sujeita no todo ou em parte a imposto sobre as sucessões e doações o Ministério Público requererá quanto seja a bem da Fazenda Nacional, e opor-se-á à aprovação, para efeitos fiscais, de quaisquer verbas de passivo *que não sejam aprovadas por documentos, devendo-o ser, ou cuja prova não considere suficiente*."

Com o recente desaparecimento deste Código do Imposto municipal de Sisa e do Imposto sobre as Sucessões e Doações, afigura-se-nos que o representante do Ministério Público continuará a intervir nos inventários, no acto de aprovação do passivo, como fiscal dos interesses da Fazenda Pública, não dirigidos, naturalmente, ao imposto eliminado, mas a todos os outros impostos de que a herança seja devedora.

Segundo o artigo n.º 219.º do Código Civil, "A validade da declaração negocial não depende da observância de forma especial, salvo quando a lei a exigir."

Porém, no artigo n.º 1 143.º do mesmo diploma legal prevê-se que "O contrato de mútuo de valor superior a 20 000 euros só é válido se for celebrado por escritura pública e o de valor superior a 2 000 euros se o for por documento assinado pelo mutuário."

Por outro lado, no artigo n.º 220.º, do mesmo diploma, estabelece-se que "A declaração negocial que careça de forma legalmente prescrita é nula, quando outra não seja a sanção especialmente prevista na lei."

Por isso, no artigo n.º 1 354.º, n.º 2 do Código de Processo Civil, dispõe-se:

"2 – *Quando a lei exija certa espécie de prova documental para a demonstração da sua (dívida) existência, não pode a dívida ser aprovada por parte dos menores ou equiparados sem que se junte ou exiba a prova exigida.*"

Entende-se ainda que os representantes dos incapazes não deverão dar aprovação a dívidas prescritas. Convém, por isso, tomar atenção à proveniência delas, dado que isso é fundamental para a determinação do prazo de prescrição aplicável.

Determina-se no artigo n.º 1 354.º, n.º 1, do Código de Processo Civil:

"1 – As dívidas, que sejam aprovadas pelos interessados maiores e por aqueles a quem compete a aprovação por parte dos menores ou equiparados, consideram-se judicialmente reconhecidas, devendo a sentença que julgue a partilha condenar no seu pagamento."

Portanto, este passivo, que é aprovado por unanimidade, deve ser aba-tido ao activo da herança, quando for determinado o modo de a partilhar.

Por seu turno, diz-se no artigo n.º 1 355.º do Código de Processo Civil:

"Se todos os interessados forem contrários à aprovação da dívida, *o juiz conhecerá da sua existência quando a questão puder ser resolvida com segurança pelo exame dos documentos apresentados.*"

A solução encontrada no artigo n.º 1 355.º teve como principal desiderato evitar que as dívidas apenas não fossem aprovadas por mero capricho dos interessados, determinando-se ao juiz, nesse caso, a obrigação de as reconhecer judicialmente.

No artigo n.º 1 356.º prevê-se o caso de as dívidas serem aprovadas parcialmente: "Havendo divergências sobre a aprovação da dívida, aplicar-se-á o disposto no artigo 1354.º à quota-parte relativa aos interessados que a aprovem; quanto à parte restante, será observado o determinado no artigo 1355.º.

Claro que as dívidas reconhecidas judicialmente nos termos expostos também se abatem ao activo da herança.

Coisa diferente da aprovação da dívida é a do seu PAGAMENTO de acordo com o disposto no artigo 1357.º do Código de Processo Civil, "1 – As dívidas vencidas e aprovadas por todos os interessados têm de ser pagas imediatamente, se o credor exigir o seu pagamento."

O credor, nas circunstâncias mencionadas, *deverá exigir o pagamento imediato o mais tardar até à conferência de interessados*. Para isso mesmo, aliás, é que os credores são convocados para essa conferência.

Esse pagamento é feito prioritariamente *por meio do dinheiro* existente na herança e, depois, por *outra forma* em que os interessados acordem e, *finalmente pela venda de bens* para o efeito, tudo nos termos dos n.º 2.º e 3.º do artigo n.º 1 357.º do Código de Processo Civil:

"2 – Não havendo na herança dinheiro suficiente e não acordando os interessados noutra forma de pagamento imediato, procede-se à venda de bens para esse efeito, *designando o juiz os que hão-de ser vendidos*, quando não haja acordo a tal respeito entre os interessados.

3 – Se o credor quiser receber em pagamento os bens indicados para venda, ser-lhe-ão adjudicados pelo preço que se ajustar."

Esta forma de liquidar o património no próprio processo de inventário foi introduzida por razões evidentes de economia processual e ainda para libertar os incapazes do pagamento de custas de processos comuns, que seriam necessários, se tal não fosse estabelecido.

A venda judicial de bens, se tiver de existir, seguirá as formas estabelecidas para o processo comum de execução e será necessariamente precedida do cumprimento do disposto no artigo n.º 864.º do Código de Processo Civil.

Se não for feito pelo credor o pedido de pagamento imediato, podem os interessados deliberar, de acordo com o disposto no n.º 2 do artigo n.º 2 098.º do Código Civil, *"que o pagamento se faça à custa de dinheiro ou outros bens separados para esse efeito, ou que fique a cargo de algum ou alguns deles.*" Ou, ainda, *que seja repartido por todos na proporção do que cada um recebe*. Neste caso, porém, tal forma de pagamento tem de ser aceite pelo credor, já que não se trata de nenhuma das previstas naquele n.º 2 do artigo 2 098.º do Código Civil e só para estas se estabelece no n.º 3 que: "A deliberação obriga os credores e os legatários; mas, se uns ou outros não puderem ser pagos integralmente nos sobreditos termos, têm recurso contra os outros bens ou contra os outros herdeiros, nos termos gerais."

Preceitua-se no n.º 4 do artigo n.º 1 357.º, que se vem referindo:

"O que, fica disposto é igualmente aplicável às dívidas cuja existência seja verificada pelo juiz, nos termos dos artigos 1 355.º e 1 356.º, *se o respectivo despacho transitar em julgado antes da organização do mapa da partilha.*"

Se as dívidas forem aprovadas *apenas por alguns dos interessados*, diz-se no artigo n.º 1 358.º do Código de Processo Civil que "compete a quem as aprovou resolver sobre a forma de pagamento, mas a *deliberação não afecta os demais interessados.*"

Esta deliberação permitida aos interessados que aprovaram as dívidas não tem praticamente qualquer interesse, revelando-se de grande inutilidade, pois não pode impor-se aos demais interessados.

Se as dívidas relacionadas não estiverem vencidas, não poderá o credor exigir o seu pagamento imediato. O seu pagamento ficará a cargo dos herdeiros e na proporção dos seus quinhões, por força de disposto no artigo 2 098.º n.º 1 do Código Civil: "Efectuada a partilha, cada herdeiro só responde pelos encargos em proporção da quota que lhe tenha cabido na herança." – isto sem prejuízo de poder ser deliberada uma forma de pagamento diferente.

Quanto às dívidas hipotecárias e pignoratícias, já foi dito supra que devem, igualmente, ser relacionadas e serem submetidas a aprovação na conferência de interessados.

Alguns magistrados, advogados e funcionários judiciais têm posto em causa a bondade desta solução, argumentando, no sentido contrário, que a aprovação destas dívidas, sem trazer nenhum benefício ao credor, só serve para fazer aumentar o valor do inventário e, consequentemente, a conta de custas, bem como o valor patrimonial dos imóveis sobre os quais recaem as hipotecas, com o consequente aumento da carga fiscal.

Continuamos, porém, a defender a tese de que devem ser relacionadas e apreciadas tais dívidas, no processo de inventário.

Em primeiro lugar, porque nenhum preceito legal permite excluir tal relacionação.

Em segundo lugar, porque o regime do passivo hipotecário é especial e vai trazer consigo consequências importantes para o próprio processo.

Na verdade, dispõe-se no artigo 721.º do Código Civil:

"Aquele que adquiriu bens hipotecados, registou o título de aquisição e não é pessoalmente responsável pelo cumprimento das obrigações garantidas tem o direito de expurgar a hipoteca por qualquer dos modos seguintes:

a) Pagando integralmente aos credores hipotecários as dívidas a que os bens estão hipotecados;

b) Declarando que está pronto a entregar aos credores, para pagamento dos seus créditos, até à quantia pela qual obteve os bens, ou aquela em que os estima, quando a aquisição tenha sido feita por título gratuito ou não tenha havido fixação do preço."

Mas, como é que qualquer dos co-herdeiros ou o cônjuge meeiro podem exercer esse direito, se os referidos créditos não forem descritos como passivo da herança a partilhar?

O processo da expurgação de hipotecas está previsto nos artigos 998.º a 1 007.º, do Código de Processo Civil, mas, no artigo 1 001.º, do mesmo Código (entretanto revogado pela reforma), dispunha-se o seguinte:

"Se a coisa hipotecada tiver sido adquirida em processo judicial, a expurgação tem lugar nesse processo, pela forma regulada nas respectivas disposições."

Portanto, como regra geral, se a coisa hipotecada foi adquirida em processo de inventário, é neste processo que o adquirente, que não seja pessoalmente responsável pela dívida, pode exercer o seu direito de expurgação.

Se os bens não puderem entrar na partilha, livres de hipotecas, estas deverão constar da relação. É que, atenta a natureza jurídica da hipoteca, definida como uma das garantias reais das obrigações, quando se partilha um imóvel com um valor de mil contos, onerado com uma hipoteca para garantir uma dívida de 500, não se está, em bom rigor, a partilhar o valor de mil contos, mas, sim, o de quinhentos.

A dívida hipotecária tem, então, de ser descrita e levada ao mapa de partilha, a fim de o credor poder obter sentença de condenação do interessado a quem o prédio couber e para que o adjudicatário de tal bem possa vir a exercer o direito de expurgação a que nos acabamos de reportar.

Até porque se dispõe, ainda, no artigo 725.º do Código Civil:

"O credor hipotecário pode, antes do vencimento do prazo, exercer o seu direito contra o adquirente da coisa ou direito hipotecado se, por culpa deste, diminuir a segurança do crédito."

Quanto aos demais encargos que, eventualmente, oneram os bens da herança, atente-se, ainda, no disposto no artigo 2 099.º do Código Civil:

"Se existirem direitos de terceiro, de natureza remível, sobre determinados bens da herança, e houver nesta dinheiro suficiente, pode qualquer dos co-herdeiros ou o cônjuge meeiro exigir que esses direitos sejam remidos antes de efectuada a partilha". Podem mesmo os interessados acordar em alienar bens para proceder a essa remição.

Mas, podem esses direitos não ter sido remidos e, nessa altura, dispõe-se no artigo seguinte do Código Civil.

"1 – Entrando os bens na partilha com os direitos referidos no artigo anterior, *descontar-se-á neles o valor desses direitos*, que serão suportados exclusivamente pelo interessado a quem os bens couberem.

2 – Se não se fizer tal desconto, o interessado que pagar a remição tem regresso contra os outros pela parte que a cada um tocar, em proporção do seu quinhão; mas, em caso de insolvência de alguns deles, é a sua parte repartida entre todos proporcionalmente."

Afirma-se no artigo n.º 1 361.º do Código de Processo Civil que "Quando se verifique a situação de insolvência da herança, seguir-se-ão, a requerimento de algum credor ou por deliberação de todos os interessados, os termos do processo de falência que se mostrem adequados, aproveitando-se, sempre que possível, o processado."

Esta linguagem já se encontra, presentemente, desactualizada, já que o legislador do Decreto-Lei n.º 53/04, de 18 de Março, mesmo na redacção que lhe foi introduzida pelo Decreto-Lei n.º 200/04, de 18 de Agosto, deixou de falar em processo de falência para passar a falar, exclusivamente, em processo de insolvência, estando prevista, como sujeito passivo da declaração de insolvência, na alínea b), do n.º 1, do respectivo artigo 2º, a herança jacente.

Para que ao processo de inventário se sigam os termos do processo de insolvência, não basta que, na altura da relação de bens, o valor do passivo da herança ultrapasse o do activo. De facto, é necessário aguardar pela conferência de interessados para se tornar certo que as dívidas são aprovadas, por unanimidade, pelos interessados, ou reconhecidas judicialmente. É ainda necessário, por outro lado, aguardar pelas licitações e, por vezes, pela avaliação para se verificar qual o valor certo do activo.

Portanto, só em caso nítido de manifesta desproporção entre o valor do activo e o do passivo estarão o credor e os interessados aptos a requerer a passagem do processo de inventário a processo de falência.

Isto mesmo é reafirmado no actual C.I.R.E., no seu artigo 3º, n.º 2, que se passa a transcrever:

"2 – As pessoas colectivas e os patrimónios autónomos por cujas dívidas nenhuma pessoa singular responda pessoal e ilimitadamente, por forma directa ou indirecta, são também considerados insolventes quando o seu passivo seja manifestamente superior ao activo, avaliados segundo as normas contabilísticas aplicáveis."

Essa passagem não é oficiosa, tendo de ser requerida por qualquer credor que tenha visto verificado o seu crédito no processo ou por requerimento dos interessados que tenham deliberado por unanimidade em tal sentido. Se nada for requerido, o processo termina por inutilidade superveniente da lide.

Se se seguirem os termos do processo de insolvência, designará o juiz um administrador da insolvência, findando, nessa altura, o exercício do cargo de cabeça-de-casal, procede-se à apreensão dos bens, fixa-se prazo para as reclamações, procede-se à liquidação do activo e, depois, aos pagamentos.

Nos termos do artigo 123.º do Código sobre o Rendimento das Pessoas Singulares "Os notários, conservadores, secretários judiciais e secretários técnicos de justiça (que não existem – parêntesis nosso) são obrigados a enviar à Direcção-geral dos Impostos, até ao dia 10 de cada mês, relação dos actos praticados nos seus cartórios e conservatórias e das decisões transitadas em julgado no mês anterior dos processos a seu cargo que sejam susceptíveis de produzir rendimentos sujeitos a IRS, através de modelo oficial".

Ora, os juros remuneratórios decorrentes dos contratos de mútuo e outros consideram-se rendimentos da categoria E sujeitos a I.R.S. pelo que, de acordo com o transcrito preceito legal, será obrigatória a comunicação ao fisco das decisões transitadas em julgado nos processos de inventário que reconheçam a existência daqueles contratos e os respectivos juros.

Neste campo das obrigações fiscais, deve ainda mencionar-se o disposto no artigo 42.º, do Código do Imposto do Selo, aprovado pelo Decreto-Lei n.º 287/03, de 12 de Novembro:

"1 – Sem prejuízo do disposto no artigo 23.º, são solidariamente responsáveis com o sujeito passivo pelo pagamento do imposto as pessoas que, por qualquer outra forma, intervierem nos actos, contratos e operações ou receberem ou utilizarem os livros, papéis e outros documentos, desde que tenham colaborado dolosamente na falta de liquidação ou arrecadação do imposto ou, na data daquela intervenção, recepção ou utilização, não tenham dolosamente exigido a menção a que alude o n.º 4 do artigo 23.º.

2 – São também solidariamente responsáveis com o sujeito passivo pelo pagamento do imposto liquidado nas transmissões gratuitas as pessoas que, nos factos sujeitos a registo, tenham autorizado ou procedido à sua realização sem se certificarem de que o imposto se encontrava liquidado, de que fora promovida a sua liquidação ou de que não era devido.

3 – (...)

4 – O disposto no n.º 1 aplica-se aos funcionários públicos que tenham sido condenados disciplinarmente pela não liquidação ou falta de entrega dolosa da prestação tributária ou pelo não cumprimento da exigência prevista na parte final do mesmo número."

Dispõe, depois, o artigo 23.º, do referido Código, na parte que interessa:

"1 – A liquidação do imposto compete aos sujeitos passivos referidos no n.º 1 do artigo 2.º.

2 – (...)
3 – (...)
4 – Nos documentos, títulos e livros sujeitos a imposto, são mencionados o valor do imposto e a data da liquidação."

Por sua vez, é do seguinte teor o disposto no n.º 2, do artigo 2.º:

"2 – Nas transmissões gratuitas são sujeitos passivos do imposto as pessoas singulares para quem se transmitam os bens, sem prejuízo das seguintes regras:

a) Nas sucessões por morte, o imposto é devido pela herança, representada pelo cabeça-de-casal, e pelos legatários;

b) Nas demais transmissões gratuitas, incluindo as aquisições por usucapião, o imposto é devido pelos respectivos beneficiários."

Portanto, sempre que é apresentado um testamento em juízo, o Ministério Público terá de estar atento ao facto de se encontrar, ou não, pago o respectivo imposto de selo, participando o facto se a obrigação fiscal não tiver sido cumprida.

No sistema determinado pelo actual Código do Imposto de Selo, o imposto sucessório foi substituído pelo imposto de selo nas transmissões gratuitas, tendo de tomar-se em atenção, no entanto, que estão isentos de imposto o cônjuge, descendentes e ascendentes, nas transmissões de que forem beneficiários – isenção subjectiva prevista na alínea e), do artigo 6.º, do Código – e que não estão sujeitas a imposto as transmissões gratuitas do abono de família em divida à morte do titular, os créditos provenientes de seguros de vida e as pensões e subsídios atribuídos, ainda que a tiítulo de subsiídio por morte, por sistemas de segurança social e os bens de uso pessoal e doméstico – importantes isenções objectivas previstas nas alíneas a) e f), do n.º 5, do artigo 1.º, do Código.

RECLAMAÇÃO CONTRA O VALOR ATRIBUÍDO AOS BENS

Decorre do n.º 4, alínea a), do artigo n.º 1 353.º, do Código de Processo Civil, que: "4 – À conferência compete deliberar (...) na falta do acordo previsto nos números anteriores, sobre:

a) As reclamações deduzidas sobre o valor atribuído aos bens relacionados."

Além disso, preceitua o artigo 1 362.º daquele mesmo Código:

"1 – Até ao início das licitações, podem os interessados e o Ministério Público, quando tenha intervenção principal no inventário, reclamar contra o valor atribuído a quaisquer bens relacionados, por defeito ou por excesso, indicando logo qual o valor que reputa exacto.

2 – A conferência delibera, por unanimidade, sobre o valor em que se devem computar os bens a que a reclamação se refere.

3 – Não se altera, porém, o valor se algum dos interessados declarar que aceita a coisa pelo valor declarado na relação de bens ou na reclamação apresentada, consoante esta se baseie no excesso ou no insuficiente valor constante da relação, equivalendo tal declaração à licitação; se mais de um interessado aceitar, abre-se logo licitação entre eles, sendo a coisa adjudicada ao que oferecer maior lanço.

4 – Não havendo unanimidade na apreciação da reclamação deduzida, nem se verificando a hipótese prevista no número anterior, poderá requerer-se a avaliação dos bens cujo valor foi questionado, a qual será efectuada nos termos do artigo 1 369.º.

5 – As reclamações contra o valor atribuído aos bens podem ser feitas verbalmente na conferência."

Sendo agora claro que a reclamação pode ser feita verbalmente na própria conferência, importa recordar que ela pode já ter sido feita, por escrito, aquando do exame para a apreciação da relação de bens.

Sendo a reclamação facultada aos interessados, *dela não poderão usar os credores*, por não terem qualquer interesse nisso. *Também não poderão reclamar os legatários e os donatários*, por lhes ter sido concedido outro meio de reagir à avaliação excessiva, que é o da peritagem, que, mais adiante, iremos analisar. O usufrutuário, nos casos em que deve ser directamente interessado na partilha, *também não tem qualquer interesse nesta reclamação* contra a avaliação excessiva.

As reclamações podem incidir sobre todos e quaisquer bens, até porque, com a reforma, deixou de se falar em primeira avaliação e segunda avaliação.

A primeira expressão era usada, no domínio da anterior redacção do Código, por mera tradição, visto que o valor da maior parte dos bens relacionados já era indicado pelo cabeça-de-casal e não havia, propriamente, uma primeira avaliação.

A tradição, porém, provinha do Código de Processo Civil de 1876, no domínio do qual se mandava proceder à avaliação de todos os bens relacionados.

Falando a lei processual civil em quaisquer bens, parece, no entanto, que o legislador disse mais do que aquilo que quereria dizer, já que *é incompreensível* admitir-se a reclamação sobre a avaliação excessiva de dinheiro.

A deliberação quanto à reclamação sobre o excesso ou insuficiência do valor deve ser tomada por unanimidade.

O sentido desta unanimidade é equívoco, atendendo ao que se passou a dispor, após a reforma, no n.º 5, do artigo 1 353.º, do Código de Processo Civil:

"5 – A deliberação dos interessados presentes, relativa às matérias contidas no n.º 4 (note-se que a matéria da alínea a) do referido n.º 4 é precisamente esta das reclamações sobre o valor dos bens relacionados), vincula os que não comparecerem, salvo se não tiverem sido devidamente notificados."

Conjugando este n.º 5, do artigo 1 353.º, com o n.º 2 do artigo 1 362.º, concluiremos, como doutrina mais razoável, que a unanimidade exigida por este último preceito legal será a unanimidade dos interessados efectivamente presentes, ou devidamente representados, na conferência.

A licitação prevista no artigo 1 362.º, entre os interessados que declarem expressamente aceitar o valor decorrente da avaliação, tem lugar no mesmo momento da conferência.

É curioso que, nos termos do artigo n.º 1 003.º do Anteprojecto do Código de Processo Civil, se passou a admitir a hipótese de se deliberar na conferência subir ao valor dos bens, no caso de haver reclamação sobre o valor exacto.

Como novidade, a reforma veio introduzir a possibilidade de se requerer a avaliação dos bens, no caso de não haver unanimidade na decisão que recair sobre a reclamação acerca do respectivo valor.

Essa avaliação far-se-á nos termos do artigo 1 369.º, isto é, por um só louvado nomeado pelo tribunal e nos moldes gerais já expostos supra.

QUESTÕES CUJA RESOLUÇÃO
POSSA INFLUIR NA PARTILHA

De acordo com a alínea b), do n.º 4, do artigo 1 353.º, do Código de Processo Civil, compete à conferência, também, deliberar sobre:
"b) Quaisquer questões cuja resolução possa influir na partilha."

Como a convocação da conferência de interessados é determinada oficiosamente pelo juiz, pode este fazê-lo em qualquer altura e sempre que tenha de se decidir quaisquer questões que possam influir no modo de partilhar o património hereditário.
Que questões serão essas?

A lei, como é óbvio, não as enumera e apenas aponta, de um modo geral, para a influência que a resolução delas possa ter na partilha, devendo, no entanto, acrescentar-se que devem ser *questões de facto*, isto é, não devem ser problemas de direito.

O Dr. Lopes Cardoso, in "Partilhas Judiciais", 3.º edição, vol. II, 182, indica as seguintes, a título de exemplo, das quais se destaca:

"a) *Continuação do giro comercial ou industrial* do inventariado;

b) *Permanência ou saída de sócio de sociedade de que o inventariado era quotista* ou em que possuía quinhão, no caso do respectivo pacto social conferir aos descendentes do sócio falecido ou a certos herdeiros dele o direito de permanecerem na sociedade ou afastarem-se dela;

c) *Permanência ou saída de sócio de sociedade de que o inventariado fazia parte* quando a lei estabeleça limitações de transmissibilidade;

e) Determinação da *proveniência de certos bens descritos*;

f) *Atribuição específica de certos bens* em função do determinado em lei expressa;

g) e h) *Constituição e cessação de servidões*;

i) *Divisão ou conjunção de prédios*;

j) *Cumprimento*, pelo cabeça-de-casal, *de contratos* celebrados pelo inventariado;

k) *Formalização de contratos prometidos*;

l) *Preenchimento do usufrutuário de parte da herança*;

n) Constituição da *propriedade horizontal*, esta a efectuar mercê de sentença a proferir no inventário tendo por base o deliberado em conferência (Cód. Civil, art. 1 417.º – 1);

p) *Exercício do direito de preferência*;

q) *Indivisibilidade da coisa* em que algum herdeiro tenha a maior parte por título que a exclua do inventário."

As deliberações acerca destas questões são tomadas por maioria e, segundo se dispõe no n.º 5, do artigo 1 353.º, do Código de Processo Civil, obrigam os interessados que não comparecerem à conferência, salvo se não tiverem sido notificados, devendo sê-lo.

AVALIAÇÃO LICITAÇÕES

A regra geral do processo civil em matéria de prova pericial é a do *segundo arbitramento*.
Dizia-se no artigo 609.º, n.º 1 (agora revogado), do Código de Processo Civil:

"1 – É lícito a qualquer das partes requerer segundo exame, vistoria ou avaliação, dentro do prazo de oito dias, depois de efectuado o primeiro, e ao tribunal ordená-lo oficiosamente, a todo o tempo, desde que o julgue necessário".

Esta regra, porém, não tinha assento no processo especial de inventário de que vimos falando. Aqui, *como mecanismo de correcção dos valores* iniciais dos bens, que são tidos como provisórios, foram escolhidos, por um lado, *a reclamação contra o excesso de avaliação* e, por outro, *as licitações*.

Estes princípios são quebrados, todavia, por algumas *excepções* que se subordinam todas elas, por seu turno, a um outro princípio: o de que *é sempre admitida avaliação nos casos em que não é possível abrir licitações* sobre determinados bens da herança.
Vejamos quais são esses casos.

PRIMEIRO

Coisas indivisíveis

Artigo n.º 1364.º, do Código de Processo Civil:

"1 – Se estiverem relacionados bens indivisíveis de que algum dos interessados seja comproprietário, excedendo a sua quota metade do respectivo valor e fundando-se o seu direito em título que a exclua do inventário ou, não havendo herdeiros legitimários, em doação ou legado do autor da herança, pode requerer que a parte relacionada lhe seja adjudicada.
2 – (...)
3 – Os pedidos de adjudicação a que se referem os números anteriores são deduzidos na conferência de interessados; os restantes interessados presentes são ouvidos sobre as questões da indivisibilidade ou do eventual prejuízo causado pela divisão, podendo qualquer dos interessados requerer que se proceda a avaliação."

Esta regra *é reflexo da chamada super-preferência que era atribuída ao maior consorte*, no domínio do Código Civil de 1867, no artigo n.º 1 566.º, § 2.º, atrás transcrito, quando falamos do exercício do direito de preferência em processo de inventário.

Esta super-preferência, hoje em dia, *desapareceu*, não se compreendendo, por isso, a permanência da regra processual.

Paradoxalmente, no entanto, o Anteprojecto do Código de Processo Civil mantinha-a intocada, no artigo 1 006.º.

O legislador da reforma do processo de inventário procurou adaptá-la às realidades práticas, introduzindo no preceito a necessidade de verificação de uma compropriedade de medida qualificada, para que o seu titular possa exercer o direito em questão.

No caso em análise, é necessário que exista *compropriedade entre o autor da herança e determinado co-herdeiro* sobre determinado bem indivisível, ou divisível com manifesto prejuízo para o seu valor unitário, e que esse direito de propriedade em comum, no caso de haver herdeiros legitimários, tenha por *fundamento um título que não o próprio inventário* de que se trata, isto é, compra e venda, sucessão de pessoa diferente, troca, etc. No caso de não haver herdeiros legitimários, o título poderá ser qualquer liberalidade do próprio autor da herança.

Ponto é que, *por qualquer dessas vias, o co-herdeiro tenha adquirido mais de metade do aludido bem, isto é, se tenha tornado no consorte absolutamente maioritário*.

Mas tal condicionalismo não é bastante para que se proceda a avaliação no aludido bem. É necessário, ainda, que o proprietário da maior parte manifeste, na conferência, *a intenção expressa de adjudicação da menor parte*. Para além disso, é ainda necessário que o comproprietário que manifestou tal intenção *requeira expressamente a avaliação*, ou, então, face àquela sua pretensão, *seja requerida pelos restantes interessados*.

Face ao desejo manifestado pelo maior consorte, os demais interessados requererão, ou não, a segunda avaliação, se entenderem que a parte do bem constante da descrição está subvalorizada. Por sua vez, o maior consorte requererá, ou não avaliação se entender que essa parte está sobrevalorizada.

A lei concede, portanto, ao comproprietário, o direito de solicitar a adjudicação da parte que era pertença do inventariado, mas determina que, quanto possível, essa adjudicação se faça por um valor justo.

A exigência da adjudicação por parte do comproprietário tem de ser manifestada *antes da abertura das licitações*. Se até esse momento tal exigência não transparecer, a menor parte da coisa descrita poderá ser livremente licitada, entendendo-se que o maior consorte prescindiu do seu direito.

SEGUNDO

Bens fungíveis ou títulos de crédito

Estabelece-se, no n.º 2, do artigo 1 364.º, do Código de Processo civil:

"1 – (...)

2 – Pode igualmente qualquer interessado formular pedido de adjudicação relativamente a quaisquer bens fungíveis ou títulos de crédito, na proporção da sua quota, salvo se a divisão em espécie puder acarretar prejuízo considerável.

3 – (...)"

A possibilidade de pedir a adjudicação de bens, neste caso, com a concomitante possibilidade de se pedir a avaliação dos bens foi introduzida pelo legislador da reforma.

A hipótese, porém, poderá afirmar-se, é a oposta à contida no número anterior, isto é, enquanto nesta última se tratava de um problema de indivisibilidade dos bens, devendo os interessados no inventário ser ouvidos sobre esta questão na conferência e partindo-se para o mecanismo do pedido de adjudicação e do pedido de avaliação apenas se se decidisse pela indivisibilidade, na primeira, que aqui estamos a tratar, o que é necessário é decidir-se que a divisão dos bens fungíveis e dos títulos de crédito não acarreta prejuízo considerável.

TERCEIRO

No n.º 3, do aludido artigo n.º 1 364, do Código de Processo Civil, na redacção anterior à reforma, estabelecia-se que: "Pode também requerer-se segunda avaliação de coisas que, por força da lei ou de contrato, não possam ser licitadas".

De que bens trata o preceito?

Por um lado, não podem ser objecto de licitação *as partes sociais de uma sociedade cujo pacto constitutivo estabeleceu cláusulas de limitação da transmissibilidade* (transmissão a favor de certos herdeiros). Por outro lado, também não poderá haver licitações sobre *a parte social de uma determinada sociedade titulada pela inventariante casada sob o regime da comunhão geral de bens com o inventariado*. Tal parte social, embora seja bem comum do casal e, por isso, relacionável no inventário do cônjuge, não pode ser licitada pelos herdeiros deste, por pertencer à inventariante.

Outro caso apontado pelo Dr. Lopes Cardoso, in "Partilhas Judiciais", 3.ª edição, vol. II, pág. 207 é o que respeita às benfeitorias necessárias ou úteis, não destacáveis do prédio sobre que foram efectuadas, da autoria do arrendatário, sendo o prédio pertencente ao cônjuge sobrevivo casado com o inventariado sob o regime da comunhão de bens adquiridos.

Neste caso, as benfeitorias pertencem ao prédio e, por isso, ao inventariante, mas têm de ser descritas no inventário do cônjuge e não podem ser licitadas, dado terem sido adquiridas a título oneroso (redução na renda paga pelo arrendatário) na constância do seu matrimónio.

Com a reforma, desapareceu a menção expressa da possibilidade de avaliação destes bens.

Tal aconteceu, naturalmente, não pelo facto de se considerar ser possível, a partir de agora, licitar nesses bens, mas, sim, pelo facto de se ter introduzido a possibilidade de os interessados poderem requerer a avaliação de quaisquer bens, no caso de haver desacordo, quanto ao valor constante da relação.

QUARTO

Estabelece-se no artigo 1 365.º do Código de Processo Civil:

"1 – Se houver herdeiros legitimários e algum interessado declarar que pretende licitar sobre os bens doados pelo inventariado, a oposição do donatário, seja ou não conferente, tem como consequência poder requerer-se avaliação dos bens a que se refira a declaração.

2 – Feita a avaliação e concluídas as licitações nos outros bens, a declaração fica sem efeito se vier a apurar-se que o donatário não é obrigado a repor bens alguns.

3 – Quando se reconheça, porém, que a doação é inoficiosa, observar-se-á o seguinte:

a) Se a declaração recair sobre prédio susceptível de divisão, é admitida a licitação sobre a parte que o donatário tem de repor, não sendo admitido a ela o donatário;

b) Se a declaração recair sobre coisa indivisível, abrir-se-á licitação sobre ela entre os herdeiros legitimários, no caso de a redução exceder metade do seu valor, pois se a redução for igual ou inferior a essa metade, fica o donatário obrigado a repor o excesso; c) Não se dando o caso previsto nas alíneas anteriores, o donatário pode escolher, entre os bens doados, os necessários para o preenchimento da sua quota na herança e dos encargos da doação, reporá os que excederem o seu quinhão e sobre os bens repostos abrir-se-á licitação, se for requerida ou já o estiver, não sendo o donatário admitido a licitar.

4 – A oposição do donatário deve ser declarada no próprio acto da conferência, se estiver presente. Não o estando, deve o donatário ser notificado, antes das licitações, para manifestar a sua oposição.

5 – A avaliação pode ser requerida até ao fim do prazo do exame do processo para a forma da partilha".

Este preceito regula, assim, a avaliação de bens doados a requerimento dos interessados, que não o próprio donatário. Este, recordemos, só tem intervenção no processo no caso de existirem herdeiros legitimários, dado que só neste caso há necessidade de averiguar se a liberalidade é de manter intocada ou é de reduzir ou revogar por exceder o valor da quota disponível. E não interessa que o donatário esteja, ou não, obrigado a conferir a doação, isto é, que esta seja, ou não, sujeita à colação.

Os donatários só poderão ser desapossados dos bens doados pelo mecanismo da redução das liberalidades. Por isso, *nesta fase do processo, pretende-se que os bens doados e os não doados atinjam o seu justo valor.*

Os interesses do donatário e dos demais interessados são conflituantes pelo que o legislador procurou estabelecer regras mediante as quais nenhuns deles possam sair prejudicados.

Se se permitisse a livre licitação nos bens doados, isso determinaria o desapossamento dos donatários, já que a licitação equivale a uma arrematação judicial.

Se se impedisse os interessados não donatários de fazer subir o valor dos bens doados porventura subvalorizados, violar-se-ia o direito dos herdeiros legitimários à integridade das suas legítimas subjectivas.

Se, em face de uma reavaliação dos bens doados, se não permitisse a reavaliação dos bens não doados porventura subvalorizados, permitir--se-ia, de novo, o desapossamento dos donatários.

Vejamos, então, como procurou o legislador dar solução a estes potenciais conflitos no processo de inventário.

Em primeiro lugar, *permitiu-se que os interessados declarassem a sua intenção de licitar* sobre os próprios bens doados.

Se nenhum interessado fez tal declaração, os bens doados são adjudicados aos respectivos donatários pelo valor da relação de bens.

Se a declaração existe e os donatários (ou os adquirentes dos bens doados, no caso de ter havido transmissão deles e, por consequência, citação dos adquirentes para os termos do inventário) *não lhe fazem qualquer oposição, os bens doados são livremente licitados, recebendo os donatários o respectivo valor, eventualmente reduzido, se a doação for inoficiosa.*

A declaração de licitação nos bens doados tem de ser, obviamente, anterior à abertura das licitações.

Se os donatários se opuserem à licitação, fica permitido aos demais interessados requerer avaliação nos bens doados.

A oposição dos donatários deve ser manifestada na própria conferência se nela comparecerem, ou no prazo de dez dias contados da data da notificação que lhe é feita com essa finalidade.

O pedido de avaliação dos bens doados pode ser formulado logo que o donatário manifesta a sua oposição à declaração de licitação sobre os bens doados e até ao fim do prazo de exame para a forma da partilha.

Depois, o preceito em análise passa a regulamentar as consequências das atitudes assumidas pelos donatários e não donatários face à existência de bens doados. Antes, porém, é necessário analisar um outro caso de avaliação relacionado com bens doados, que vem regulado no artigo n.º 1 367.º do Código de Processo Civil.

Na verdade, *logo em face dos valores atribuídos aos bens na relação, se pode concluir pela inoficiosidade da doação.*

Tal acontece no caso de os bens doados terem sido sobrevalorizados relativamente aos demais bens da herança.

Neste caso, não é previsível que os interessados não donatários venham declarar a sua intenção de licitar nos bens doados. Por isso, corre o donatário o risco iminente de ver reduzida a sua doação, pois não lhe é permitido o uso da faculdade prevenida no artigo n.º 1365.º. Interessa--lhes, por isso, que lhes seja concedido o uso de um mecanismo legal através do qual possam, não só ver reduzido ao seu justo valor os bens doados, como aumentados os valores dos bens não doados, porventura subvalorizados.

É que *os donatários que não sejam simultaneamente herdeiros não podem licitar em caso algum*, como adiante melhor iremos constatar. Daí que, não podendo fazê-lo, não possam fazer subir, por esse meio, os valores dos bens não doados.

Sendo assim, prevê-se no aludido artigo n.º 1 367.º que, *quando do valor constante da relação de bens resulte que a doação é inoficiosa, pode o donatário, mesmo que não tenha havido declaração de licitação nos bens doados, requerer a avaliação dos bens doados ou de quaisquer outros que ainda não tenham sido avaliados.*

Vamos, agora, ver o *que acontece à declaração de licitação* nos bens doados depois de efectuadas as avaliações, *quer* nos bens doados *quer* nos bens não doados (nestes a requerimento do donatário quando a inoficiosidade resulte da relação de bens) e as licitações nos bens não doados (mesmo que sobre estes tenha havido primeiro avaliações).

Antes, porém, há ainda que chamar a atenção para outra situa-ção que pode acontecer face à declaração de licitação sobre bens doados, oposição do donatário e requerimento de avaliação dos bens doados.

Pode acontecer que só depois de realizada essa avaliação e as licitações nos demais bens da herança *se chegue à conclusão que a doação é inoficiosa.*

Então, ainda para tentar evitar o desapossamento do donatário, *concede-lhe a lei o direito de requerer, nessa altura, a avaliação dos bens não doados* – segunda parte do n.º 1, do artigo n.º 1 367.º, do Código de Processo Civil.

A declaração de licitação sobre os bens doados *ficará sem efeito se,* depois de efectuada a avaliação e concluídas as licitações sobre os bens não avaliados, *se reconhecer que a doação não é inoficiosa*. Neste caso, os bens doados são adjudicados aos donatários.

Todavia, tal já não acontecerá se se reconhecer que a doação é inoficiosa.

Essa redução é feita em substância e não em valor, como decorre do disposto no artigo n.º 2174.º do Código Civil:

"1 – Quando os bens legados ou doados são divisíveis, a redução faz-se separando deles a parte necessária para preencher a legítima.

2 – Sendo os bens indivisíveis, se a importância da redução exceder metade do valor dos bens, estes pertencem integralmente ao herdeiro legitimário, e o legatário ou donatário haverá o resto em dinheiro; no caso contrário, os bens pertencem integralmente ao legatário, tendo este de pagar em dinheiro ao herdeiro legitimário a importância da redução.

3 – (...)".

Com a redução actual do artigo 1 365.°, do Código de Processo Civil, pretendeu harmonizar-se a lei adjectiva com a lei substantiva.

De facto, a alínea *b)* do artigo 1 406.°, do Código de Processo Civil de 1939, que era o correspondente ao aludido artigo 1 365.°, tinha a seguinte redacção:

"*b)* Se a declaração recair sobre prédio que por sua natureza ou sem detrimento, não possa ser dividido, abrir

-se-á licitação sobre ele, a que será admitido o donatário.

Esta última redacção estava em conformidade com a disciplina decorrente do § 4.° do artigo n.° 2 107.°, do Código Civil de Seabra, que era do seguinte teor:

"§ 4.° Se o valor dos bens doados exceder a parte que ao donatário caiba na herança, a reposição do excesso será feita em substância, ficando-lhe a faculdade de escolher entre os bens doados os necessários para o preenchimento da sua quota na herança e dos encargos na doação, sem direito a licitar nos bens que tiver de repor para os outros co-herdeiros. No caso de haver entre os bens doados algum prédio indivisível, que não caiba na sua totalidade na quota do donatário, será conferido em substância, podendo ele intervir na sua licitação".

Por este motivo é que, no domínio das leis anteriores às vigentes, os donatários não eram admitidos a licitar nos bens que tinham de repor nos termos das alíneas *a)* e *c)* do aludido artigo n.° 1 406.°, do Código de Processo Civil e já o eram no caso da alínea *b)*. Actualmente, nunca *o donatário que tenha de repor em substância é admitido a licitar nos bens repostos.*

No domínio do Código de Processo Civil de 1939, o Dr. Manuel Flamino dos Santos Martins, na obra citada, Volume II, págs. 224-250, dá a seguinte razão para o donatário não ser admitido a licitar nos bens repostos:

"A razão porque as alíneas a) e c) do artigo n.° 1 406.° não admitem o donatário conferente, e portanto herdeiro, a licitar nos bens a repor quando qualquer outro herdeiro pode licitar os bens, embora os autores a não tenham indicado ou se não tenham apercebido dela, está em que ele ficava numa situação privilegiada, relativamente aos restantes herdeiros. Com um exemplo tudo se compreenderá melhor: A tem três filhos, B, C e D, e doa a B prédios no valor de 210 contos por conta da sua cota disponível. Morre e deixa outros bens no valor de 90 contos que juntos aos 210 doados dão um total de 300 contos. Temos, portanto: cota disponível

150 contos; legítima de cada filho, 50 contos. Logo, B tem direito a bens no valor de 200 contos e é obrigado a repor bens no valor de 10 contos.

Se se lhe permitisse licitar nestes bens a repor, em cada lanço de 3 contos ele apenas teria de repor 1 conto, 500$00 a cada irmão. Mas qualquer dos irmãos que licitasse, por cada lanço de 3 contos, teria de repor 2 500$00 de tornas dos quais 2 contos seriam para o donatário, visto ter direito a dois terços da herança. Consequentemente, em cada lanço de 3 contos, B, via a sua parte aumentada em 2 contos, enquanto que as de C e D apenas aumentavam 500$00, o que levaria o primeiro a fazer um jogo pouco arriscado, por forma que os outros ou ficariam sem os bens ou teriam de pagá-los caros".

Esta explicação, no entanto, também se nos afigura aplicável ao caso prevenido na alínea b) do artigo 1 406.º em questão (prédio indivisível) e, no entanto, sem explicação aparente, nesse caso era admitido o donatário a licitar.

No entanto, parece ser aquela explicação que coerentemente justifica o facto de, presentemente, sempre que o donatário, por força da lei substantiva, seja obrigado a repor em substância, não é admitido a licitar sobre os bens repostos.

Em todo o caso, a explicação é pelo menos insuficiente para os casos de donatários não conferentes, isto é, não herdeiros legitimários, ou herdeiros legitimários dispensados da colação.

Estes encontram-se em tudo equiparados aos legatários e estes, como adiante analisaremos com maior pormenor, no caso paralelo de inoficiosidade de legado constituído por prédio indivisível a repor em substância, são admitidos a licitar sobre o bem reposto.

E se o donatário, entretanto, alienou, onerosa ou gratuitamente, a favor de terceiro os bens doados?

Como é sabido, o actual Código Civil consagra o princípio da intangibilidade da legítima: "Dizem-se inoficiosas as liberalidades, entre vivos ou por morte, que ofendam a legítima dos herdeiros legitimários" – artigo n.º 2 168.º.

"O testador não pode impor encargos sobre a legítima, nem designar os bens que a devam preencher, contra a vontade do herdeiro" – artigo n.º 2 163.º.

A fim de que tal princípio possa ser respeitado, consagrou o mesmo Código no artigo n.º 2 118.º o chamado ónus da colação:

"1 – A eventual redução das doações sujeitas a colação constitui um ónus real.

2 – Não pode fazer-se o registo de doação de bens imóveis sujeita a colação sem se efectuar, simultaneamente, o registo do ónus".

Claro que o instituto da colação não tem nada a ver, em princípio, com a redução por inoficiosidade, dado que, enquanto esta redução se faz por causa daquele princípio da intangibilidade das legítimas, a redução por efeitos da colação (para aqueles que a admitem) visa a igualação das partilhas entre os descendentes. No entanto, *o referido ónus real acaba por proteger, também, indirectamente, o aludido princípio da intangibilidade.*

Portanto, os adquirentes de bens imóveis doados sujeitos a registo ficam a saber que os mesmos estão sujeitos à colação e, consequentemente, que podem responder pela diferença entre o valor da doação e o valor daquilo a que o herdeiro legitimário tem efectivamente direito, se este se encontrar em estado de insolvência. E a conferência dos bens sujeitos à colação pode mesmo ter de fazer-se em espécie, se nisso acordarem todos os herdeiros – artigo n.º 2 108.º, n.º 1, do Código Civil. Se tal acontecer o adquirente deverá ser chamado ao inventário como verdadeiro substituto do donatário e para nele exercer todos os direitos que a este competiriam.

Mas não haverá registo do ónus da colação se esta foi dispensada, se o donatário não for descendente do inventariado, se a doação não for registada, se recair sobre bens que não estejam sujeitos a registo.

É certo que no artigo n.º 2 175.º do Código Civil se encontra estabelecida a regra de que *os donatários são responsáveis pelo preenchimento da legítima em dinheiro:* "Se os bens doados tiverem perecido por qualquer causa ou tiverem sido alienados ou onerados, o donatário ou os seus sucessores são responsáveis pelo preenchimento da legítima em dinheiro, até ao valor desses bens". Mas que acontecerá se o donatário, entretanto, se colocou em estado de insolvência? Será possível responsabilizar o adquirente?

É certo que *esse adquirente*, que é terceiro relativamente aos interessados, *é chamado ao processo de inventário, mas apenas para ser fixado o valor dos bens adquiridos ao donatário.* Estes não são restituídos à massa hereditária em espécie, nem sobre eles são admissíveis licitações.

O princípio da intangibilidade das situações jurídicas regularmente constituídas sobrepõe-se ao princípio da intangibilidade das legítimas.

Ainda relacionado com esta problemática da intervenção dos terceiros adquirentes no processo de inventário está o modo como o donatário deverá exercer o seu direito de escolha dos bens que lhe foram doados, no caso de a doação ter de ser reduzida por inoficiosidade, que se encontra previsto na alínea c), do n.º 3, do artigo 1 365.º, do Código de Processo Civil.

Se o donatário alienou parte desses bens, parece dever concluir-se que fez uma escolha antecipada dos bens com que quer ver preenchido o seu quinhão. Esses bens são, precisamente, os que alienou. *Ele não poderá repor o que lhe não pertence.*

Se o donatário onerou os bens doados com hipotecas poderá, não obstante, escolhê-los como bens a repor. Neste caso, eles deverão ser repostos com o seu valor, deduzido do valor dos ónus.

QUINTO

Bens legados

Estabelece-se no artigo 1 366.º, do Código de Processo Civil:

"1 – Se algum interessado declarar que pretende licitar sobre bens legados, pode o legatário opor-se nos termos do n.º 4 do artigo anterior.

2 – Se o legatário se opuser, não tem lugar a licitação, mas é lícito aos herdeiros requerer a avaliação dos bens legados quando a sua baixa avaliação lhes possa causar prejuízo.

3 – Na falta de oposição por parte do legatário, os bens entram na licitação, tendo os legatários direito ao valor respectivo.

4 – Ao prazo para se requerer a avaliação é aplicável o disposto no n.º 5 do artigo anterior".

Este é mais um caso de avaliação admitido na lei como forma *de conciliar os interesses do legatário, em se não ver desapossado pelas licitações dos bens que lhe foram legados, e os interesses dos co-herdeiros, em verem intocadas as suas legítimas subjectivas.*

Claro que, no caso de haver licitação sobre os bens legados, o legatário terá direito ao respectivo valor, conforme resulta do preceito em análise, mas sem prejuízo duma eventual redução por inoficiosidade.

Por outro lado, afirma-se no artigo 1 367.º, do Código de Processo Civil:

"1 – Quando do valor constante da relação de bens resulte que a doação ou o legado são inoficiosos, pode o donatário ou o legatário, independentemente das declarações a que se referem os artigos anteriores, requerer avaliação dos bens legados ou doados, ou de quaisquer outros que ainda não tenham sido avaliados.

 2– Pode também o donatário ou o legatário requerer avaliação dos outros bens da herança quando só em face da avaliação dos bens doados ou legados e das licitações se reconheça que a doação ou o legado têm de ser reduzidos por inoficiosidade.

 3– A avaliação a que se refere este artigo pode ser requerida até ao exame do processo para a partilha".

 Esta norma, como já vimos, é comum aos bens legados e aos bens doados e contempla a hipótese de os bens legados terem sido sobrevalorizados relativamente aos demais. Assim, *para evitar a redução do legado, conferem-se ao legatário possibilidades de requerer a avaliação nos bens não legados.*

 De facto, eles não têm outra possibilidade de ver fixado o justo valor desses bens, pois que, não sendo simultaneamente herdeiros, em regra não poderão licitar (só o poderão fazer no caso adiante analisado de inoficiosidade do legado). O pedido desta avaliação deve ser formulado até ao exame do processo para a partilha (segundo exame).

 À semelhança do que acontece com os bens doados, a oposição do legatário à licitação nos bens legados impede a ocorrência dessa licitação.

 Então o que é que acontece, se se verificar que o legado é inoficioso? A resposta é dada pelo artigo 1 368.º, do Código de Processo Civil:

 "1– Se o legado for inoficioso, o legatário reporá, em substância, a parte que exceder, podendo sobre essa parte haver licitação, a que não é admitido o legatário.

 2– Sendo a coisa legada indivisível, observar-se-á o seguinte:

  a) Quando a reposição deva ser feita em dinheiro, qualquer dos interessados pode requerer avaliação da coisa legada;

  b) Quando a reposição possa ser feita em substância, o legatário tem a faculdade de requerer licitação na coisa legada.

 3– É aplicável também ao legatário o disposto na alínea c) do n.º 3 do artigo 1 365.º".

 A situação tem certa similitude com a correspondente relativa aos bens doados, *mas não há uma perfeita igualdade entre elas, como já foi salientado.*

No caso dos bens legados, se a importância da redução exceder metade do valor dos bens, estes pertencem ao herdeiro legitimário, podendo o legatário licitar no bem legado – coisa que ao donatário é interdita em situação paralela. O legislador, no caso dos legados, parece ter querido dar oportunidade ao legatário de poder ficar para si com a coisa legada, apesar do valor dela tornar a liberalidade claramente inoficiosa e em medida superior à metade desse valor. Esta faculdade parece contrariar frontalmente o que dispõe a norma da lei substantiva que regulamenta a redução das liberalidades, na qual se diz claramente que nessas circunstâncias, isto é, quando a redução excede metade do valor dos bens indivisíveis legados, estes pertencem integralmente ao herdeiro legitimário. A contradição é explicável pelo facto da redacção do preceito estar em consonância com a norma substantiva aplicável na data da feitura do Código de Processo Civil, que era o artigo n.º 1 499.º do Código Civil de Seabra: "Se algum imóvel não puder ser dividido sem detrimento, observar-se-á o seguinte:

§ 1.º Se a importância da redução exceder metade do valor, haverá o donatário o resto em dinheiro.

§ 2.º Se a redução não exceder a dita metade, reporá o donatário a importância da redução".

Acrescente-se que o legatário era considerado um donatário "mortis causa" – artigo 1 493.º, do Código Civil em questão: "A redução das doações inoficiosas começará pelas doações testamentárias ou legados, e só se estenderá às doações entre vivos, se não chegarem os bens legados.

Deverá anotar-se que, *nos casos apontados, poderá e deverá o Ministério Público opor-se à licitação nos bens doados ou legados a interessados incapazes, se for caso disso,* mesmo que os respectivos representantes nomeados no processo o não façam, já que compete ao Ministério Público fiscalizar a actuação desses representantes.

*
* *

Aos casos analisados, de avaliação, permitia a lei juntar apenas, de acordo com o disposto no anterior n.º 1, do artigo n.º 1 369.º, do Código de Processo Civil, os casos previstos no artigo 1 389.º e no artigo 1 406.º. O primeiro diz respeito à composição da quota ao herdeiro preterido e o segundo ao processo para a separação de meações decorrente do artigo 825.º, do mesmo diploma.

A enumeração dos casos da chamada segunda avaliação era taxativa, conforme se conclui da redacção do próprio preceito: "A segunda avaliação só pode ter lugar..."

Actualmente, tal não acontece, conforme já foi referido, embora tivesse desaparecido por completo o mecanismo da segunda avaliação, do segundo arbitramento.

De facto, preceitua-se, agora, no artigo 1 369.º:

"A avaliação dos bens que integram cada uma das verbas da relação é efectuada por um único perito, nomeado pelo tribunal, aplicando-se o preceituado na parte geral do Código, com as necessárias adaptações."

LICITAÇÕES

Preceitua-se no artigo 1 370.º do Código de Processo Civil:

"1 – A licitação tem lugar, sendo possível, no mesmo dia da conferência de interessados e logo em seguida a ela.

2 – É permitido desistir da declaração de que se pretende licitar até ao momento em que a respectiva verba seja posta a lanços; mas nem por isso a verba deixa de ser posta em licitação".

O sistema do preenchimento dos quinhões em inventário através das licitações é relativamente recente no nosso direito, tendo vantagens e inconvenientes. As *maiores vantagens são a de corrigir o valor das verbas e aumentar o monte partível. A maior desvantagem é a de se colocar, assim, nas mãos do herdeiro economicamente mais favorecido, os melhores bens da herança e pelo preço mais favorável para ele.* As críticas são tantas que o sistema se foi como que completando com outros, designadamente com a possibilidade da composição dos quinhões por acordo unânime dos interessados, funcionando as licitações como alternativa à falta do acordo.

A abertura das licitações é feita oficiosamente, não sendo preciso que os interessados as requeiram, a não ser nos caso já apreciados das licitações nos bens doados, havendo herdeiros legitimários, e nas licitações sobre bens legados.

É facto que no n.º 2, do artigo supra transcrito, se diz que é permitido desistir da declaração de que se pretende licitar, o que faz inculcar a ideia de que tal declaração era necessária. Mas, tal não é assim, querendo a norma significar apenas que, embora não sendo obrigatória a declaração, a mesma pode ter sido produzida por qualquer interessado, na conferência ou mesmo antes dela, mas, nem por isso, fica vinculado, podendo dela desistir.

Como ressalta ainda do transcrito preceito, procede-se às licitações, *de preferência, no dia da conferência de interessados e em seguida a ela*. Por isso, é de boa prática, quando se promove a designação de data para a realização da conferência de interessados, promover-se igualmente que seja anunciada aos mesmos interessados a possibilidade de realização de licitações, já que, como vimos supra, da convocatória da conferência devem constar todos os assuntos que nela vão ser tratados, sob pena de nulidade, a reclamar no prazo geral de dez dias. Também é fácil de entender que, tendo sido requerida avaliação nos bens doados ou legados, nos termos que atrás referimos, *só se procederá às licitações depois de efectuada tal avaliação*.

Parece que, estando todos os interessados de acordo, poderão adiar-se as licitações, embora não haja norma específica sobre esse ponto, mas não é possível requerer tal adiamento com o fundamento da não comparência de um interessado regularmente notificado para o efeito.

Pode licitar-se em todos e quaisquer bens, com excepção daqueles sobre os quais poderá haver *avaliação*, nos termos expostos anteriormente, e ainda sobre o *dinheiro*, já que este tem um valor certo e determinado. Já o mesmo não acontece relativamente às moedas estrangeiras e às moedas de colecção, bem como relativamente aos créditos, quer sejam litigiosos, quer sejam não litigiosos e mesmo os bens sem valor.

É curioso que no n.º 2, do artigo 1 005.º, do já citado Anteprojecto do Código de Processo Civil, se prevê que: "Não haverá licitações sobre os bens que sejam objecto de pedido de adjudicação, formulado por qualquer interessado e na proporção da sua parte na herança, sempre que se trate de bens fungíveis, de acções ou de obrigações, salvo se a divisão dos bens em espécie acarretar prejuízo apreciável para todos os interessados; o pedido de adjudicação deve ser apresentado na conferência de interessados ou até à véspera do dia designado para a licitação".

Já vimos supra que esta norma passou a constar do n.º 2, do artigo 1 364.º, do Código de Processo Civil.

Já vimos também os termos em que são admitidas as licitações sobre os doados ou legados.

A lei não estabelece qualquer limitação ao direito de licitar por parte de cada um dos interessados, isto é, pode cada um deles licitar em todos os bens e pelo preço que lhe aprouver, podendo, deste modo, exceder em muito o valor do seu quinhão hereditário. Esta possibilidade de licitação sem limites vai permitir, como já foi salientando, que os interessados mais poderosos economicamente, que, além disso, não têm sequer de sofrer a concorrência de estranhos, pois estes não podem intervir nas licitações, acabem por obter para si os melhores ou todos os bens da herança e pelo mais baixo preço.

Para tentar temperar este malefício do sistema foi instituída a possibilidade, que adiante melhor será estudada, de os preenchidos a menos poderem vir requerer a composição do seu quinhão em bens, que lhe serão atribuídos pelo valor da licitação.

Preceitua-se no artigo 1 371.º, do Código de Processo Civil:

"1 – A licitação tem a *estrutura de uma arrematação a que somente são admitidos os herdeiros* e o cônjuge meeiro, salvos os casos especiais em que, nos termos dos artigos anteriores, deva ser admitido o donatário ou o legatário.

2 – Cada verba é licitada de per si, salvo se todos concordarem na formação de lotes para este efeito, ou se houver algumas que não possam separar-se sem inconveniente.

3 – *Podem diversos interessados, por acordo, licitar na mesma verb*a ou lote para lhes ser adjudicado em comum na partilha".

Como vimos anteriormente, o donatário, na redacção actual do n.º 3, alínea *b)*, do artigo 1 365.º, não é admitido a licitar em caso algum.

No entanto, o legislador da reforma de 1967 do dito Código não se deu conta da alteração por ele próprio introduzida e continua a referir no n.º 1 do transcrito artigo 1 371.º o caso especial do donatário. Actualmente, como vimos atrás, nem tem justificação a possibilidade de licitação do legatário, pelo que o referido preceito não tem grande conteúdo.

Não obstante, a redacção do artigo correspondente do Anteprojecto mantém-se idêntica, continuando, pois, a falar-se dos casos especiais em que deve ser admitido o donatário e o legatário a licitar.

A reforma do processo de inventário também não alterou o preceito.

Não são admitidos a licitar os credores nem os usufrutuários de parte da herança sem determinação de valor e objecto, embora, quanto a estes últimos, as opiniões doutrinárias se dividam. Parece, no entanto, decisivo o argumento de que os bens são postos em licitação por inteiro, não sendo possível, por sua vez, desmembrar o direito à licitação, atribuindo ao usufrutuário o seu exercício quanto ao usufruto e a qualquer outro interessado o respeitante à nua propriedade.

O problema de saber como deverá ser preenchido o quinhão do legatário do usufruto de parte da herança sem determinação de valor e objecto parece que só poderá ter solução na conferência de interessados e por acordo unânime de todos, decidindo o juiz, no caso de haver divergências.

Sendo o acto de licitar um acto de administração ordinária pode *ser exercido pelo cônjuge herdeiro sem necessidade de consentimento do outro* – artigo n.º 1678.º, n.º 3 do Código Civil: "3 – Fora dos casos previstos no número anterior, cada um dos cônjuges tem legitimidade para a prática de actos de administração ordinária relativamente aos bens comuns do casal; os restantes actos de administração só podem ser praticados com o consentimento de ambos os cônjuges".

É claro também, quanto a nós, que *só o herdeiro e não o respectivo cônjuge pode licitar*. O Dr. Lopes Cardoso, porém, na obra citada, vol II, 3.ª edição, pág. 279, é de opinião que o cônjuge do herdeiro deve ser admitido a licitar nos casos em que tal direito é a única forma de impedir uma verdadeira fraude, uma simulação de partilhas. "Assim, designadamente na hipótese de estar pendente acção de divórcio ou separação ou haver justo receio de que venha a ser proposta, a não suspensão do inventário é susceptível de causar prejuízo manifesto ao cônjuge do herdeiro. Na iminência da partilha que é inerente à dissolução do vínculo conjugal, bem poderá o dito herdeiro conluiar-se com os demais interessados no sentido de lhe atribuírem bens facilmente dissipáveis (v.g. dinheiro, móveis, etc...), ou abster-se de licitar por forma a vir a receber apenas tornas em dinheiro. Esta possível simulação é necessário evitar conferindo-se ao cônjuge do herdeiro o direito à licitação na hipótese em que lhe não tenha sido deferida, ou não haja requerido, a suspensão do processo de inventário".

Poderão licitar o cessionário, desde que devidamente habilitado, nos termos expostos anteriormente, *bem como os representantes dos herdeiros incapazes*. O M.º P.º não licita em nome deles, embora lhe caiba fiscalizar a acção dos respectivos representantes.

A licitação, como se diz no preceito em análise, tem a estrutura de uma arrematação. *É uma arrematação "sui generis"*, dado não se tratar de uma verdadeira venda judicial. Por um lado, *é restrita* apenas aos herdeiros e meeiro do inventariado e, por outro lado, *não é certo que os bens licitados venham a ser adjudicados* na totalidade ao licitante, atenta a faculdade conferida aos preenchidos a menos de virem requerer a composição do seu quinhão em bens. Por outro lado, *o próprio preço encontrado*, através do mecanismo das licitações, *pode não ser aquele* pelo qual os bens venham a ser adjudicados. Basta pensar no caso já exposto de avaliação de bens, licitados, em que o preço da adjudicação será o da avaliação, se for superior.

Presidirá à diligência o juiz, que mandará o funcionário pôr a lanços as diversas verbas ou lotes formados para o efeito, sendo o valor base da licitação o constante da relação de bens, ou, então, o da relação de bens reduzido ou aumentado por via do processo da reclamação contra os valores constantes da relação. A licitação sobre cada verba considera-se finda quando o oficial tiver anunciado por três vezes o lanço mais elevado e este lanço não for coberto. Lavrar-se-á um auto das licitações que se efectuarem no mesmo dia.

ANULAÇÃO DAS LICITAÇÕES

Determina-se no artigo n.º 1 372.º, do Código de Processo Civil:

"1 – Se o Ministério Público entender que o representante de algum incapaz não defendeu devidamente na licitação, os direitos e os interesses do seu representado, requererá imediatamente, ou dentro do prazo de 10 dias, a contar da licitação, que o acto seja anulado na parte respectiva, especificando claramente os fundamentos da sua arguição.

2 – Ouvido o arguido, conhecer-se-á da arguição e, sendo procedente, decretar-se-á a anulação, mandando-se repetir o acto e cometendo--se ao Ministério Público a representação do incapaz.

3 – No final da licitação de cada dia pode o Ministério Público declarar que não requererá a anulação do que nesse dia se tenha feito."

Trata este preceito, em primeira linha, da *faculdade conferida ao M.º P.º de requerer a anulação das licitações*, no caso de ter detectado que o representante dos incapazes não defendeu capazmente os seus interesses. Claro que o representante do Ministério Público terá uma certa dificuldade em aperceber-se principalmente do real valor dos bens a partilhar, pois intervém no processo de inventário desacompanhado das informações indispensáveis, as quais bem podiam ser recolhidas, pelo menos em relação aos inventários de maior valor, em processo administrativo que acompanhasse o dito inventário, se dispusesse de um corpo de avaliadores devidamente habilitados e de verbas orçamentais para pagamento das peritagens que efectuassem. No estado actual das coisas, apenas poderá tomar conhecimento dos casos de necessidade de requerer a anulação por informações avulsas ou pelas que lhe sejam prestadas pelos vogais do conselho de família, nos casos em que este exista.

O despacho a proferir sobre o requerimento do Ministério Público de anulação das licitações poderá ser exarado sem prévia produção de prova, mas *nada impede que se proceda à recolha das informações julgadas indispensáveis* antes da decisão.

Mas *as licitações poderão ainda ser anuladas pelo menos em alguns dos casos, previstos na lei, de anulação da venda judicial.*

Diz-se no artigo n.º 909.º, do Código de Processo Civil:

"1 – Além do caso previsto no artigo anterior, a venda só fica sem efeito:

    a) Se for anulada ou revogada a sentença que se executou ou se forem julgados procedentes os embargos de executado, salvo quando, sendo parcial a revogação ou a procedência, a subsistência da venda for compatível com a decisão tomada;

    b) Se toda a execução for anulada por falta ou nulidade da citação do executado, que tenha sido revel, salvo o disposto no n.º 3 do artigo 921.º;

    c) Se for anulado o acto de venda, nos termos do artigo 201.º;

    d) Se a coisa vendida não pertencia ao executado e foi reivindicada pelo dono."

2 – (...)
3 – (...).

Estão afastados do processo de inventário os fundamentos constantes das alíneas a) e b), as quais apenas têm pertinência em processo de execução.

A alínea d) também não tem aqui cabimento dado existir preceito legal regulamentador da matéria, que é o artigo n.º 2 123.º, do Código Civil:

"1 – Se tiver recaído sobre bens não pertencentes à herança, a partilha é nula nessa parte, sendo-lhe aplicável, com as necessárias adaptações e sem prejuízo do disposto no número seguinte, o preceituado acerca da venda de bens alheios.

2 – Aquele a quem sejam atribuídos os bens alheios é indemnizado pelos co-herdeiros na proporção dos respectivos quinhões; se porém algum dos co-herdeiros estiver insolvente, respondem os demais pela sua parte, na mesma proporção".

Já *o fundamento da alínea c), preterição das formalidades legais*, terá inteiro cabimento no caso. A nulidade deverá ser invocada no próprio inventário e nos termos dos artigos 203.º a 205.º do Código de Processo Civil.

Na alínea *e)* (eliminada pela reforma) estava previsto o caso da anulação por ter havido conluio. Lobão definia assim os conluios in Tratado sobre execuções, pág. 312: "... consistem em *não lançar um e receber algumas luvas para ficar outro lançador por menos*, em que lhe darão sociedade e partilha nas arrematações ou algum dinheiro, ou promessas semelhantes por si ou por interposta pessoa, ou por qualquer outro modo que venha a haver".

Nos termos do n.º 3, daquele artigo n.º 909.º, *tal anulação pode ser requerida dentro de trinta dias*, sendo a questão decidida depois de ouvido o arrematante e produzidas as provas oferecidas; sendo, porém insuficientes os elementos, o requerente será remetido para a acção competente, a qual há-de ser proposta contra o arrematante, como dependência do processo.

Também tem sido aceite a opinião de que *as licitações poderão ser anuladas nos termos gerais de direito, designadamente quando há simulação*, definida no artigo n.º 240.º do Código Civil:

"1– Se, por acordo entre declarante e declaratário, e no intuito de enganar terceiros, houver divergência entre a declaração negocial e a vontade real do declarante, o negócio diz-se simulado.

2 – O negócio simulado é nulo".

*
* *

Pela licitação o licitante adquire o direito de ver preenchido o seu quinhão com os bens licitados e apenas isso. A transferência do domínio do cabeça-de-casal para o licitante apenas se dá com a sentença homologatória da partilha, devidamente transitada. A herança considera-se indivisa até esse momento. Os rendimentos dos bens licitados entre o momento da licitação e a data do trânsito em julgado da sentença homologatória da partilha pertencem à herança e não ao licitante, devendo entrar na prestação das contas do cabeça-de-casal.

Como é sabido, é permitido ao requerente do inventário em que não estejam em causa interessados incapazes, ausentes em parte incerta ou pessoa colectiva, desistir dele, nos termos gerais do artigo 293.°, n.° 1, do Código de Processo Civil: "O autor pode, em qualquer altura, desistir de todo o pedido ou de parte dele, como o réu pode confessar todo ou parte do pedido."

É claro que, actualmente, se houver interessados incapazes, ou equiparados, a desistência do inventário só é possível com a concordância do Ministério Público.

Só que, se o próprio requerente do inventário resolve desistir dele depois de ter licitado sobre alguns bens da herança, tal desistência não é válida, por implicar a extinção de uma obrigação conscientemente assumida por ele.

Finalmente, deve ainda referir-se que, no Anteprojecto do Código de Processo Civil, se encontrava prevista, no artigo 1 014.°, a possibilidade de oposição ao resultado das licitações, em termos que não foram contemplados pela reforma.

Dizia-se naquele artigo:

"1 – Finda a licitação e antes de encerrado o respectivo auto, pode qualquer dos interessados, bem como o Ministério Público no caso de inventário obrigatório, requerer avaliação dos bens que especificarem, se houver razões para considerar que a licitação conduziu a preço bastante inferior ao valor real dos bens.

2 – Se o resultado da avaliação não exceder o preço da licitação, é por este que os bens são adjudicados ao licitante; no caso contrário, é o licitante notificado do resultado da avaliação, para que a ele possa opor, dentro do prazo de sete dias, sob pena de se considerar que o aceita em lugar do preço da licitação.

3 – (...)
4 – (...)"

Agora, a possibilidade de avaliação de quaisquer bens foi introduzida, mas tem de ser requerida, se se verificarem os demais pressupostos, antes de efectuadas as licitações.

PARTILHA

Artigo n.º 1 373.º do Código de Processo Civil:

"1 – Cumprido o que fica disposto nos artigos anteriores, são ouvidos sobre a forma da partilha os advogados dos interessados e o Ministério Público, nos termos aplicáveis do artigo 1 348.º.

2 – Nos dez dias seguintes proferir-se-á despacho determinativo do modo como deve ser organizada a partilha. Neste despacho, são resolvidas todas as questões que ainda o não tenham sido e que seja necessário decidir para a organização do mapa da partilha, podendo mandar-se proceder à produção da prova que se julgue necessária. Mas se houver questões de facto que exijam larga instrução, serão os interessados remetidos nessa parte para os meios comuns.

3 – O despacho determinativo da forma da partilha só pode ser impugnado na apelação interposta da sentença da partilha".

GENERALIDADES

No artigo supra transcrito está previsto um segundo exame do processo, nos moldes já analisados relativamente ao primeiro, com o fim de os interessados se pronunciarem sobre a forma da partilha.

Como esta envolve questões de direito, os interessados que não tenham constituído mandatário têm de o fazer, se quiserem pronunciar-se quanto à forma da partilha.

O objectivo do exame, para além da forma, é dar parecer sobre todas as questões ainda não resolvidas até àquele momento e que possam ter influência na partilha.

Além dos interessados, o Ministério Público tem vista do processo, nos inventários de incapazes, com o fim de se pronunciar sobre todas essas questões.

O prazo da promoção sobre tal matéria é o geral de dez dias – art. n.º 160.º do Código de Processo Civil. Para o Magistrado do Ministério Público a forma da partilha é a peça principal do processo de inventário, pois que será nela que terá de demonstrar uma ampla gama de conhecimentos, designadamente quanto ao direito de família: regime de bens decorrentes do casamento; parentesco; filiação e adopção – bem como quanto ao direito das sucessões: títulos de vocação sucessória; validade de testamentos; colação; redução por inoficiosidade; imputação das liberalidades – e até quanto ao direito das obrigações: contrato de doação e todas as suas implicações no domínio das sucessões.

O Dr. Lopes Cardoso, in partilhas judiciais, 4.ª edição, pág. 337, cita Eça e Leyva a propósito: "Advirtam os delegados, que este é um dos seus maiores e mais melindrosos trabalhos e que não têm portanto remédio senão aplicar-se muito seriamente a este importantíssimo ramo da sua ocupação e emprego para responderem sempre com acerto, e evitarem ao menos a grande responsabilidade".

Neste, como nos demais domínios da sua actuação, o Magistrado do M.º P.º deverá actuar com a maior imparcialidade, não obstante ser o representante legal dos menores, incapazes e ausentes, devendo atender fundamentalmente às seguintes peças do processo: declarações do cabeça-de-casal (iniciais e complementares); relação de bens e suas correcções e acta ou actas da conferência de interessados. Não poderá dispensar também a leitura atenta de todos os documentos juntos, designadamente certidões de escrituras de doação e de testamentos.

O modo mais correcto de "dar" a forma à partilha é fazê-la preceder de um relatório onde se enunciam, pela forma mais completa e sintética possível, as circunstâncias concretas, de facto e de direito, que a rodeiam.

Pode-se dizer que todas as palavras constantes da promoção sobre a forma da partilha devem ser consideradas imprescindíveis, isto é, não deve haver palavras a menos, nem palavras a mais.

Por isso, como critério prático a seguir, é aconselhável, pelo menos em relação aos casos mais complicados, a elaboração de um gráfico, o mais claro possível, a fim de que, ao proferir-se o despacho, nada escape.

No Anteprojecto do Código de Processo Civil, suprimia-se o terceiro exame do processo e concedia-se aos interessados e ao Ministério Público, no caso de inventário obrigatório, um prazo de sete dias para se pronunciarem quanto à forma da partilha Artigo 1 016.º "1 – Cumprido o disposto nos artigos anteriores, o processo aguarda por sete dias que os interessados indiquem a forma da partilha, devendo seguidamente, quando o inventário for obrigatório, dar-se vista ao Ministério Público, por igual prazo e para o mesmo fim".

O prazo em questão decorrerá automaticamente.

*
* *

Promovida a forma à partilha, proferirá o juiz, nos dez dias seguintes, o despacho determinativo. Este despacho manteve-se na redacção do aludido Anteprojecto, devendo ser proferido no prazo de catorze dias – art. 1 016, n.° 2.

É prática corrente a do Magistrado Judicial mandar proceder à partilha pela forma apontada pelo Ministério Público, o que, obviamente, é incorrecto visto que o Juiz, no dito despacho, *deverá dar solução jurídica a todas as questões até aí não resolvidas*, podendo, até, previamente, mandar proceder à produção de provas, desde que a mesma seja sumária, e sempre no pressuposto de que as questões a resolver têm influência na organização do mapa de partilha.

Quanto às questões de facto que impliquem larga indagação e larga produção de prova, não deverá o juiz decidi-las no processo de inventário e antes deverá remeter os interessados para os meios processuais comuns, de acordo com os princípios já antes analisados.

Como exemplos das questões que podem ser resolvidas nesse despacho poderemos apontar:

– a validade formal dos testamentos;

– a sua interpretação e validade substancial, desde que para tal não seja necessária grande indagação;

– a redução de doações.

Note-se que, *quanto às questões já resolvidas antes do despacho determinativo da partilha, não deverá, agora, decidi-las em sentido diferente*.

As questões definitivamente decididas em processo de inventário consideram-se como obrigando todos os interessados, salvo se, na decisão, se fez menção de ressalvar o direito ao recurso às acções competentes.

Neste caso haverá uma decisão provisória, a qual poderá, ou não, ser modificada através da decisão final da acção intentada para o efeito.

Por tudo isto, devemos concluir que o Magistrado Judicial deverá examinar com todo o rigor o processo antes de proferir o despacho determinativo da partilha e usar da mencionada fórmula tradicional apenas quando nada mais haja a decidir.

Daquele despacho não há recurso autónomo, apenas podendo o mesmo ser impugnado através do recurso de apelação que vier a interpor-se da sentença final homologatória da partilha.

Vejamos, agora, com algum detalhe, algumas formas à partilha, sendo certo que iremos tecer algumas considerações de ordem teórica e do domínio do direito sucessório, *sem a preocupação, no entanto, de esgotar os temas.*

PRIMEIRO

Se se tratar de inventário único, isto é, não cumulado, e havendo cônjuge e descendentes do inventariado, ou apenas estes, sem que haja liberalidades, o inventário é, por regra, muito simples.

Trata-se, então, da sucessão legítima do cônjuge e dos descendentes prevista no artigo n.º 2 139.º do Código Civil:

"1 – A partilha entre o cônjuge e os filhos faz-se por cabeça, dividindo-se a herança em tantas partes quantos forem os herdeiros; a quota do cônjuge, porém, não pode ser inferior a uma quarta parte da herança.

2 – Se o autor da sucessão não deixar cônjuge sobrevivo, a herança divide-se pelos filhos em partes iguais".

Deverá ainda ter-se em consideração os casos em que os filhos não puderam, por pré-morte ou por indignidade, aceitar a herança ou a não quiseram aceitar, por a terem repudiado, casos em que são chamados à sucessão os descendentes deles, nos termos do artigo n.º 2 042.º do Código Civil, isto é, por *direito de representação.*

Neste caso a herança divide-se por estirpes, cabendo a cada estirpe aquilo em que o cabeça-de-estirpe sucederia.

É de notar que, *no domínio do Código Civil de Seabra não havia lugar ao direito de representação no caso de repúdio,* por força do disposto no artigo n.º 2 035.º daquele diploma: "Entende-se que o herdeiro que repudia nunca foi herdeiro, nem pode haver, em tal caso, direito de representação..."

Por isso, no domínio deste Código, os netos, descendentes do segundo grau podiam herdar por direito próprio, no caso de todos os filhos do inventariado haverem repudiado, ou de haver um único filho e este haver repudiado.

Importa reter a ideia de que *deverá ter-se sempre em atenção a data da abertura da sucessão* (a correspondente à data da morte do inventariado), dado que é pela lei vigente na altura que se regula a partilha.

Por isso, são importantes as seguintes datas:

1 de Janeiro de 1931 – entrada em vigor da reforma do Código Civil de 1867 introduzida pelo Decreto n.º 19 126 de 16 de Dezembro de 1930;

1 de Junho de 1967 – entrada em vigor do Código Civil de 1966;

1 de Abril de 1978 – entrada em vigor da reforma deste último Código efectuada pelo Dec.-lei n.º 496/77 de 25/11.

A partir desta última data, o cônjuge, desde que não divorciado nem separado de pessoas e bens, passou a ser herdeiro legítimo e legitimário do inventariado. Diz-se no artigo n.° 2 157.°: "São herdeiros legitimários o cônjuge, os descendentes e os ascendentes, pela ordem e segundo as regras estabelecidas para a sucessão legítima".

Portanto, *a partir da referida data, mesmo tratando-se de sucessão legitimária, o cônjuge tem sempre garantida uma quarta parte da herança.*

Tal vem no seguimento de ideias que já dominavam na altura da elaboração do actual Código Civil, como contrapartida do facto do regime supletivo do casamento ter passado a ser o da comunhão de adquiridos, sendo certo que, segundo informa o Dr. Pereira Coelho, no seu "Direito das Sucessões", no ante-projecto do Prof. Galvão Telles, o cônjuge sobrevivo era também considerado herdeiro legitimário, sendo constituída a sua legítima pelo usufruto de metade da herança.

Ainda quanto à sucessão legitimária do cônjuge e dos descendentes há que referir que a legítima do cônjuge que concorre à sucessão isoladamente é de *metade* da herança; se concorrer com filhos é de *dois terços*; se não houver cônjuge e houver apenas um filho é de *metade*; se houver dois ou mais filhos é de *dois terços*; se o cônjuge concorrer com ascendentes é de *dois terços*.

Até um de Janeiro de 1931 a legítima dos descendentes era de dois terços, passando a ser de metade a partir dessa data e até 1 de Junho de 1967.

Quanto à sucessão dos descendentes importa atender ainda à diferença de regime instituído para a adopção plena e para a restrita:

– *O adoptado plenamente adquire a situação jurídica de filho do adoptante*, com todas as suas consequências legais, mesmo no plano sucessório;

– *O adoptado restritamente ou os seus descendentes e os parentes do adoptante não são herdeiros legítimos nem legitimários uns dos outros*, nem o adoptado restritamente é herdeiro legitimário do adoptante;

– *O adoptado restritamente e os descendentes dele*, por direito de representação, são apenas chamados à sucessão do adoptante como seus herdeiros legítimos em *quarto grau*;

– *O adoptante é chamado à sucessão do adoptado* restritamente como seu herdeiro legítimo e em *sexto grau*.

Problema ainda com relativo interesse na sucessão do cônjuge e dos descendentes é o da distinção que a lei fazia entre a *filiação legítima e ilegítima* destes últimos, baseando nela uma clara *discriminação* de direitos sucessórios.

Tal problema coloca-se *ainda hoje*, quanto às heranças abertas em data anterior à da entrada em vigor da Constituição da República Portuguesa, isto é, antes do dia 25 de Abril de 1976, pois que é entendimento corrente e jurisprudencialmente aceite que, a partir dessa data, desapareceu a distinção entre filiação legítima e ilegítima, mesmo relativamente a heranças abertas antes da entrada em vigor da já referida reforma de 1977 do actual Código Civil, considerando a força imperativa da redacção do artigo n.º 36.º, n.º 4 daquela Constituição.

Consequentemente, o problema coloca-se apenas em relação às heranças abertas antes da entrada em vigor da dita Constituição e partilhadas posteriormente. Há decisões jurisprudenciais no sentido de que a aplicação directa de normas constitucionais se não deve fazer retroactivamente e outras, embora em menor número, em sentido contrário. No entanto, *o melhor entendimento parece ser o da não aplicação retroactiva*.

Sendo assim, ainda hoje há que atender à distinção entre filhos legítimos e ilegítimos e às suas consequências jurídicas, quer no domínio do Código Civil actual, na redacção anterior a 1977, quer no domínio do Código Civil de Seabra.

Os filhos ilegítimos e os descendentes deles, em relação aos legítimos e seus descendentes, *desde 1 de Junho de 1967 e até 25 de Abril de 1976, herdam apenas metade*.

Se os descendentes dos filhos legítimos forem todos ilegítimos, *quebra-se o vínculo da legitimidade*, passando a respectiva estirpe a herdar apenas metade de cada uma das estirpes dos descendentes legítimos.

Se dentro de cada estirpe houver descendentes legítimos e ilegítimos, estes últimos *herdam apenas metade dos primeiros*.

O modo mais prático de dividir a herança, no caso considerado, é o de atribuir *duas partes a cada filho legítimo e uma parte a cada ilegítimo*. Assim, se o inventariado faleceu deixando dois filhos legítimos e dois ilegítimos, dividir-se-á o monte partível por seis partes iguais, cabendo a cada legítimo duas dessas partes.

No domínio do Código Civil de Seabra as coisas passavam-se de modo diferente.

Determina-se no artigo n.º **1 991.º** daquele diploma:

"Se o filho ilegítimo concorrer à herança com filho ou filhos legítimos herdará na proporção e nos termos declarados no artigo 1 785.º".

Por seu turno, refere-se no artigo n.º **1 785.º** e seu número primeiro:

"Se o testador tiver, ao mesmo tempo, filhos legítimos ou legitimados, ou descendentes deles com direito de representação, e filhos perfilhados, ou descendentes deles com direito de representação, observar-se-á o seguinte:

1.º Se os filhos perfilhados *o estavam ao tempo* em que o testador contraiu o matrimónio de que veio a ter os filhos legítimos, a legítima daqueles será igual à legítima destes menos um terço";

Neste caso, o modo mais prático de dividir a herança é fazê-lo por *três* vezes o número de filhos legítimos *mais duas* vezes o número de filhos ilegítimos, atribuindo-se, depois, três partes a cada um dos filhos legítimos e duas a cada um dos ilegítimos.

Isto é, se o inventariado tiver deixado dois filhos legítimos e dois perfilhados antes do casamento de que lhe nasceram os legítimos, a herança divide-se em *dez* partes iguais, atribuindo-se três partes a cada um dos primeiros e duas a cada um dos últimos.

Problema muito mais complicado e que teve soluções doutrinais e jurisprudenciais muito diversas, no domínio do diploma em questão, é o da concorrência de filhos legítimos com filhos *perfilhados depois de contraído* o matrimónio de que nasceram os filhos legítimos do inventariado.

Artigo n.º 1 785.º, n.º 2.º: "Se os filhos forem perfilhados depois de contraído o matrimónio, a sua legítima não excederá a legítima dos outros menos um terço, **calculada nos termos do n.º 1.º**, e sairá só da quota disponível da herança, considerando-se inoficiosas as disposições ou doações feitas em prejuízo desta legítima, anteriores ou posteriores à perfilhação, conforme as regras gerais".

Note-se que a frase sublinhada foi introduzida no preceito pelo já mencionado decreto n.º 19 126, sendo certo que o Ministério da Justiça, em nota oficiosa, justificava assim essa alteração: "As modificações tiveram em vista sancionar a interpretação da jurisprudência doutrinal e dos tribunais e calcular as legítimas dos perfilhados na mesma base, tanto na hipótese do § 1.º, como na do 2.º, para evitar o absurdo de os filhos perfilhados depois do matrimónio serem mais beneficiados que os perfilhados antes como por vezes se entendia".

Logo se conclui desta mesma nota que, fundamentalmente, há *duas correntes* doutrinais quanto à solução a dar ao problema:

No âmbito da primeira, entende-se que *os filhos perfilhados depois do casamento herdam duas terças partes da legítima subjectiva de cada filho legítimo, sendo que a legítima dos perfilhados sai da parte disponível* da herança e a parte indisponível é dividida exclusivamente pelos legítimos.

Os defensores desta tese, dos quais se destaca o Dr. Mário de Castro, fundamentam a sua posição essencialmente no facto da lei dizer que a legítima dos perfilhados depois *não excederá a legítima dos outros menos um terço*, o que, no seu entender, significará que a legítima dos perfilhados depois será sempre igual a dois terços da legítima dos legítimos. Por outro lado, a posição contrária, que analisaremos de seguida, deixa sem sentido a previsão do artigo n.º 1 992.º do Código Civil de Seabra, onde se preceitua:

"Se, por serem muitos os filhos ilegítimos, não chegar a terça (com a já referida reforma de 1930 passou a ser metade) para o complemento das porções assinadas no § 2.º do artigo 1 785.º, nem por isso terão direito a mais coisa alguma, e será a terça rateada entre eles".

Por seu turno, *o entendimento da posição contrária* é no sentido de que a legítima dos filhos perfilhados depois do casamento é calculada *"ficticiamente"* apenas atendendo à quota indisponível da herança, pelo que tal cálculo daria sempre um resultado idêntico ao que resultaria se os filhos fossem perfilhados antes.

Esta é a posição que *está de acordo com a nota oficiosa do Ministério da Justiça* e evita, efectivamente, a consequência de os filhos perfilhados depois serem beneficiados na sua legítima por esse facto relativamente ao facto de serem perfilhados antes.

Na verdade, se o inventariado deixasse uma herança no valor 600 contos e dois filhos legítimos e dois perfilhados depois do casamento, se adoptássemos a primeira solução, a legítima de cada um dos perfilhados seria de 100 contos (dois terços de 150 contos, que é a legítima dos legítimos).

No entanto, se os ditos filhos, em lugar de serem perfilhados depois do casamento fossem perfilhados antes, a legítima de cada um deles seria de apenas 60 contos (dois terços de 90 contos, que é, neste caso, a legítima de cada um dos filhos legítimos).

A interpretação contrária a esta última deixaria sem sentido a expressão introduzida no preceito *"calculada nos termos do n.º 1"*. Além disso, seria muito mais injusta, pois levaria à protecção dos filhos perfilhados depois quando a ideia é o do seu tratamento igualitário com os perfilhados antes e a protecção dos legítimos relativamente aos perfilhados.

Além disso a lei não diz que a legítima dos perfilhados depois deverá ser igual à dos legítimos menos um terço, mas sim que *não "excederá"* a dos legítimos menos um terço.

Por fim, o argumento de que a segunda tese deixa sem sentido a aplicação do artigo n.º 1 992.º é ultrapassável se considerarmos que o preceito *deixou de ter utilidade* no caso de concorrência de filhos legítimos com perfilhados depois do casamento se adoptarmos a segunda tese, já que, segundo esta, nunca poderá acontecer que as legítimas dos perfilhados depois, no seu conjunto, excedam o valor da metade disponível da herança. *Poderá apenas ter utilidade como iremos ver de seguida, no caso de concorrência de filhos legítimos com perfilhados antes e depois do casamento do inventariado.*

Portanto, entendemos como mais defensável a doutrina daqueles que como o Dr. Paulo Cunha consideram que a legítima dos filhos perfilhados depois do casamento deve ser calculada como se eles fossem perfilhados antes, saindo a mesma da parte disponível da herança. A quota indisponível é repartida apenas entre os legítimos.

Concorrência de filhos legítimos com perfilhados antes e depois do casamento.

O caso *não está previsto* directamente no artigo n.º 1 785.º do Código Civil de Seabra, devendo a solução ser encontrada, no entanto, de acordo com os princípios que dele decorrem.

Eram *quatro as soluções* propugnadas pela doutrina para o caso em questão:

a) *A metade indisponível é repartida entre os legítimos e os perfilhados* antes, nos termos do n.º 1 do artigo 1 785.º, atribuindo-se depois, aos perfilhados depois, *quinhão idêntico* aos perfilhados antes, que sairia da metade disponível. Se o valor desta não chegasse para satisfazer as legítimas dos perfilhados depois, *seria rateado por estes últimos*, de acordo com o disposto no artigo n.º 1 992.º, que, assim, continuaria a ter aplicação.

b) *A metade indisponível é repartida pelos legítimos, pelos perfilhados antes e pelos perfilhados depois, como se estes fossem perfilhados antes.* Como, depois, a legítima dos perfilhados depois sai da metade disponível, fica por partilhar parte da indisponível, que, no entendimento desta orientação deve ser atribuída aos legítimos.

c) *A metade indisponível é repartida pelos legítimos, pelos perfilhados antes e pelos perfilhados depois, como se estes fossem perfilhados antes.* A legítima dos perfilhados depois sai da parte disponível e a *parte indisponível é repartida apenas entre os perfilhados antes e os legítimos,* nos termos do n.º 1.º do artigo n. º 1 785.º.

d) Outros autores advogam a *aplicação separada e por forma rígida de cada um dos números do artigo 1785.º*. A parte indisponível seria repartida apenas entre os legítimos e os perfilhados antes, nos termos do n.º 1 do artigo 1 785.º. Para os filhos perfilhados depois seria calculada uma legítima como se eles fossem perfilhados antes, mas sem entrar em linha de conta com os perfilhados antes, isto é, como se estes não existissem (n.º 2.º do 1 785.º).

Tal como Luís Alberto de Carvalho Fernandes, in "Da sucessão dos Parentes llegítimos", pág. 186 e segs. entendemos que a solução mais justa é a mencionada em *primeiro lugar*.

Concorrência de filhos legítimos provenientes quer do primeiro quer do segundo matrimónio do inventariado com filhos ilegítimos perfilhados durante a viuvez do inventariado, isto é, *entre o primeiro e o segundo matrimónio*.

Este caso, à primeira vista complicado, é, no entanto de fácil resolução. Basta pensar na razão de ser do preceito no n.º 2.º do artigo n.º 1 785.º. Ela exige que a quota dos filhos do primeiro matrimónio em nada seja afectada pela perfilhação ocorrida durante a viuvez. Portanto, *o casamento que releva para ele ser considerado perfilhado antes ou depois não pode deixar de ser o primeiro*. A sua legítima deve ser calculada como se tratasse de filho perfilhado depois do casamento do inventariado. Neste mesmo sentido vide Revista de Legislação e Jurisprudência, ano 86.º, pág. 199.

Sucessão legítima dos filhos ilegítimos.

No caso de concorrerem à herança filhos legítimos e perfilhados, já vimos que, segundo dispõe o artigo n.º 1 991.º a partilha se fará na proporção e nos termos previstos no artigo 1 785.º. Como interpretar esta remissão da sucessão legítima para a sucessão legitimária?

a) *Uma das soluções propostas é a que manda atribuir a cada filho como herdeiro legítimo mais uma quota proporcional* à que lhe tenha cabido como legítima.

b) Outra solução é a dos que defendem que, s*empre que concorram à herança sucessores legitimários ela se deve repartir em duas partes, aplicando-se as regras da sucessão legitimária à quota indisponível e as* *da sucessão legítima à que sobrar da disponível.* É que se entende que na sucessão legítima não tem relevo a distinção entre filhos perfilhados antes e perfilhados depois do casamento, apenas importando respeitar a regra prevista no n.° 1.° do artigo 1 785.°, isto é, a *proporção de três para dois.*

Também de acordo com o autor mencionado em último lugar, na obra citada a fls. 234 e segs. parece ser a solução mencionada na *alínea b)* a mais ajustada aos termos do disposto no artigo n.° 1 991.°, já que neste se manda aplicar não só a proporção mas os termos do artigo 1 785.°. *A regra estabelecida no n.° 2.° do dito artigo só interessa, por só ter razão de ser, na sucessão legitimária.*

Já dissemos supra que, no domínio do Código Civil de Seabra poderia suceder que os descendentes do segundo grau e seguintes fossem chamados à herança, não por direito de representação mas por direito próprio.

Pode também suceder que esses descendentes sejam ilegítimos e concorram à herança com descendentes legítimos do mesmo grau. Como a questão assim colocada não está directamente prevista no diploma em análise, que só rege para os filhos, terá de ser resolvida, no entanto, recorrendo-se ao que se legislou quanto aos ditos filhos. A questão que se poderá colocar é a de saber se terá ou não qualquer relevo, no âmbito da sucessão legitimária a distinção *entre netos* (ou descendentes de grau ainda mais afastado) *perfilhados antes e netos* (ou descendentes de grau ainda mais afastado) *perfilhados depois do casamento,* sendo fácil de intuir que a *resposta é claramente negativa.* O que interessa é manter a regra da proporção de *três para dois* dos netos legítimos para os ilegítimos.

No entanto, a sucessão dos netos dá-se, em regra, *por direito de representação* e, então o problema da concorrência de descendentes legítimos com ilegítimos poderá complicar-se. Como já vimos, quando funciona o direito de representação, a sucessão deixa de se fazer por cabeça, passando a fazer-se por estirpes. Então *há que distinguir*:

a) *Todos os cabeças de estirpe são ilegítimos.* Neste caso o quinhão de cada estirpe é igual a cada um dos outros. Divergências só existem quanto à repartição da quota pelos vários membros da estirpe, quando haja membros que sejam filhos legítimos com membros que sejam filhos ilegítimos, pois há quem defenda que o representante é sucessor directo do inventariado e, por isso, sendo irrelevantes as suas relações para com o representado, não havia que estabelecer qualquer distinção. Perante o inventariado, tratar-se-ia sempre de sucessores ilegítimos. Ora, parecendo que no direito de representação vigora o princípio de que o representante apenas sucede naquilo que herdaria o representado, há *que distinguir nesse direito entre a atribuição do direito de suceder*, que está efectivamente relacionado directamente com o inventariado e não com o representado e o *conteúdo do direito do representante*, que é medido pelo conteúdo do direito do representado.

Sendo assim, parece dever vigorar na repartição da herança pelos diversos membros da estirpe *o princípio contido no n.° 1.° do artigo 1 785.°*.

Como vimos, esta foi a solução expressamente adoptada pelo legislador de 1966.

b) *Todos os filhos do inventariado são legítimos, mas os respectivos representantes são ilegítimos* (todos eles). Neste caso a solução do problema é fácil, cabendo um quinhão igual a cada um dos representantes.

c) *Concurso de cabeças de estirpe ilegítimos com cabeças de estirpe e seus descendentes legítimos*. Esta hipótese também é de fácil resolução, com base nas regras contidas no artigo 1 785.° e atendendo ao momento da perfilhação do cabeça de estirpe, que seja filho ilegítimo.

d) *Concurso de estirpes ilegítimas com estirpes legítimas, que são representadas por parentes ilegítimos*. Neste caso, costumam perfilar-se *duas orientações* opostas: *uma* em que se defende que a repartição da herança entre as estirpes se faz tendo em conta apenas o *parentesco do respectivo cabeça para com o inventariado*. A *outra* defende a solução de que, sendo os representantes os *sucessores directos do inventariado* e, sendo em relação a este parentes ilegítimos não deveriam receber mais que os outros netos ilegítimos. Com base na já propalada diferença entre atribuição do direito de suceder do representante e conteúdo desse direito, parece dever defender-se a primeira das soluções apresentadas, embora o legislador de 1966 tenha acabado por consagrar, como já vimos, a segunda.

e) *Concurso de estirpes legítimas, com membros legítimos e com membros ilegítimos, e estirpes legítimas com membros ilegítimos*. Esta hipótese põe em causa a teoria que levou à consagração no actual Código Civil do princípio da quebra do vínculo da legitimidade, pelo que esta quebra só existe no caso de serem todos ilegítimos os descendentes do filho legítimo do inventariado. Segundo o Professor Antunes Varela, o neto legítimo não pode ser prejudicado pela existência de um neto ilegítimo na mesma estirpe.

O caso não tem qualquer dificuldade face à teoria que defende a diferença entre atribuição do direito de suceder do representante e conteúdo desse direito, sendo que *por essa teoria ambas as estirpes teriam um quinhão igual sendo o quinhão da representada apenas por descen-*

dentes ilegítimos dividido igualmente pelos seus membros e o quinhão da representada por descendentes legítimos e ilegítimos dividida tendo em conta a proporção de três para dois estabelecida no artigo 1 785.º.

f) Concurso de estirpes ilegítimas com estirpes cujo cabeça era filho legítimo, mas que são constituídas por parentes legítimos e ilegítimos.

Neste caso, mesmo para os defensores da teoria que acabamos de analisar *o filho ilegítimo de filho ilegítimo sofre uma dupla restrição na sua legítima:* uma perante a outra estirpe encabeçada por filho legítimo do inventariado e outra perante o filho legítimo com que concorre na respectiva estirpe.

SEGUNDO

No plano da *sucessão legítima*, se concorrerem o cônjuge e ascendentes, ao primeiro pertencem *duas terças partes da herança* e aos segundos uma terça parte – artigo n.º 2 142.º do Código Civil.

No plano da *sucessão legitimária*, já vimos que a legítima do cônjuge e ascendentes é de *duas terças* partes da herança. A legítima dos ascendentes do primeiro grau, tomados isoladamente, *é de metade.* Se forem descendentes do segundo grau essa legítima é de *um terço.*

Preferem os ascendentes de grau mais próximo aos de grau mais afastado e a herança é distribuída pelos ascendentes por cabeça. Se algum ou alguns dos ascendentes não quiserem ou não puderem aceitar a herança, a sua parte acresce à dos restantes. Se não existirem outros ascendentes, acrescerá à do cônjuge sobrevivo. Isto é, na linha ascendente *não vigora o direito de representação.*

Importa referir que, mesmo no domínio dos diplomas que consagravam a distinção entre parentes legítimos e ilegítimos vigorou sempre o princípio de que a *ilegitimidade do parentesco na linha ascendente não é causa de pior tratamento.*

Não obstante, há que referir neste ponto o disposto no artigo n.º 1 995.º do Código de Seabra, que dispunha: "Se, porém, ao filho ilegítimo falecido sem posteridade *sobreviver consorte*, haverá este, enquanto vivo for, *o usufruto de metade da herança*".

Este regime é ainda alargado ao caso de ao inventariado, que seja filho ilegítimo, sucederem ascendentes que não sejam os pais, no artigo n.º 1 999.º.

Quer dizer que, no caso de o inventariado ser filho ilegítimo e não ter deixado descendentes, sucedem-lhe os ascendentes que, neste caso, são parentes ilegítimos dele. Só que, se o inventariado, nestas circunstâncias, deixou cônjuge sobrevivo, pretere-se o princípio da preferência das classes de sucessíveis e chama-se o membro da classe seguinte, que é o cônjuge.

É de realçar, por um lado, que *este usufruto do cônjuge sobrevivo só existe se concorrerem à herança do inventariado os ascendentes ilegítimos dele* e, por outro, que *esse usufruto apenas incide sobre metade da herança*, questionando-se, ao tempo em que estava em vigor tal regime, sobre qual das metades da herança, a disponível ou a indisponível incidia tal usufruto. A opinião maioritária era, no entanto, no sentido de que *incidiria sobre a metade disponível*, já que se tratava de um normativo regulador da sucessão legítima e não da sucessão legitimária, encontrando-se esta limitada aos estritos casos previstos no artigo 1 784.°, isto é, aos herdeiros em linha recta descendente ou ascendente.

O regime que se acaba de analisar desapareceu com a entrada em vigor do Código Civil de 1966.

TERCEIRO

A forma à partilha será muito mais complicada no caso de se tratar de *inventários cumulados*.

Neste caso, terá de haver *muito cuidado na verificação de quais os bens que fazem parte do património de cada um dos inventariados*.

Esse cuidado deverá observar-se também no caso de segundas núpcias do inventariado.

Para o efeito terá de atender-se às regras regulamentadoras dos diversos regimes de bens matrimoniais:

– O da comunhão geral (ou conforme os costumes do reino, no domínio do Código Civil de Seabra) em que todos os bens são comuns do casal, sejam os existentes à data do casamento, sejam os adquiridos na constância dele, com excepção dos enumerados no artigo n.° 1 733.° do actual Código Civil e no artigo n.° 1 109.° do Código Civil de 1867.

– O da comunhão de adquiridos, em que há bens próprios de cada um dos cônjuges e bens comuns do casal, sendo estes, de um modo geral, os adquiridos com o produto do trabalho e todos o que o foram a título oneroso, na constância do matrimónio.

– O da separação de bens, em que só há bens próprios de cada um dos cônjuges. Claro que, mesmo neste regime, não está excluída a possibilidade de os bens pertencerem a ambos os cônjuges em compropriedade, se forem adquiridos através de meios de pagamento pertencentes a ambos os cônjuges.

– O regime dotal, que não valerá a pena caracterizar, pois foi extinto pela reforma de 1977 do actual Código Civil.

Convém notar que, até 1 de Abril de 1978, o regime imperativo do casamento com separação de bens existia sempre que o casamento fosse celebrado sem precedência do processo de publicações; sempre que fosse celebrado por quem tenha completado sessenta anos de idade, sendo do sexo masculino, ou cinquenta, sendo do sexo feminino e sempre que o casamento seja celebrado existindo, de qualquer dos cônjuges, filhos legítimos, ainda que maiores ou emancipados – artigo n.º 1 720.º do actual Código Civil, na sua primitiva redacção.

Depois de 1 de Abril de 1978 o regime imperativo da separação de bens existe sempre que o casamento seja celebrado sem precedência do processo de publicações e sempre que seja celebrado por quem tenha completado sessenta anos de idade.

Relativamente às segundas núpcias há que realçar o disposto no artigo 1 235.º *do Código Civil de 1867*, que se passa a transcrever:

"O varão ou a mulher, que contrair segundas núpcias, tendo filhos ou outros descendentes sucessíveis de anterior matrimónio, não poderá comunicar com o outro cônjuge, nem por qualquer título doar-lhe mais do que a *metade dos bens que tiver* ao tempo do casamento ou que venha a adquirir por doação ou herança de seus ascendentes ou de outros parentes".

Em consonância do que aí se dispõe, determina-se no n.º 4, do artigo n.º 1109 º, que é exceptuada da comunhão "A metade dos bens que possuir o cônjuge que passar a segundas núpcias ou dos que herdar de seus parentes ou receber por doação, tendo de anterior matrimónio filhos ou outros descendentes nos termos do artigo 1235º".

Igualmente é de referir, quanto às segundas núpcias, o disposto no artigo *n.º 1236.º daquele Código*, que se passa a transcrever:

"Se ao bínubo ficarem de algum dos filhos de qualquer matrimónio bens que este filho houvesse herdado do seu falecido pai ou mãe ou dos ascendentes destes, e existirem irmãos germanos do filho falecido ou descendentes de irmãos germanos falecidos, *a estes pertencerá a propriedade dos mesmos bens, e o pai ou mãe só terá o usufruto*".

Em consonância com a disciplina deste preceito determina-se no n.º 3, do artigo 1109º daquele diploma que são exceptuados da comunhão

"Os bens herdados pelo pai ou mãe bínubos, por morte do filho de outro matrimónio, existindo irmãos germanos do filho falecido ou filhos de irmãos germanos falecidos, nos termos do artigo 1236°".

A razão de ser destes últimos preceitos é evitar que os bens passem de uma estirpe para outra, continuando a haver membros da primeira.

Com base nisto, entendiam alguns autores, tais como o Dr. Dias da Fonseca e o Dr. Carvalho Fernandes, e ao contrário de Cunha Gonçalves e Silva Carvalho, que o artigo n.° 1236° *se deveria aplicar por maioria de razão e por analogia*, já que a sua aplicação directa ao caso é impossível, *aos casos de ascendência ilegítima do inventariado*.

Na forma à partilha de inventários cumulados deverá fazer-se referência em separado *à partilha do acervo patrimonial de cada um dos inventariados*, a não ser que cada uma das partilhas se faça de maneira em tudo idêntica às restantes.

QUARTO

Não havendo cônjuge sobrevivo, nem descendentes, nem ascendentes, sucedem ao inventariado os *irmãos e representativamente os descendentes deste*s e, na falta de membros desta classe de sucessíveis *os restantes colaterais até ao quarto grau* e, por fim, o *Estado*.

Diz-se no artigo n.° 2146°, do Código Civil, que, "concorrendo à sucessão irmãos germanos e irmãos consanguíneos ou uterinos, o quinhão de cada um dos irmãos germanos, ou dos descendentes que os representem, é igual ao *dobro* do quinhão de cada um dos outros".

Este, portanto, é um caso em que releva, em matéria sucessória, a *duplicidade de parentesco*.

Convém referir que, como já dissemos quando falamos da sucessão dos descendentes, no domínio do Código Civil de Seabra *os sobrinhos do inventariado podiam suceder por direito próprio*, já que na vigência daquele diploma não existia direito de representação no caso de repúdio. Por isso, no caso de todos os irmãos terem renunciado ou no caso de apenas um ter renunciado e os outros terem falecido sem deixarem descendentes, os sobrinhos, filhos do irmão repudiante, herdavam por direito próprio. Este regime foi claramente afastado no domínio do actual Código Civil.

Convém ainda referir que, no domínio do Código Civil de Seabra, *sempre que à herança concorram irmãos ou sobrinhos do inventariado*, *quer legítimos, quer ilegítimos, o cônjuge sobrevivo será o usufrutuário da herança, conforme* se dispunha no § único do artigo 2003°:

"Na falta de descendentes e ascendentes, nos termos dos artigos 2000.° e 2002.°, o cônjuge sobrevivo será usufrutuário da herança do cônjuge falecido, se ao tempo da morte deste não estivessem divorciados ou separados de pessoas e bens, com sentença transitada em julgado".

A disciplina deste preceito manteve-se na redacção inicial do artigo n.° 2 146.° do actual Código Civil: "Sendo a sucessão deferida aos irmãos ou seus descendentes, nos termos do capítulo anterior, o cônjuge sobrevivo tem direito, como *legatário legítimo*, ao usufruto vitalício da herança".

Desapareceu, no entanto, na actual redacção do Código Civil.

Realce-se ainda que, *no domínio do Código Civil de Seabra, não se pode verificar a concorrência à herança de irmãos ou seus descendentes legítimos com irmãos ou seus descendentes ilegítimos*, dado que a existência dos primeiros afasta pura e simplesmente o chamamento dos últimos e por força do disposto no § único do artigo 2 000.°:

"Na falta de irmãos legítimos e descendentes legítimos destes, herdarão do mesmo modo os irmãos perfilhados ou reconhecidos, os descendentes destes e os descendentes ilegítimos de irmãos legítimos, sem prejuízo do disposto no § único do artigo 2 003.°".

Igual tratamento sofriam os irmãos e sobrinhos ilegítimos no domínio da redacção de 1966 do actual Código Civil, por força do disposto no artigo 2 144.°: "Na falta de irmãos legítimos e descendentes legítimos destes, são chamados à sucessão os irmãos ilegítimos e, representativamente, os descendentes destes e os descendentes ilegítimos de irmãos legítimos."

Quanto aos outros colaterais, são chamados à sucessão actualmente até ao quarto grau, quando antes da reforma de 1977 do Código Civil eram chamados os colaterais até ao sexto grau.

É preciso saber contar os graus de parentesco, apontando-se como forma mais simples a de se subir a linha genealógica de um dos parentes até ao familiar comum, descendo pela linha genealógica do outro parente e não se contando como um grau o dito familiar comum. Assim, os irmãos são colaterais em segundo grau; tio e sobrinho são-no em terceiro grau e os primos direitos em quarto grau...

Todos os colaterais, que não os irmãos e os sobrinhos, sucedem na herança por cabeça, mesmo que sejam duplamente parentes do falecido. Os colaterais de grau mais próximo preferem os de grau mais afastado.

Tanto no domínio do Código Civil de Seabra, como no domínio do actual, mas na redacção anterior à reforma de 1977, *a existência de colaterais legítimos afastava o chamamento dos colaterais ilegítimos*. Estes só eram chamados na falta dos primeiros.

QUINTO

Finalmente vamos incidir a nossa análise nos casos que mais dificuldades podem trazer à forma à partilha, isto é, os casos dos inventários em que o inventariado fez doações ou deixou testamento ou outras disposições por morte.

Já vimos em que consiste a *diferença entre a instituição de herdeiro e a deixa de um legado* a favor de determinada pessoa.

Quanto às doações há que atender às suas *diferentes espécies*:

– doação pura e simples;

– doações modais;

– doações remuneratórias;

– doações manuais;

– doações para casamento e doações entre casados, sendo certo que as duas últimas espécies referidas estão sujeitas a regulamentação muito especial.

O contrato de doação, que é um negócio jurídico "inter vivos" e bilateral só fica perfeito com a respectiva aceitação por parte do donatário (excepto nas doações manuais, quando há tradição da coisa doada), embora, no que diz respeito aos incapazes, se tenha de ter em conta o *disposto no n.º 2 do artigo 951.º do Código Civil*, onde se preceitua: "2 – Porém, as doações puras feitas a tais pessoas (os incapazes) produzem efeitos independentemente de aceitação em tudo o que aproveite aos donatários", entendendo-se, neste caso, que se presume a aceitação, não que esta seja dispensada.

Diferentes são as chamadas doações "mortis causa", que são negócios jurídicos unilaterais, e que, em regra, são consideradas nulas, sendo, todavia, havidas como disposições testamentárias se for respeitada a forma exigida para a validade dos testamentos.

Importa, neste campo, ter *a noção exacta do que é a imputação das liberalidades*. O Dr. Manuel Flamino dos Santos Martins, na obra já citada, a fls. 283-579 (vol. II), em nota de pé de página cita o Prof. Paulo Cunha, a pág. 128 das lições coligidas por J. Lourenço Pereira e
J. Agostinho de Oliveira, a propósito de tal assunto: "num sentido muito amplo, diz-se que há imputação sempre que nós tomamos uma liberalidade e atribuímos, imputamos, essa liberalidade a determinada parte da massa sucessória (...quinhão legitimário do donatário... parte disponível do doador...)".

Isto nada tem a ver com o instituto da colação.

Segundo se dispõe no artigo n.º 2 104º n.º 1, do Código Civil, "Os descendentes que pretendam entrar na sucessão do ascendente devem restituir à massa da herança, para igualação da partilha, os bens ou valores que lhes foram doados por este".

Esta restituição, chamada conferência, faz-se pela imputação do valor da doação ou da importância das despesas na quota hereditária, ou pela restituição dos próprios bens doados, se houver acordo de todos os herdeiros – artigo n.º 2108º, n.º 1 – Este acordo de que aqui se fala abrange o próprio conferente, pelo que é muito raro verificar-se. *A colação é, em princípio, uma simples operação de cálculo.*

Os descendentes *podem ser dispensados da colação por vontade inequívoca expressa ou tácita*, do ascendente, sendo certo que se presume dispensada nas doações manuais e remuneratórias. São exemplos da dispensa tácita da colação as doações fideicomissárias; com cláusula de reversão e as indirectas.

Além disso, alguns bens e valores estão legalmente isentos da obrigação da conferência: as despesas com o casamento do descendente, bem como com os alimentos dele, estabelecimento e colocação, desde que sejam conformes aos usos e condição social e económica do ascendente.

Também não está sujeita à colação a coisa doada que tiver perecido por causa não imputável ao donatário.

Tanto vale o doador ter dito que fez a doação dispensando o donatário da conferência ou ter dito que fez a doação por conta da quota disponível para se entender que o bem doado está dispensado da colação.

É evidente que, se a doação foi feita em conjunto, por exemplo por ambos os cônjuges, à morte de cada um deles apenas se conferirá metade do valor deles, sendo certo que o valor de cada uma das metades é o que vigorar à data da morte de cada um dos doadores – é o que se denomina de meia conferência.

Se a doação, pelo contrário, for feita por conta da legítima do donatário, entende-se que o *doador expressamente a não dispensou da colação*. É o que a chamada escola de Coimbra, de que são representantes, entre outros Jorge Leite e Rabindranath Capelo de Sousa, designam por *regime convencional de colação absoluta*. Neste caso, segundo esta escola, o doador manifestou a vontade, devidamente aceite pelo donatário, de não beneficiar este quantitativamente, tendo-se limitado a antecipar-lhe os bens que caberiam no seu quinhão hereditário. Neste caso, segundo estes autores, *quer haja ou não bens não doados, quer haja ou não inoficiosidade da doação, proceder-se-á sempre a uma igualação total entre os donatários e os demais descendentes*. O valor da doação com colação absoluta é imputado na legítima subjectiva do respectivo donatário e o excesso na quota disponível do doador, ficando aí sujeito a igualação entre os partilhantes. *Essa igualação total, segundo esta escola, poderá impor a redução da doação independentemente da sua inoficiosidade.*

Considera a mesma escola que *o regime estabelecido no n.º 2 do art. 2 108.º do Código Civil* – "2 – Se não houver na herança bens suficientes para igualar todos os herdeiros, nem por isso são reduzidas as doações, salvo se houver inoficiosidade" – *é supletivo*. A seu favor invoca-se inclusivamente o preceituado no n.º 1 do artigo 2 118.º do Código Civil, onde se afirma: "1 – A eventual redução das doações sujeitas a colação constitui um ónus real".

Pelo contrário, a escola de Lisboa, de que são representantes, entre outros o Prof. Oliveira Ascensão e Pamplona Corte Real, *afirma a natureza injuntiva do n.º 2 do artigo n.º 2 108.º do Código Civil*, pois que considera que o instituto da colação se reconduz "a uma mera presunção de igualação, no caso de doações feitas a descendentes doações que, como tal, valeriam como antecipação do quinhão hereditário.(Direito das Sucessões de Pamplona Corte Real, pág. 63, II volume)". Por outro lado considera que do artigo se deve fazer uma interpretação abrogante, "precisamente por força do teor do artigo 2 108.º, n.º 2, que não parece permitir que da colação resulte uma eventual redução (Direito das Sucessões de Pamplona Corte Real, pág. 71 do II Volume, citando o Prof. Ascensão)".

Como já dissemos, a escola de Coimbra considera o regime previsto no artigo n.º 2 108.º do Código Civil de aplicação supletiva, isto é, apenas para os casos em *que o doador nada declarou sobre o espírito da doação, ou para aqueles em que, na própria doação se estabelece a sujeição do donatário às regras gerais*. São seguidas, geralmente, *duas teses* para interpretar o n.º 2 do aludido artigo n.º 2 108.º.

Segundo *a primeira, a doação começará por imputar-se na legítima do donatário e, se a exceder, tal excesso será imputado na quota disponível do doador*. Se houver *remanescente* da quota disponível, o mesmo será dividido em *partes iguais* pelo donatário e seus irmãos. É a tese defendida designadamente por Almeida Costa, "Noções de Direito Civil, 1980, pág. 417, e Baptista Lopes, "Das doações, 1970, pág. 216".

Na segunda, defende-se igualmente que a *doação começará por imputar-se na legítima subjectiva do donatário e o seu excesso na quota disponível do doador*, mas, se houver *remanescentes* desta, o seu valor será *distribuído pelos descendentes que não foram contemplados na doação, por forma a igualar o valor do quinhão do donatário, ou atingir a menor desigualdade possível*. É a tese defendida por Pereira Coelho, "Direito das Sucessões II, 1974, págs. 181 e 183, Jorge Leite, "A colação, 1977, págs. 126 e segs., Rabindranath Capelo e Sousa, "Lições de Direito das Sucessões, 1980/82, pág. 295 e segs. e Lopes Cardoso, "Partilhas Judiciais", 4.ª edição, pág. 371 e 372.

Parece ser a última tese, que, aliás, também é seguida pelos adeptos da escola de Lisboa, embora estes considerem o regime em questão injuntivo, a mais conforme com a etiologia da norma.

Diferente do problema da colação, conforme foi já salientado é o da redução das liberalidades inoficiosas, dizendo-se inoficiosa toda a liberalidade que exceda a quota disponível do inventariado.

Portanto, desde que, por efeitos de doação ou de testamento, o inventariado dispôs de bens cujo valor total seja superior ao da parte disponível da herança, as referidas liberalidades terão de ser reduzidas.

Esta redução é feita pela seguinte ordem:

Primeiro, reduzem-se as disposições testamentárias a título de herança.

Em *segundo lugar* reduzem-se *os legados*.

Por último as liberalidades feitas em vida do autor da sucessão – artigo n.º 2 171.º do Código Civil.

Se bastar a redução das disposições testamentárias, tanto a título de herança, como a título de legado, a redução é feita proporcionalmente, excepto se o testador tiver dito que determinadas disposições preferem a outras e, ainda, no caso das deixas remuneratórias – artigo n.º 2 172.º.

Se for necessário recorrer às liberalidades feitas em vida, começa-se pela última e, se forem todas da mesma data, faz-se a redução proporcionalmente excepto se alguma delas for remuneratória, pois, então, goza de preferência.

– artigo n.º 2 173.º do Código Civil.

O modo como deve ser feita a redução está previsto, como já foi dito, nos termos do artigo n.º 2 174.º daquele diploma legal.

Como repetidamente dissemos já, vigora no nosso direito sucessório o princípio da intangibilidade da legítima. São ainda expressão desse princípio:

– A *cautela sociniana* (tem origem no nome do jurisconsulto medieval Socino Gualdense) – Artigo n.º 2 164.º do Código Civil de 1966 e artigo n.º 1 788.º do Código Civil de 1867 – de acordo com a qual, se o testador deixar usufruto ou constituir pensão vitalícia que atinja a legítima, podem os herdeiros legitimários cumprir o legado ou entregar ao legatário apenas a quota disponível.

– A disposição que estabelece o regime do *legado em substituição da legítima* – artigo n.º 2 165.º do Código Civil actual:

"1– Pode o autor da sucessão deixar um legado ao herdeiro legitimário em substituição da legítima.

2– A aceitação do legado implica a perda do direito à legítima, assim como a aceitação da legítima envolve a perda do direito ao legado.

3– Se o herdeiro, notificado nos termos do n.º 1 do artigo 2 049.º, nada declarar, ter-se-á por aceito o legado.

4– O legado deixado em substituição da legítima é imputado na quota indisponível do autor da sucessão; mas, se exceder o valor da legítima do herdeiro, é imputado, pelo excesso, na quota disponível".

FORMAS À PARTILHA

Vejamos, agora, alguns exemplos de formas à partilha, que têm por base processos de inventário reais.

PRIMEIRA

Lúcia, falecida em 13 de Maio de 1984, no estado de casada sob o regime da comunhão de adquiridos com o cabeça-de-casal, tendo deixado apenas um filho.

Há bens próprios da inventariada e bens comuns do casal.

Não há passivo e não houve licitações.

Na conferência de interessados, o viúvo requereu que fosse encabeçado no direito de habitação da casa de morada de família e ainda no direito ao uso do respectivo recheio – artigo n.º 2 103.º/A do Código Civil.

Em Esquema

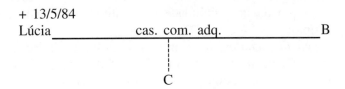

FORMA

Somam-se os valores dos bens adquiridos a título oneroso na constância do casamento da inventariada e o total divide-se por dois, sendo uma das partes a meação do inventariante, que, como tal, se lhe adjudica.

À outra metade somam-se os valores dos bens próprios da inventariada, constituindo o total o valor da herança a partilhar.

Esse valor divide-se por dois, cabendo uma parte ao inventariante e a outra ao filho do casal.

Preenchimento dos quinhões conforme o acordado na conferência.

SEGUNDA

Rosalina Gomes, falecida em 27/05/63, no estado de viúva, tendo deixado quatro filhos, sendo a primeira do seu casamento e os três restantes perfilhados quando a inventariada se encontrava já no estado de viúva. O último destes faleceu em 3/8/64, no estado de solteiro, sem descendentes, mas com o respectivo progenitor ainda vivo, tendo deixado testamento a favor de uma irmã uterina, em que a instituiu herdeira de todos os seus bens. Além do direito à herança de sua mãe, deixou bens próprios.

Não há passivo e não houve licitações.

Em Esquema

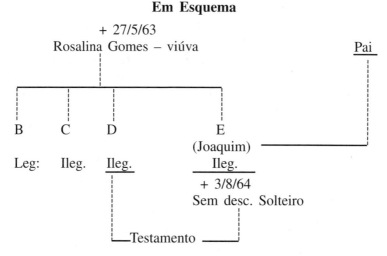

Inventários cumulados // Bens próprios do Joaquim.

FORMA

Somam-se os valores dos bens que constituem a herança da inventariada Rosalina e divide-se o total em duas partes iguais, sendo uma delas o valor da sua quota disponível e a outra o valor da indisponível (art. 1 784.º § único do Código Civil de 1867, aqui aplicável, apesar de se estar no domínio da sucessão legítima, por força do disposto no artigo n.º 1 991.º do mesmo diploma, que manda aplicar à sucessão legítima as regras da sucessão legitimária).

Por força do n.º 2.º do artigo n.º 1 785.º do Código Civil de Seabra, o total da quota indisponível, isto é, metade da herança, atribui-se à filha legítima B.

Nos termos desse mesmo preceito legal, e seguindo a teoria que adoptamos na parte expositiva, vai, depois, calcular-se a porção legitimária de cada um dos filhos da inventariada perfilhados depois do casamento como se eles fossem perfilhados antes. Assim, divide-se metade da herança em nove partes iguais, cabendo a cada um dos filhos perfilhados duas dessas partes.

As legítimas subjectivas dos filhos perfilhados saem do valor da quota disponível e a parte restante desta porção hereditária vai ser repartida, ainda segundo a teoria que adoptamos na parte expositiva, pela filha legítima e pelos filhos perfilhados da inventariada. Isto é, vai ser dividida em nove partes iguais, cabendo à filha legítima três dessas partes e a cada um dos filhos perfilhados duas dessas partes.

Para melhor compreensão, mas a título excepcional, pois entendemos que a forma à partilha deve ser dada em abstracto, competindo a tarefa de a concretizar ao escrivão quando procede à elaboração do mapa da partilha, diremos que, no caso concreto, à filha legítima B cabem 45/81 da herança e a cada um dos filhos ilegítimos, C, D e E cabem 12/81 dessa mesma herança.

O valor do quinhão que pertenceria ao falecido filho Joaquim soma-se ao valor dos seus bens próprios e o total divide-se em duas partes iguais, sendo uma delas o valor da quota indisponível e a outra o valor da disponível – artigo 1786.° do Código Civil de 1867.

O valor da quota disponível atribui-se à irmã uterina do inventariado Joaquim, por força do testamento com que a contemplou e o valor da quota indisponível atribui-se ao pai ilegítimo do inventariado.

No preenchimento dos quinhões observar-se-á e respeitar-se-á o acordado na conferência de interessados.

TERCEIRA

Manuel, falecido em 10/12/54, no estado de casado com Ana, tendo deixado dois filhos do seu casamento, a segunda das quais faleceu antes do inventariado, no estado de solteira e tendo deixado dois filhos, que do inventariado são netos.

Deixou ainda o inventariado cinco filhos ilegítimos, perfilhados depois do casamento do inventariado.

O único bem descrito havia sido doado para o casamento do inventariado, com cláusula da sua incomunicabilidade à respectiva mulher.

Há passivo e houve licitações. O passivo não foi aprovado nem reconhecido. O inventariado não deixou testamento nem qualquer outra disposição de última vontade.

Em Esquema

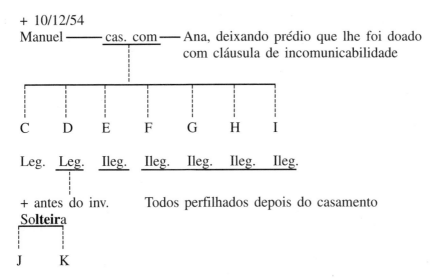

FORMA

O prédio descrito é bem próprio do inventariado, por força do disposto no n.º 2 do artigo 1 109.º do Código Civil de 1867, pelo que o seu valor, acrescido dos aumentos provenientes das licitações, divide-se em duas partes iguais sendo uma o valor da quota disponível e a outra o valor da indisponível (art. 1 784.º do Código Civil de Seabra, aqui aplicável, apesar de se estar apenas no domínio da sucessão legítima, por força do disposto no artigo 1 991.º daquele diploma, que manda aplicar à sucessão legítima as regras da sucessão legitimária).

O valor da quota indisponível divide-se, por seu turno, em duas partes iguais, por força do disposto no n.º 2.º do artigo 1 785.º do já citado Código, atribuindo-se cada uma delas a cada um dos filhos legítimos do inventariado.

Acontece, porém, que a parte que caberia ao filho pré-falecido D vai ser repartida entre os seus dois filhos, netos do inventariado, que lhe sucedem por direito de representação. Esses netos do inventariado são parentes ilegítimos dele, sendo certo que a estirpe de que fazem parte é toda ela constituída por parentes ilegítimos. Sendo assim, se seguíssemos a tese daqueles que, já no domínio do Código Civil de Seabra, defendiam a tese da quebra do vínculo da legitimidade, quando a estirpe fosse representada exclusivamente por filhos ilegítimos, tais como os Profs. Galvão Telles, Pires de Lima e Antunes Varela, a estirpe de que era cabeça o filho legítimo D teria um tratamento semelhante ao dos filhos per-filhados antes do casamento do inventariado, pelo que herdaria apenas dois terços do quinhão hereditário do filho legítimo sobrevivo. Isto complicaria bastante a forma, pois cairíamos num caso de concorrência de filhos legítimos com perfilhados antes e depois do casamento, pelo que apresentaremos essa como solução alternativa, seguindo, para já, a tese oposta àquela, defendida, na altura, entre outros, pelo Prof. Paulo Cunha, segundo a qual o facto de a estirpe ser representada exclusivamente por filhos ilegítimos não provocará qualquer quebra do vínculo da legitimidade do respectivo cabeça. Por isso, dizemos, segundo esta solução, que o valor da quota indisponível se divide em duas partes iguais, cabendo cada uma delas a cada um dos filhos legítimos do inventariado.

Para se calcular o valor do quinhão legitimário de cada um dos filhos do inventariado perfilhados depois do casamento dele, divide-se por dezasseis partes iguais o valor da parte disponível da herança, atribuindo-se duas dessas partes a cada um desses filhos perfilhados.

O valor das legítimas subjectivas dos filhos perfilhados sai da metade disponível da herança, por força do n.º 2.º do artigo n.º 1 785.º do Código Civil de Seabra e já sabemos que, segundo a teoria que defendemos, a não esgota, ficando ainda por repartir seis partes.

O valor total destas seis partes ainda não partilhadas divide-se, por sua vez, em dezasseis partes iguais, cabendo três dessas partes a cada um dos dois filhos legítimos do inventariado e duas dessas partes a cada um dos cinco filhos perfilhados. Isto segundo a tese por nós defendida quanto à repartição do remanescente da quota disponível.

O valor do quinhão hereditário que caberia ao pré-falecido filho D divide-se em duas partes iguais, por tantos serem os seus filhos, cabendo cada uma delas a cada um deles.

Vejamos, agora, como seria dada a forma à partilha se fosse seguida a tese da quebra do vínculo da legitimidade.

Estar-se-ia, então, em face de um caso de concorrência à partilha de filhos legítimos, perfilhados antes do casamento (o legítimo cuja estirpe é representada exclusivamente por descendentes ilegítimos) e perfilhados depois do casamento.

Optando decididamente pela primeira das quatro teses mencionadas na parte expositiva, diríamos que a herança do inventariado se dividiria em duas partes iguais, sendo uma delas a quota indisponível.

Esta divide-se em cinco partes iguais, cabendo três delas ao filho legítimo e duas delas à estirpe do filho D.

Valor igual ao quinhão da estirpe D é atribuído, como legítima, a cada um dos filhos perfilhados depois do casamento do inventariado, saindo tais valores dessas legítimas subjectivas da parte disponível da herança.

Se esta metade não chegar para preencher as legítimas dos perfilhados calculadas pela forma que antecede, divide-se a mesma em cinco partes iguais, cabendo cada uma delas a cada um desses filhos perfilhados – art. n.º 1 992.º.

No entanto, se, ao contrário, não esgotarem o valor da quota disponível, o remanescente é dividido em quinze partes iguais, cabendo três delas ao filho legítimo e duas à estirpe do representado por descendentes ilegítimos e cada um dos perfilhados depois do casamento do inventariado.

O quinhão que caberia ao filho D divide-se em duas partes iguais, cabendo cada uma delas a cada um dos respectivos filhos (netos do inventariado).

No preenchimento dos quinhões atender-se-á ao resultado das licitações.

*
* *

Mais uma vez, com o intuito de um melhor esclarecimento, mas a título excepcional, vamos apresentar os resultados dos cálculos a que se chega consoante alinhemos pela primeira modalidade da forma à partilha apresentada ou pela segunda, partindo do princípio que o inventariado Manuel deixou uma herança com o valor total de 900 000$00.

Se considerarmos que não há quebra do vínculo da legitimidade pelo facto de o filho D apenas ter deixado descendentes ilegítimos, os cálculos dariam o seguinte resultado:

– O filho legítimo C herdaria 256 640$25;

– A estirpe do D herdaria igual quantia, que dividida por dois, daria um quinhão de 128 320$3125; para cada um dos netos J e K;

– Cada um dos filhos E, F, G, H e I herdaria 77 343$750.

Se considerarmos que existe quebra do vínculo da legitimidade:

– O filho legítimo C herdaria 270 000$00;

– A estirpe do D herdaria 180 000$00, que divididos por dois, daria um quinhão de 90 000$00 para cada neto J e K;

– Cada um dos filhos E, F, G, H e I herdaria 90 000$00, que é o resultado do rateio por todos eles do valor da quota disponível do inventariado.

QUARTA

Maria Ribeiro, falecida em 8/6/69, no estado de viúva de João Trocado, falecido em 14/10/52, com quem fora casada em primeiras núpcias de ambos e sob regime da comunhão geral de bens.

Do seu casamento houve um filho, Artur Trocado, por sua vez falecido em 5/4/75, no estado de casado em primeiras núpcias de ambos e sob o regime da comunhão geral de bens com Eni de Oliveira, tendo deixado oito filhos.

A inventariada Maria deixou ainda um filho que concebera no estado de solteira e por ela perfilhado antes do seu casamento com João Trocado.

Esta mesma inventariada fez testamento, em 3/5/63, deixando duas terças partes do valor de todos os seus bens ao filho perfilhado e uma terça parte desse valor ao filho legítimo.

O inventariado João Trocado fez igualmente testamento, em 17/5/52, através do qual deixou o valor da sua quota disponível ao filho ilegítimo da mulher.

Na conferência de interessados, houve acordo para aumentar o valor dos bens a partilhar.

Não há passivo.

Em Esquema

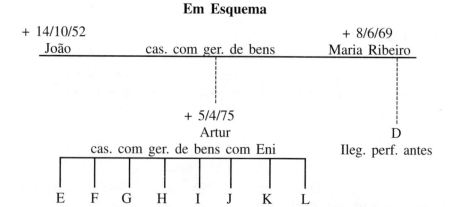

FORMA

O valor total dos bens descritos, com os aumentos provenientes do acordo estabelecido na conferência de interessados, divide-se em duas partes iguais, correspondendo cada uma delas ao valor da herança de cada um dos inventariados.

A herança do inventariado João Trocado divide-se em duas partes iguais, sendo uma o valor da sua quota disponível e a outra o valor da indisponível, dado o disposto no artigo n.º 1 784, § único do Código Civil de 1867.

Por força do testamento que fez, a quota disponível deste inventariado é atribuída ao interessado D.

O valor da quota indisponível cabe por inteiro ao falecido filho Artur e, por efeito do disposto no artigo n.º 2 058.º do actual Código Civil, divide-se em duas partes iguais, cabendo uma delas, a título de meação nos bens do casal à viúva Eni.

A outra subdivide-se em oito partes iguais, cabendo cada uma delas a cada um dos oito filhos, netos do primeiro inventariado.

A herança da inventariada Maria Ribeiro divide-se em três partes iguais, representando o valor de duas delas a quota indisponível da inventariada e o terço restante o valor da disponível – artigo n.º 2 158.º, n.º 1 do Código Civil de 1966, na redacção anterior a 1977.

Para se determinar o valor da legítima subjectiva de cada um dos filhos desta inventariada divide-se o valor da quota indisponível em três partes iguais, representando duas dessas partes o valor da legítima do filho legítimo, Artur, e o restante o valor da legítima do filho ilegítimo – artigos 2 158.º e 2 139.º, n.º 2 do actual Código Civil, na redacção anterior a 1977.

A quota legitimária do filho Artur começa por ser preenchida através da deixa testamentária decorrente do testamento da inventariada Maria e, se não chegar, como não chega, será integrada através da redução feita na deixa constante do mesmo testamento a favor do filho D. Esta deixa é reduzida por inoficiosidade de dois terços para cinco nonos.

O quinhão que caberia ao falecido filho Artur divide-se em duas partes iguais, cabendo uma delas à viúva Eni, sendo a restante subdividida em oito partes iguais, cabendo cada uma delas a cada um dos oito filhos, netos do inventariado.

No preenchimento dos quinhões atender-se-á ao acordado na conferência de interessados.

QUINTA

Henrique Teles de Vasconcelos, falecido em 20/4/32, no estado de casado com a inventariante, em primeiras núpcias e sob o regime de comunhão geral de bens, tendo deixado dois filhos: C e D.

O filho C, por sua vez, faleceu depois daquele inventariado, no estado de solteiro, intestado e sem descendentes.

O inventariado Henrique não deixou testamento nem qualquer outra disposição de última vontade e os bens a partilhar foram todos adquiridos na constância deste matrimónio da inventariante.

Esta, todavia, casou, depois, no domínio da vigência do Código Civil de Seabra, com o inventariado Alfredo, falecido em 9/4/55, sendo que este casamento constituía as primeiras núpcias dele e foi celebrado segundo o regime da comunhão geral de bens.

Este inventariado não deixou descendentes nem ascendentes, mas fez testamento em que instituiu seu único herdeiro o filho sobrevivo da inventariante.

Não há passivo e houve licitações.

Em Esquema

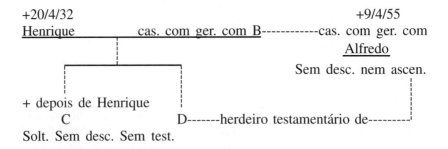

FORMA

Somam-se os valores dos bens descritos com os aumentos provenientes das licitações e o total, assim obtido, divide-se em duas partes iguais, sendo uma a meação da inventariante e a outra a meação do inventariado Henrique.

A herança do inventariado Henrique divide-se em duas partes iguais, cabendo cada uma delas a cada um dos dois filhos.

A parte, porém, que caberia ao falecido filho C cabe, por força do disposto no artigo n.º 1 236.º do Código Civil de 1867, em nua propriedade ou raiz ao irmão germano D e em usufruto à inventariante.

A herança do inventariado Alfredo é constituída por metade do valor dos bens que constituíam a meação da inventariante no casal que formou com o inventariado Henrique, dado que, por força das disposições combinadas dos artigos 1 109.º, n.º 4 e 1 235.º, a inventariante apenas comunicou com o seu segundo cônjuge metade do valor dos bens que tinha à data do seu segundo casamento.

Tal herança divide-se em duas partes iguais, cabendo uma, a título de meação no segundo casal, à inventariante.

A parte restante, por força do testamento do inventariado Alfredo, atribui-se ao sobrevivo filho da inventariante, o interessado D.

Assim, do total dos bens descritos, apenas são partilhados seis oitavos já que os restantes dois oitavos cabem à inventariante a título de meação no seu primeiro casamento (com o inventariado Henrique).

Daquele seis oitavos a inventariante terá três oitavos em propriedade plena e dois oitavos em usufruto.

O interessado D terá três oitavos em propriedade plena e dois oitavos em nua propriedade.

SEXTA

Maria da Conceição, falecida em 20/12/76, no estado de casada com o inventariante, em primeiras núpcias dele e segundas núpcias dela, sob o regime de comunhão geral de bens.

A inventariada tinha sido casada, em primeiras núpcias de ambos com Alfredo, falecido em 1950, por cujo óbito não houve inventário, por não haver bens a partilhar.

Do segundo matrimónio a inventariada não teve filhos e do primeiro teve onze.

Destes, o Delfim faleceu em 16/10/68, no estado de casado com Maria Fernanda, deixando um filho a representá-lo.

A Isaura faleceu em 4/5/78, no estado de casada em comunhão geral de bens com José Maria, tendo deixado nove filhos.

A Maria de Fátima faleceu em 10/4/78, no estado de casada em comunhão geral de bens com José Amorim, tendo deixado nove filhos.

O Manuel faleceu em 18/3/79, no estado de solteiro, não tendo deixado descendentes.

A herança compõe-se de bens móveis adquiridos pelo inventariante antes do seu casamento com a inventariada, sendo o mesmo celebrado no domínio da vigência do Código Civil de 1867, e por um bem imóvel adquirido pela inventariada ainda no estado de viúva do seu primeiro marido.

Não há passivo e houve licitações.

Em Esquema

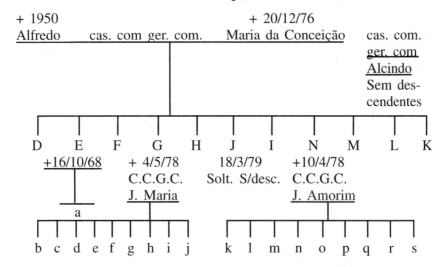

FORMA

A herança da inventariada é constituída por três quartas partes do valor do bem imóvel descrito, aumentado por força do resultado das licitações (artigos 1109.°, n.° 4 e 1 235.° do Código Civil de 1867) mais metade do valor dos bens móveis descritos.

A outra metade do valor destes bens móveis descritos, adjudica-se ao inventariante Alcindo, a título de meação, bem como uma quarta parte do valor de bem imóvel, determinado da forma supra mencionada.

O valor da herança, obtido da forma descrita, divide-se em onze partes iguais, por tantos serem os filhos da inventariada, cabendo cada uma a cada um deles.

A parte que caberia ao filho E é atribuída ao respectivo representante, o neto da inventariada a).

A parte que caberia à filha G divide-se em duas partes iguais, cabendo uma delas ao interessado José Maria, a título de meação. A outra divide-se em quatro partes iguais, cabendo uma dessas partes ao mesmo interessado a título hereditário. O total das restantes três partes subdivide-se em nove partes iguais cabendo cada uma delas a cada um dos nove filhos, netos da inventariada.

Do mesmo modo se partilha o quinhão da falecida filha N, com a diferença de que o viúvo desta N se chama José Amorim.

A parte que caberia ao falecido filho J divide-se em dez partes iguais, cabendo cada uma delas a cada um dos dez respectivos irmãos germanos.

Porém, a parte que caberia ao irmão E atribui-se por direito de representação ao sobrinho a); a parte que caberia à irmã G subdivide-se em nove partes iguais, cabendo cada uma delas a cada um dos nove sobrinhos, filhos dessa irmã, o mesmo sucedendo com as devidas adaptações, relativamente à parte que caberia à irmã N.

No preenchimento dos quinhões atender-se-á ao resultado das licitações.

SÉTIMA

Inventário cumulado por óbito de António Nunes, falecido em 28/4/75, e mulher, Ana Braga, falecida em 10/3/84, tendo sido casados em primeiras núpcias de ambos e sob regime da comunhão geral de bens.

Desse casamento tiveram seis filhos.

Destes, a Rosa faleceu em 18/10/81, no estado de casada sob regime da comunhão geral de bens com Manuel, tendo deixado um filho.

O José é viúvo de Olívia, falecida em 1/2/80, com quem fora casado sob regime da comunhão geral de bens, não tendo deixado ela descendentes ou ascendentes e sem ter feito testamento ou qualquer disposição de última vontade.

A inventariada Ana deixou testamento em que instituiu herdeiro da sua quota disponível o filho João.

Há passivo, aprovado por unanimidade na conferência.

Nesta, foi também acordado aumentar o valor dos bens descritos e a composição dos quinhões.

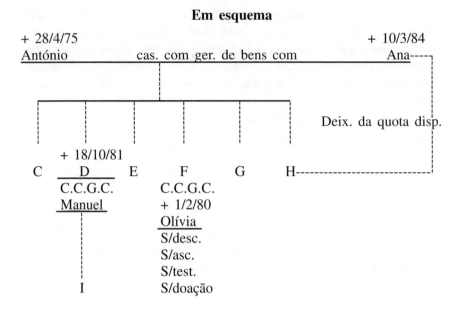

Há passivo aprovado. Foram aumentados os valores por acordo.

FORMA

Somam-se os valores dos bens descritos com os aumentos provenientes do acordo estabelecido na conferência e, ao total, abate-se o passivo, por ter sido aprovado por unanimidade.

O total desta operação divide-se em duas partes iguais, sendo uma a herança do inventariado António e a outra a herança da inventariada Ana.

A primeira divide-se em seis partes iguais, cabendo cada uma delas a cada um dos respectivos filhos.

Todavia, a que caberia à falecida filha Rosa divide-se em duas partes iguais, cabendo uma delas ao viúvo Manuel, a título de meação nos bens do casal. A outra divide-se em duas partes iguais, cabendo uma delas ao mesmo viúvo, a título hereditário e a outra ao único filho do casal, neto do inventariado.

A herança da inventariada Ana divide-se em três partes iguais, constituindo duas delas o valor da quota indisponível e a restante o valor da disponível.

Esta, por força do testamento da inventariada, atribui-se ao filho João.

O valor da quota indisponível divide-se em seis partes iguais, cabendo cada uma delas a cada um dos seis filhos da inventariada.

Porém, a parte que caberia à falecida filha Rosa, atribui-se ao único filho desta, o neto I, da inventariada.

Preenchimento dos quinhões e pagamento do passivo conforme o acordo estabelecido na conferência de interessados.

OITAVA

Inventário cumulado por óbito de Manuel Afonso, falecido em 9/5//70, e da mulher Maria Rosa, falecida em 11/12/74.

Foram casados entre si, em primeiras núpcias dele e segundas dela, sob o regime da comunhão geral de bens.

O primeiro casamento da Maria Rosa dissolveu-se por divórcio, tendo resultado dele a existência de um filho.

Do segundo casamento resultaram três filhos, sendo que o Fernando faleceu em Fevereiro de 1979, tendo sido casado com Ana, sob o regime de comunhão geral de bens e tendo deixado seis filhos, morrendo intestado.

Todos os bens descritos foram adquiridos na constância do segundo matrimónio da inventariada.

Há testamento do inventariado Manuel Afonso, no qual dispõe da sua quota disponível a favor da inventariada Maria Rosa.

Foi feita doação de alguns bens por ambos os inventariados e por conta das respectivas quotas disponíveis, a favor do filho José.

Não há passivo e houve licitações.

Em Esquema

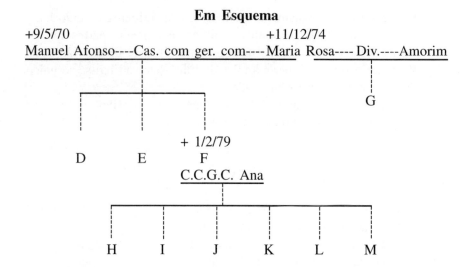

Doação conjunta, de 12/5/67, outorgada por ambos os inventariados a favor de E, por conta das quotas disponíveis dos doadores.
Testamento de 2/1/65 do inventariado Manuel a favor da inventariada.
Todos os bens adquiridos na constância do casamento dos inventariados.

FORMA

Calcula-se o montante da herança do inventariado Manuel Afonso somando metade do valor dos bens não doados, com o aumento proveniente das licitações, com metade do valor dos bens doados, obtido através da segunda avaliação e das licitações.
O total divide-se em três partes iguais, constituindo duas delas o valor da quota indisponível e a restante o valor da disponível.
O valor da indisponível divide-se em três partes iguais, atribuindo-se cada uma delas a cada um dos filhos do inventariado.
Na quota disponível começa por imputar-se o valor da meia conferência dos bens doados ao filho José, por força do disposto no artigo n.º 2 171º do Código Civil e, se exceder o valor dessa quota, será o excesso imputado no quinhão legitimário do donatário, sendo reduzida a doação apenas se o exceder.

Se, pelo contrário, a não esgotar, o remanescente atribui-se à herança da inventariada Maria Rosa, por força do testamento do inventariado.

O montante da herança da inventariada Maria Rosa é constituído por metade do valor dos bens não doados, acrescido dos aumentos provenientes das licitações, mais o valor de metade dos bens doados, obtido através da segunda avaliação e das licitações. Eventualmente, esse montante é ainda acrescido do valor da parte que lhe couber da herança do inventariado Manuel Afonso, nos termos já referidos.

O total assim obtido divide-se em três partes iguais, constituindo duas delas o valor da quota indisponível da inventariada e a restante o valor da disponível.

No valor da quota disponível começa por se imputar o valor da meia conferência dos bens doados ao filho José e, se exceder o valor dessa quota será o excesso imputado da forma supra mencionada.

Se, pelo contrário, a não esgotar, o remanescente acresce à indisponível.

O valor desta última, eventualmente acrescido das sobras da disponível, divide-se em quatro partes iguais, cabendo cada uma delas a cada um dos quatro filhos legítimos da inventariada.

O quinhão total que, nas duas heranças, caberia ao falecido filho Fernando divide-se em duas partes iguais, constituindo uma delas a meação da viúva Ana, que, como tal, se lhe adjudica.

A outra metade divide-se em quatro partes iguais, cabendo uma delas à viúva Ana, a título hereditário.

O total das restantes três subdivide-se em seis partes iguais, atribuindo-se cada uma delas a cada um dos seis filhos, netos da inventariada.

No preenchimento dos quinhões atender-se-á ao resultado das licitações.

NONA

Inventário cumulado por óbito de Luís Gomes do Eirado, falecido em 9/9/38, no estado de casado em primeiras núpcias e únicas dele com Amélia Joaquina Moreira, falecida em 11/9/79, no estado de casada com Manuel da Costa Vieira, em segundas núpcias dela e primeiras e únicas núpcias dele, que, por sua vez, faleceu em 30/7/81.

Ambos os casamentos da inventariada foram celebrados sob o regime de comunhão geral de bens, sendo que o segundo foi celebrado quando se encontrava ainda em vigor o Código Civil de 1867.

Do seu primeiro casamento, a inventariada teve dois filhos, Emiliano e Manuel, sendo que este último faleceu em Junho de 1966, no estado de casado com Carmelinda, sob o regime de comunhão geral de bens, tendo deixado dois filhos.

Do seu segundo casamento houve a inventariada dois filhos, António e Maria da Conceição.

Nenhum dos inventariados fez testamento, mas existe uma doação, outorgada pela segunda e terceiro inventariados, por conta das respectivas quotas disponíveis, a favor dos filhos António e Maria da Conceição.

Há bens imóveis adquiridos na constância do primeiro casamento da inventariada e outros adquiridos na constância do segundo casamento.

Não há passivo e não houve licitações.

Em Esquema

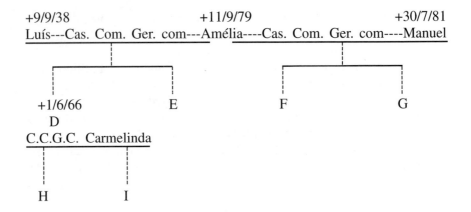

Doação dos inventariados Amélia e Manuel, datada de 18/9/71, a favor de F e G, por conta das quotas disponíveis.

FORMA

A herança do primeiro inventariado é constituída por metade do valor dos bens descritos comuns do seu casal com a inventariada Amélia.

Tal valor divide-se em duas partes iguais, cabendo cada uma delas a cada um dos dois filhos do casal.

A parte, porém, que caberia ao filho Manuel, se vivo fosse, divide-se em duas partes iguais, cabendo uma delas à viúva Carmelinda, a título de meação. A outra subdivide-se em duas partes iguais, cabendo cada uma delas a cada um dos filhos, netos do inventariado.

A herança da inventariada Amélia é constituída pela soma de metade do valor dos bens descritos comuns do seu segundo matrimónio, com três oitavos do valor dos bens não doados comuns do seu primeiro matrimónio, com três oitavos da conferência dos bens doados comuns desse primeiro matrimónio.

O total assim obtido divide-se em três partes iguais, sendo uma delas o valor correspondente à quota disponível da inventariada e as duas restantes o valor correspondente à quota indisponível.

Os três oitavos da conferência das doações feitas aos filhos António e Maria da Conceição, presumivelmente feitas em partes iguais, por força do disposto no n.º 1 do artigo n.º 944º do Código Civil, imputam-se na quota disponível da doadora e, se a excederem, o excesso será imputado no quinhão legitimário de cada um dos donatários.

Se, pelo contrário, não excederem tal valor, o remanescente acrescerá ao valor da quota indisponível.

O total desta última, eventualmente acrescido, como vimos, das sobras da disponível, divide-se em quatro partes iguais, cabendo uma delas à herança do terceiro inventariado.

O total das restantes três subdivide-se em quatro partes iguais, cabendo cada uma delas a cada um dos quatro filhos da inventariada.

A parte, porém, que caberia ao pré-falecido filho Manuel será dividida em duas partes iguais, cabendo cada uma delas a cada um dos dois filhos, netos da inventariada.

A herança do terceiro inventariado, Manuel Vieira, é constituída pela soma de metade do valor dos bens descritos adquiridos na constância do seu casamento com a inventariada Amélia, com um oitavo do valor dos bens não doados comuns do primeiro casamento da Amélia, um oitavo da conferência dos bens doados, comuns desse mesmo matrimónio e ainda o valor do quinhão hereditário deste inventariado na herança da sua pré-defunta mulher.

O total, assim obtido, divide-se em três partes iguais, sendo uma o valor da quota disponível e o total das outras duas o valor da quota indisponível.

O oitavo da conferência das doações feitas, presumivelmente em partes iguais, aos donatários António e Maria da Conceição imputam-se na quota disponível do doador e, se a exceder, o excesso será imputado no quinhão legitimário de cada um dos donatários.

Se, pelo contrário, a não exceder, o remanescente soma-se ao valor da quota indisponível do doador.

Esta, eventualmente acrescida das sobras da quota disponível, divide-se em duas partes iguais, cabendo cada uma delas a cada um dos dois filhos do inventariado.

No preenchimento dos quinhões atender-se-á ao acordado na conferência de interessados.

DÉCIMA

Inventário cumulado por óbito de Arlindo Gonçalves Neto, falecido em 27/01/79, no estado de viúvo de Maria Ferreira da Graça, falecida em 08/5/69 com quem fora casado segundo o regime de comunhão geral de bens, em segundas núpcias de ambos, tendo ele deixado filhos do seu primeiro matrimónio, com Teresa Rega, falecida em 11/8/15.

Desses, o João faleceu em 30/10/66, deixando a representá-lo seis filhos. A Luísa é viúva de José dos Santos, falecido em 7/3/77, com quem fora casada em comunhão geral de bens, e que deixou quatro filhos.

Os bens descritos foram adquiridos na constância do segundo matrimónio dos inventariados.

Por testamento de 12/01/60, a inventariada Maria da Graça deixou metade de todos os seus bens a três sobrinhos e outra metade, em partes iguais, aos quatro filhos do marido.

Por escritura de 5/5/73, o inventariado Arlindo comprou aos aludidos sobrinhos da inventariada, sua mulher, o direito e acção à herança indivisa dela.

Por testamento de 11/11/74, o inventariado Arlindo instituiu um legado de dez mil escudos a favor de uma neta, Inês, tendo deixado o remanescente da sua quota disponível a sua filha Lusitânia.

Do seu segundo casamento, os inventariados não tiveram descendentes.

Não há passivo e houve licitações.

Do inventário – descrever, avaliar e partir

Em Esquema

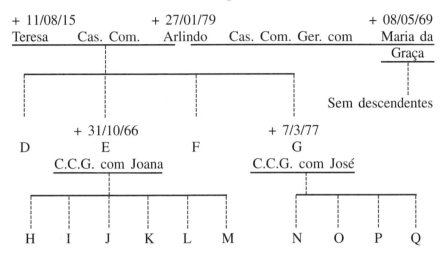

Testamento de 12/01/60 da inventariada Maria da Graça do valor de metade de todos os seus bens a favor de três sobrinhos e da outra metade a favor dos filhos do Arlindo.

Escritura de 5/5/73, através da qual o inventariado Arlindo comprou aos ditos sobrinhos de sua mulher o direito e acção deles na herança dela.

Testamento de 11/11/74 do inventariado Arlindo instituindo legatária de dez mil escudos a neta Inês e deixando o remanescente da q.d. à filha Lusitânia.

FORMA

Somam-se os valores dos bens descritos com os aumentos provenientes das licitações e divide-se o total em duas partes iguais, sendo uma delas o valor da herança de inventariada Maria da Graça.

Esta divide-se em duas partes iguais, por força do testamento que fez, cabendo uma delas ao inventariado Arlindo, cessionário dos sobrinhos, herdeiros testamentários daquela inventariada.

A outra metade subdivide-se em quatro partes iguais, cabendo cada uma delas a cada um dos quatro filhos do inventariado Arlindo.

A parte que caberia ao pré-falecido filho João divide-se em seis partes iguais, cabendo cada uma delas a cada um dos respectivos seis filhos, que lhe sucedem por direito de representação, conforme o disposto no artigo n.º 2 041° do Código Civil, na redacção anterior a 1977 (preceito novo, já que, no domínio da vigência do Código Civil de 1867, não estava consagrado o direito de representação na sucessão testamentária, caducando as disposições pela pré-morte do instituído ao testador).

A parte que cabe à filha Luísa divide-se em duas partes iguais, transmitindo-se uma delas aos descendentes da falecido marido, dado o disposto no artigo n.º 2 058 do Código Civil. Por isso, essa metade subdivide-se em quatro partes iguais, cabendo cada uma delas a cada um dos quatro respectivos filhos, netos do inventariado Arlindo.

A herança do inventariado Arlindo é constituída por metade do valor dos bens descritos, com os aumentos provenientes das licitações, a que se soma metade do valor da herança da inventariada Maria da Graça, conforme foi já dito.

O total é dividido em três partes iguais, representando uma delas o valor da parte disponível da herança e as duas restantes o valor da indisponível.

Na quota disponível começa por se imputar o valor do legado a favor da neta Inês, reduzindo-se tal valor, na medida do necessário, se eventualmente exceder o valor dessa quota disponível.

Se, pelo contrário, o não exceder, o remanescente do valor dessa quota é atribuído, por força do testamento já referido, à filha Lusitânia.

O valor da quota indisponível divide-se em quatro partes iguais, cabendo cada uma delas a cada um dos quatro filhos do inventariado.

A parte que caberia ao pré-falecido filho João divide-se em seis partes iguais, cabendo cada uma delas a cada um dos respectivos filhos, netos do Arlindo.

No preenchimento dos quinhões atender-se-á às licitações.

DÉCIMA PRIMEIRA

Inventário cumulado por óbito de Antónia e marido Paulino, casados em únicas núpcias de ambos e sob o regime de comunhão geral de bens, tendo falecido, respectivamente, em 18/12/60 e 07/02/67.

Do seu casamento tiveram três filhos, a saber: José, Deolinda e Rosalina.

O primeiro faleceu em 17/06/62, no estado de casado sob o regime da comunhão geral de bens com Ermelinda, intestado e deixando um único filho a representá-lo.

A segunda faleceu em 11/07/67, no estado de viúva de Joaquim (falecido em 10/09/57), deixando cinco filhos a representá-la, dos quais o Bernardino faleceu, por sua vez, em 08/10/78, no estado de casado em comunhão geral de bens com Maria Margarida, deixando quatro filhos, que dos inventariados são bisnetos.

Foram declaradas cessionárias em comum do direito e acção à herança da inventariada Antónia, pertencente à interessada Ermelinda, as também interessadas Almesinda (neta dos inventariados) e Maria Margarida (esposa do falecido neto Bernardino), esta, por si e em representação de seus filhos menores.

O inventariado Paulino fez testamento, instituindo herdeira de sua quota disponível a filha Rosalina. Não há passivo e não houve licitações.

Em Esquema

```
+18/12/60                                              + 7/2/67
Antónia-------------------- Cas. Com. Ger. com----------------------Paulino
                                    |
        _____|_____
       |                        |                        |
   + 17/06/62              + 11/07/67
       C                       D                         E
C.C.G. com Ermelinda         viúva
       |              _____|_____
       |             |    |    |    |    |
       F             G    H    I    J    K
                                        + 8/10/78
                                   C.C.G. com Maria Margarida
                                        |
                                   _____|_____
                                  |     |     |      |
                                  L     M     N      O
```

Escritura de cessão de 28/9/73
Testamento do Paulino a favor de E

FORMA

O valor da única verba descrita, com os aumentos provenientes do acordo estabelecido na conferência de interessados, divide-se em duas partes iguais, constituindo cada uma delas o valor de cada uma das duas heranças a partilhar.

O valor da herança da inventariada Antónia divide-se em três partes iguais, por tantos serem os respectivos filhos.

A parte que caberia ao falecido filho José divide-se em duas partes iguais, cabendo uma delas ao seu único filho, F, neto da inventariada.

A outra atribui-se, por força da escritura da cessão, em comum, às interessadas Almesinda e Maria Margarida.

A parte que caberia à falecida filha Deolinda divide-se em cinco partes iguais, cabendo cada uma delas a cada um dos respectivos cinco filhos, netos da inventariada.

Porém, a parte respeitante ao falecido neto Bernardino divide-se em duas partes iguais, cabendo uma delas, a título de meação, à viúva Maria Margarida. A outra divide-se em quatro partes iguais, cabendo uma delas, como herdeira, à mesma Maria Margarida. O total das restantes três partes subdivide-se em quatro partes iguais, cabendo cada uma delas a cada um dos quatro respectivos filhos, bisnetos da inventariada.

O valor da herança do inventariado Paulino divide-se em duas partes iguais, sendo uma delas o valor da respectiva quota disponível e a outra o valor da quota indisponível.

Por força do testamento o valor da disponível atribui-se à filha Rosalina.

A outra metade divide-se em três partes iguais, por tantos serem os respectivos filhos, cabendo cada uma a cada um deles.

A parte que caberia ao filho José, se vivo fosse, adjudica-se ao seu único filho, neto do inventariado, por direito de representação.

A parte que caberia à pré-falecida filha Deolinda divide-se, por sua vez, em cinco partes iguais, por tantos serem os filhos, que lhe sucedem por direito de representação, cabendo cada uma delas a cada um deles.

Porém, a destinada ao neto Bernardino divide-se em duas partes iguais, cabendo uma delas à viúva, Maria Margarida, a título de meação.

A outra divide-se em quatro partes iguais, cabendo uma delas, como herdeira, à mesma viúva. O total das restantes três subdivide-se em quatro partes iguais, cabendo cada uma delas a cada um dos quatro respectivos filhos, bisnetos do inventariado.

Preenchimento dos quinhões conforme o acordo estabelecido na conferência de interessados.

DÉCIMA SEGUNDA

José, falecido em 9 de Junho de 1976, no estado de casado sob regime de comunhão de bens com a inventariada, Rosa, que, por sua vez, faleceu em 23 de Junho de 1978.

Nenhum dos inventariados deixou descendentes nem ascendentes e nenhum fez testamento ou outorgou doações.

Ao primeiro sucedem-lhe seis irmãos germanos, sendo certo que o primeiro deles faleceu em 11/12/82, no estado de casado, sob regime de comunhão geral de bens com Joaquina, deixando seis filhos.

O segundo irmão faleceu em 5/4/79, no estado de casado em comunhão geral de bens com Rosa, deixando onze filhos, dos quais o sexto faleceu, por seu turno, em 1981, no estado de casado sob regime de comunhão geral de bens com Francelina, deixando dois filhos.

Os quarto, quinto e sexto irmãos do inventariado faleceram antes dele, deixando, respectivamente, dois, seis e um filho a representá-los.

À inventariada Rosa sucedem-lhe três irmãos germanos.

Não há passivo e houve licitações.

Em Esquema

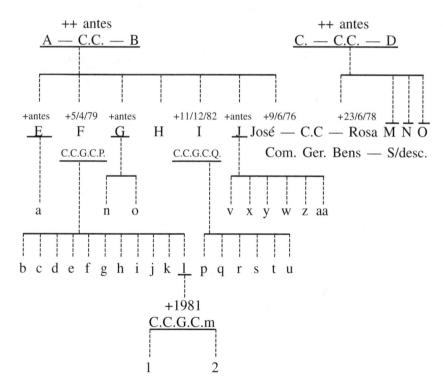

FORMA

Somam-se os valores dos bens descritos com os aumentos provenientes das licitações e o total divide-se em duas partes iguais, correspondendo cada uma delas à herança de cada um dos dois inventariados.

A herança do José divide-se em seis partes iguais, cabendo cada uma delas a cada um dos respectivos irmãos.

A parte que caberia ao Irmão F divide-se em duas partes iguais, adjudicando-se uma delas à viúva Rosa, a título de meação.

A restante divide-se em quatro partes iguais, atribuindo-se uma delas à mesma viúva, como herdeira de seu marido.

O total das restantes três partes subdivide-se em onze partes iguais, cabendo cada uma delas a cada um dos onze filhos, primeiros sobrinhos do inventariado.

Porém, a parte que caberia ao primeiro sobrinho l., se vivo fosse, divide-se em duas partes iguais, cabendo uma delas à viúva m., a título de meação. A outra divide-se em três partes iguais, cabendo uma delas à mesma viúva m., a título hereditário e cada uma das restantes duas a cada um dos dois filhos, segundos sobrinhos do inventariado.

A parte que caberia ao irmão I será dividida em duas partes iguais, cabendo uma delas, como meação, à viúva Joaquina.

A outra será dividida em quatro partes iguais, cabendo uma delas à mesma viúva, como herdeira do seu marido. O total das restantes três subdivide-se em seis partes iguais, cabendo cada uma delas a cada um dos seis filhos, primeiros sobrinhos do inventariado.

A parte que caberia ao pré-falecido irmão E atribui-se ao único filho dele, primeiro sobrinho do inventariado.

A que caberia ao pré-falecido irmão G divide-se em duas partes iguais, cabendo cada uma delas a cada um dos dois filhos, primeiros sobrinhos do inventariado.

A que caberia ao pré-falecido irmão J divide-se em seis partes iguais, cabendo cada uma delas a cada um dos respectivos seis filhos, também primeiros sobrinhos do inventariado.

Quanto à herança da inventariada Rosa, o seu total divide-se em três partes iguais, por tantos serem os respectivos irmãos germanos, atribuindo-se cada uma delas a cada um deles.

No preenchimento dos quinhões atender-se-á ao resultado das licitações.

DÉCIMA TERCEIRA

Adelaide, falecida em 3 de Fevereiro de 1963, no estado de solteira, sem descendentes nem ascendentes e sem ter deixado testamento.

Sucedem-lhe dois irmãos germanos, tendo o primeiro falecido em 10/12/41, deixando dois filhos a representá-lo.

A segunda faleceu em 01/11/80, no estado de casada em comunhão geral de bens com Álvaro, tendo deixado dois filhos. O primeiro deles faleceu em 12/4/68, no estado de casado sob o regime da comunhão geral de bens com Ilda, tendo deixado cinco filhos.

Esta irmã do inventariado, em 24/8/60, fez testamento, em que instituiu o marido herdeiro da sua quota disponível.

Não há passivo e houve licitações.

Em Esquema

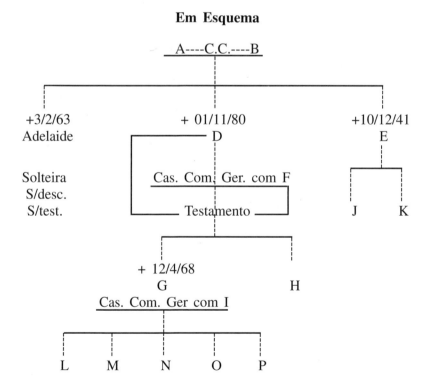

FORMA

Somam-se os valores dos bens descritos com os aumentos provenientes das licitações e o total divide-se em duas partes iguais, cabendo cada uma delas a cada um dos irmãos da inventariada.

A parte que caberia ao irmão E., se vivo fosse, divide-se em duas partes iguais, cabendo cada uma delas a cada um dos respectivos filhos, primeiros sobrinhos da inventariada – artigo n.º 2 000°, do Código Civil de 1867.

A parte que caberia à irmã D., se viva fosse, divide-se em duas partes iguais, cabendo uma delas ao marido, Álvaro, a título de meação.

A outra metade divide-se em três partes iguais, constituindo duas delas o valor da quota indisponível e a restante o valor da disponível.

A quota disponível, por força do já aludido testamento, atribui-se ao viúvo Álvaro.

A quota indisponível, por seu turno, divide-se em três partes iguais, cabendo uma delas ao mesmo viúvo Álvaro, como herdeiro legitimário da falecida mulher, e cada uma das restantes duas a cada um dos respectivos filhos, primeiros sobrinhos da inventariada.

Porém, a parte que caberia ao primeiro sobrinho G., se vivo fosse, divide-se em cinco partes iguais, cabendo cada uma delas a cada um dos respectivos filhos, que lhe sucedem por direito de representação e são segundos sobrinhos relativamente à inventariada.

No preenchimento dos quinhões, atender-se-á ao resultado das licitações.

DÉCIMA QUARTA

Aníbal, falecido em 9/3/66, no estado de solteiro, sem descendentes, nem ascendentes e sem ter feito testamento.

Sucedem-lhe os irmãos germanos e legítimos Armindo, Américo, Maria da Assunção, Alfredo, Maria Primavera, António e Maria Alice.

Destes, o Alfredo faleceu em 29/12/70, no estado de casado em primeiras núpcias de ambos e sob o regime de comunhão geral de bens com Clementina, sem testamento ou doação e tendo deixado um único filho.

O António faleceu em 15/3/71; no estado de casado em primeiras núpcias de ambos e sob o regime da comunhão geral de bens com Maria Helena, sem deixar descendentes. Fez, todavia, testamento, no qual instituiu como herdeiros os irmãos Armindo, Américo, Maria da Assunção, Maria Primavera; Maria Alice e o sobrinho, filho do irmão Alfredo, com a condição de certos bens (verbas 50.ª 59.ª e 65.ª da descrição) serem integrados na meação da mulher, Maria Helena.

Em 9 de Setembro de 1971, faleceu José, marido da Maria Primavera, com quem fora casado, em primeiras núpcias de ambos e sob o regime da comunhão geral de bens, sem testamento ou doação e tendo deixado dois filhos.

O irmão Américo faleceu em 18/11/72, no estado de casado em primeiras núpcias de ambos e sob o regime da comunhão geral de bens com Antonieta, sem testamento ou doação e tendo deixado três filhos.

Em 4/11/75, faleceu Alípio, marido da Maria da Assunção, com quem fora casado em comunhão geral de bens e tendo deixado três filhos. Fez testamento, no qual deixou a sua quota disponível, em usufruto, a sua mulher e, em nua propriedade, a dois de seus filhos.

O inventário corre cumulado por morte dos referidos Aníbal; Alípio e António, tendo sido descritos bens próprios de cada um desses inventariados.

Há passivo da herança do Aníbal, o qual foi aprovado por unanimidade.

Em Esquema

```
                        ++ antes
              A         C.C.         B
    ┌─────┬─────────┬─────────┬──────────┬──────────┬─────────┬─────┐
  +9/3/66  + 18/11/72              + 29/12/70  + 15/3/71
  C Aníbal      E           F         G         António    I      J
  Solteiro  C.C. Ad.com K  C.C.G.C.  C.C.G.C. M C.C.G.C. N C.C.G.C.
  S/desc.              + 4/11/75              S/desc.    + 9/9/71
                        Alípio               Test. a favor de   O
         ┌────┬────┐              │              ┌────┬────┐
         a    b    c              d              e         f
      ┌────┬────┐              ┌────┬────┬────┬────┐
      g    h    i              C    E    F    I    J    d
```

Testamento de Alípio a favor de F, g e h.

FORMA

Somam-se os valores dos bens que constituem a herança do inventariado Aníbal com os aumentos provenientes das licitações, que sobre eles recaíram, e o total divide-se por sete partes iguais, atribuindo-se cada uma delas a cada um dos respectivos irmãos germanos e legítimos. Previamente, ao monte partível abateu-se o passivo aprovado por unanimidade.

O quinhão do irmão Alfredo (G. no esquema) divide-se em duas partes iguais, cabendo uma à viúva Clementina (M no esquema), a título de meação, e a outra ao filho d), primeiro sobrinho daquele inventariado.

O valor do quinhão do irmão António, aqui também inventariado, adiciona-se ao valor dos bens descritos que pertencem à sua própria herança, com os aumentos provenientes das licitações.

O total divide-se em duas partes iguais, cabendo uma delas, como meação, à viúva Maria Helena (N no esquema).

A outra metade divide-se em seis partes iguais, por força do testamento do inventariado António, que, através dele, afastou o legado legítimo do usufruto vitalício da herança, que o artigo 2 146.° do actual Código Civil, na redacção anterior a 1977, estabelecia a favor do cônjuge supérstite.

Cada uma dessas seis partes é atribuída a cada um dos contemplados no aludido testamento, os quais deverão respeitar a condição nele estabelecida que é uma espécie de pré-legado do testador a favor do respectivo cônjuge.

A soma dos quinhões da irmã Maria Primavera (I, no esquema), nas heranças do Aníbal e do António, divide-se em duas partes iguais, resultando dessa operação a meação dela. A outra metade divide-se em duas partes iguais, cabendo cada uma delas a cada um dos respectivos dois filhos, primeiros sobrinhos dos inventariados.

A soma dos quinhões do irmão Américo (E no esquema), nas heranças do Aníbal e do António, divide-se em três partes iguais, cabendo cada uma delas a cada um dos três respectivos filhos, que lhe sucedem por direito de representação e são primeiros sobrinhos dos inventariados.

O valor dos bens do casal do inventariado Alípio é o resultante da soma dos valores que foram descritos como comuns a esse casal, com os aumentos provenientes das licitações, com o valor dos quinhões da viúva Maria da Assunção (F no esquema), nas heranças do Aníbal e do António.

O total divide-se em duas partes iguais, representando o resultado o valor da meação de cada um dos cônjuges.

A meação do inventariado Alípio divide-se por três partes iguais, representando duas delas o valor da quota indisponível e a restante o valor da disponível.

Esta, por força do testamento daquele inventariado, é atribuída em usufruto à viúva F e em nua propriedade, e em partes iguais, aos filhos g e h.

O valor da quota indisponível divide-se em três partes iguais, cabendo cada uma delas a cada um dos respectivos três filhos, primeiros sobrinhos dos inventariados Aníbal e António.

No preenchimento dos quinhões atender-se-á ao resultado das licitações.

DÉCIMA QUINTA

José, falecido em 19/4/81, no estado de viúvo, tendo deixado quatro filhos.

O último havia já falecido há sete anos, no estado de casado em comunhão geral de bens, tendo deixado três filhos.

O inventariado fez doação, por escritura de 11/6/59, de alguns bens imóveis ao terceiro filho, sendo metade do valor deles por conta da quota disponível e metade por conta da legítima, líquida da entrada de cento e sessenta mil escudos, actualizada nos termos do art. 551° do Código Civil.

Para partilhar, apenas existem aqueles bens imóveis, os quais foram licitados com o acordo do donatário.

Não há passivo.

Em Esquema

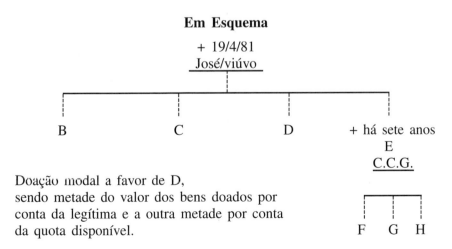

Doação modal a favor de D,
sendo metade do valor dos bens doados por conta da legítima e a outra metade por conta da quota disponível.

FORMA

Somam-se os valores dos bens doados, com os aumentos provenientes das licitações e, ao total, abate-se o valor da "entrada", devidamente actualizada, nos termos legais já mencionados.

O total, assim obtido, divide-se em três partes iguais, sendo o valor de uma delas o correspondente à quota disponível e o valor das duas restantes o valor da quota indisponível.

Como o inventariado não deixou quaisquer outros bens, para além dos bens doados, a doação feita a um dos filhos será reduzida até à medida da soma da quota disponível do doador com a legítima subjectiva do donatário, que é de um quarto do valor da quota indisponível do doador.

É com a importância desta redução que são preenchidas as legítimas subjectivas dos restantes três herdeiros legitimários.

A parte que caberia ao pré-falecido filho E subdivide-se em três partes iguais, cabendo cada uma delas a cada um dos respectivos filhos, que lhe sucedem por direito de representação, netos do inventariado.

No preenchimento dos quinhões atender-se-á ao resultado das licitações.

DÉCIMA SEXTA

Maria da Ascensão, falecida em 05/10/65, no estado de casada sob o regime da comunhão geral de bens com António Luís, tendo deixado um filho, que faleceu em 10/05/75, no estado de solteiro, sem testamento, deixando dois filhos.

Depois da morte da inventariada o António Luís voltou a casar, agora com Emília, sob regime da separação de bens.

O António Luís faleceu em 9/5/83, tendo feito testamento, no qual legou o usufruto de todos os seus bens à viúva Emília.

Há bens do primeiro e bens do segundo matrimónio, sendo os últimos próprios do cônjuge marido.

Não há passivo e não houve licitações.

Em Esquema

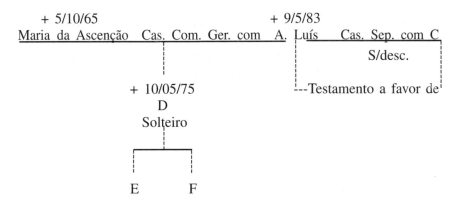

FORMA

A herança da inventariada Maria da Ascensão é constituída por metade do valor dos bens descritos adquiridos na constância do seu casamento com o inventariado António Luís.

O total divide-se em duas partes iguais, cabendo cada uma delas a cada um dos respectivos netos da inventariada.

A herança do inventariado António Luís é constituída pela soma dos valores dos seus bens próprios com metade da soma dos valores dos bens adquiridos na constância do seu primeiro matrimónio.

O total divide-se em três partes iguais, sendo uma delas a correspondente ao valor da sua quota disponível.

Nesta começa por imputar-se o valor do legado que deixou à mulher Emília e, se o valor de tal legado exceder o valor dela, cumprir-se-á o disposto no artigo n.º 2 164 do actual Código Civil.

As duas partes restantes da herança, que constituem o valor da quota indisponível do inventariado, dividem-se em duas partes iguais, cabendo uma delas, como herdeira legitimária, à referida viúva do inventariado.

A parte restante subdivide-se em duas partes iguais, cabendo cada uma delas a cada um dos dois netos do inventariado.

No preenchimento dos quinhões atender-se-á ao acordo, estabelecido para o efeito, na conferência de interessados.

DÉCIMA SÉTIMA

Arminda, falecida em 10/05/74, no estado de viúva, tendo tido dois filhos.

O segundo faleceu em 23/5/73, tendo deixado três filhos.

Destes, o terceiro faleceu em Novembro de 1979, no estado de casado sob o regime de comunhão de adquiridos, tendo deixado dois filhos.

A inventariada, em 18/5/73, doou à nora Rosa, por escrito particular, a quantia de quarenta e cinco mil escudos.

A mesma inventariada, por escritura de 26/2/70, doou a um neto uma parcela de terreno, por conta da quota disponível.

Esse neto vendeu, posteriormente, essa parcela de terreno ao tio paterno sobrevivo.

Há passivo, que apenas foi aprovado parcialmente.

Houve segunda avaliação do prédio doado.

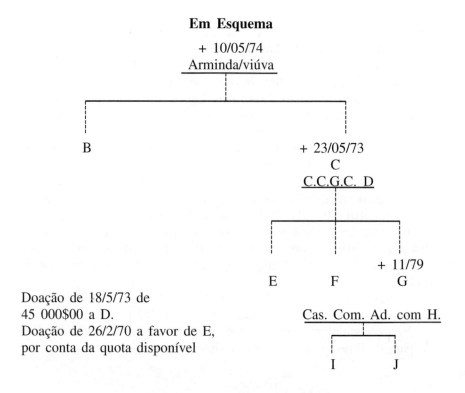

Doação de 18/5/73 de
45 000$00 a D.
Doação de 26/2/70 a favor de E,
por conta da quota disponível

FORMA

Soma-se o valor da verba número um (quantia em dinheiro doada), devidamente actualizada, com o valor da verba número dois (bem imóvel doado), esta com o aumento proveniente da segunda avaliação. Abate-se, depois, o valor das verbas do passivo que foram aprovadas por unanimidade pelos interessados.

O total, assim obtido, divide-se em três partes iguais, representando duas delas o valor da quota indisponível da inventariada e a restante o valor da quota disponível.

Nesta, imputa-se em primeiro lugar o valor da doação feita ao neto E. e, se a esgotar, o excesso será imputado no quinhão legitimário subjectivo desse mesmo neto, reduzindo-se a zero, por seu turno, a doação feita à nora Rosa. A doação feita ao neto E, nesta hipótese, apenas será reduzida se exceder o valor da soma da quota disponível do doador com esse quinhão legitimário do donatário.

Se, pelo contrário, o não esgotar, no remanescente da quota disponível imputa-se, em segundo lugar, o valor da doação feita à nora Rosa, reduzindo-se o seu valor ao montante desse remanescente se, porventura, o ultrapassar.

Se, depois desta segunda imputação houver ainda remanescente da quota disponível, o seu valor junta-se ao valor da indisponível.

O valor da quota indisponível, eventualmente acrescido das sobras da disponível divide-se em duas partes iguais, cabendo cada uma delas a cada um dos dois filhos da inventariada.

A parte que caberia ao filho C., se vivo fosse, divide-se em três partes iguais, cabendo cada uma delas a cada um dos três respectivos filhos, que sucedem por direito de representação, sendo netos da inventariada.

A parte que caberia ao neto G. divide-se em três partes iguais, cabendo uma delas à viúva H. e cada uma das restantes duas a cada um dos dois filhos, bisnetos da inventariada.

No preenchimento dos quinhões observar-se-á o acordo estabelecido sobre tal ponto na conferência de interessados.

DÉCIMA OITAVA

Ana, falecida em 18/9/45, no estado de casada em primeiras núpcias de ambos e sob o regime da comunhão geral de bens com Luís, sem testamento, tendo deixado quatro filhos.

Por escritura de 20/01/45, a inventariada e o inventariante doaram à segunda filha certos bens, sendo por conta da quota disponível o valor de uma terça parte deles mais cinquenta mil escudos.

Em 12/05/45, sem documento, doaram à primeira filha a importância de oitenta mil escudos por conta da legítima.

Já depois do falecimento da mãe, a donatária Maria (segunda filha) fez adiantamento de quarenta mil escudos à terceira irmã, por conta da legítima materna desta e o de oitenta mil escudos à quarta irmã, por conta das respectivas legítimas materna e paterna.

Há bens não doados e nos doados fez a donatária Maria benfeitorias, cujo valor, tomado por metade, deve ser considerado neste inventário.

Não houve licitações.

Em Esquema

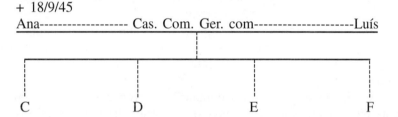

Doação, de 22/1/45, a favor de D., sendo um terço do valor, mais 50 000$00 por conta da quota disponível;

Doação, de 12/5/45, a favor de C., por conta da legítima;

Pagamento de 40 000$00 de D. a E. e a F. (metade de 80 000$00).

FORMA

Somam-se os valores dos bens descritos, não doados, e o total divide-se por dois, sendo uma das partes o valor da meação do inventariante Luís, que, como tal, se lhe adjudica.

Ao valor da outra metade soma-se o valor da meia conferência dos bens doados e subtrai-se metade do valor das benfeitorias realizadas sobre os bens doados pela donatária.

O total assim obtido constitui o valor da herança da inventariada, o qual se divide em duas partes iguais, representando uma delas o valor da quota disponível e a outra o valor da quota indisponível daquela.

No valor da quota disponível começa por se imputar uma sexta parte do valor dos bens doados à filha D., mais a importância de 25 000$00 e, se o total desses valores exceder o da quota disponível, o excesso será imputado no valor do quinhão legitimário da donatária e até ao limite desse quinhão, reduzindo-se apenas se o exceder.

Se, pelo contrário, não exceder esse valor da parte disponível da herança, no remanescente imputa-se, em primeiro lugar, o restante valor dos bens doados à filha D., por força do disposto no artigo n.º 2 111º do Código Civil de 1867, na medida em que esse valor exceda o da legítima subjectiva daquela donatária, reduzindo-se a doação apenas na hipótese desse valor já não caber nesse remanescente e na proporção do excesso.

Se, depois destas imputações na quota disponível, ainda houver sobras dela, nelas se imputa eventualmente o excesso de valor da doação feita à filha C., relativamente ao seu quinhão legitimário, reduzindo-se a mesma à medida deste e das eventuais sobras da quota disponível.

Se, ainda assim, houver sobras da quota disponível, o respectivo valor junta-se ao valor da quota indisponível.

Esta, eventualmente acrescida das sobras da disponível, divide-se em quatro partes iguais, cabendo cada uma delas a cada um das quatro filhas da inventariada. A legítima da filha C. começará por ser preenchida pelo valor da doação que foi feita a seu favor, como já vimos, conferida apenas por metade.

Quanto ao preenchimento dos quinhões, ter-se-á em conta os adiantamentos de que beneficiaram as filhas E. e F., devidamente actualizados, nos termos legais.

DÉCIMA NONA

Manuel Torres, falecido em 12/07/82, no estado de viúvo, tendo deixado seis filhos.

Por escritura de 13/4/78, doou à segunda filha um bem imóvel, por conta da quota disponível.

Por escritura de 22/5/78 doou a dois netos, em comum e partes iguais, uma sexta parte indivisa de um outro imóvel, por conta da quota disponível.

Deixou outros bens não doados e não fez testamento.

Não há passivo e não houve licitações, mas, na conferência, foi, por acordo, aumentado o valor de alguns dos bens descritos.

Em Esquema

+ 12/07/82
Manuel Torres/viúvo

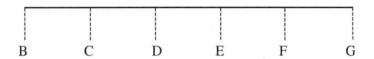

Doação de 13/4/78, a favor de C., por conta da quota disponível; Doação de 22/5/78, a favor de H. e I. (netos), por conta da quota disponível.

FORMA

Somam-se os valores dos bens descritos, doados e não doados, com os aumentos provenientes do acordo estabelecido, para o efeito, na conferência de interessados, e o total divide-se em três partes iguais, representando duas delas o valor da parte indisponível da herança e a outra o valor da disponível.

Nesta, começa por se imputar o valor da doação feita a favor do filho C., e se exceder o valor da disponível, o excesso será imputado no quinhão legitimário a que esse mesmo filho tiver direito, reduzindo-se apenas, se, mesmo assim, o valor da doação for superior à soma dos valores desses dois quinhões. Na hipótese da doação do filho exceder o valor da quota disponível, o valor da doação feita aos netos fica reduzida a zero, é revogada.

Se, pelo contrário, o não exceder, no valor remanescente imputa-se, de seguida, o valor da doação feita a favor dos netos H. e I., reduzindo-se o valor dela, eventualmente ao limite desse valor remanescente.

Se, depois de feitas aquelas imputações, ainda houver remanescente da quota disponível, o mesmo é adicionado ao valor da indisponível.

Esta, acrescida eventualmente das sobras da disponível, será dividida em seis partes iguais, cabendo cada uma delas a cada um dos seis filhos do inventariado.

No preenchimento dos quinhões atender-se-á ao acordado na conferência de interessados.

VIGÉSIMA

Maria Teresa da Conceição, falecida em 20/10/79, no estado de casada em primeiras núpcias de ambos e sob o regime da comunhão geral de bens com o inventariante António, tendo deixado três filhos, Manuel José, António e Maria da Conceição.

O Manuel José faleceu, por seu turno, em 11/08/80, no estado de casado sob o regime da comunhão geral de bens com Joaquina Morim, tendo deixado doze filhos.

Por escritura de 2/5/77, inventariada e marido fizeram doação dos dois únicos bens imóveis descritos a favor da filha Maria da Conceição, reservando para eles, doadores, o usufruto vitalício dos prédios doados, a vagar, por metade, à morte de cada um deles, sendo tal doação feita por conta das quotas disponíveis dos doadores quanto ao valor de uma terça parte e por conta das legítimas da donatária quanto aos dois terços restantes.

No dia 28/1/70, a inventariada havia feito testamento público a favor do inventariante, o viúvo António, deixando-lhe a quota disponível.

Não há passivo descrito.

Houve licitações em todas as verbas respeitantes aos bens móveis descritos, não doados, com excepção de uma, e segundas avaliações dos bens doados.

Em Esquema

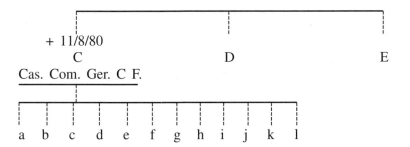

Doação de 2/5/77, da inventariada e António, a favor de E., sendo um terço do valor por conta das q. d. e dois terços do valor por conta das 1.
Testamento de 28/1/70 da q. d. a favor de António.
N/passivo. Houve licitações e segunda avaliação.

FORMA

Somam-se os valores dos bens não doados, acrescidos dos aumentos provenientes das licitações, e divide-se o total em duas partes iguais, sendo uma delas o valor da meação do inventariante António, que, como tal, se lhe adjudica – artigo n.º 1 732.º do Código Civil.

À outra metade adiciona-se o valor da meia conferência dos bens doados calculado pelo resultado das segundas avaliações, para se determinar o valor da herança a partilhar – artigos 2 162.º e 2 117.º do Código Civil.

Este total divide-se em três partes iguais, sendo uma delas o valor da quota disponível da inventariada e as duas restantes o valor da indisponível – artigo n.º 2 159° do Código Civil.

O valor da quota indisponível divide-se em quatro partes iguais, cabendo uma delas ao inventariante António e cada uma das restantes três a cada um dos três respectivos filhos – artigo 2139.º, por força do disposto no artigo n.º 2157°, ambos do Código Civil.

Duas terças partes do valor da doação feita à filha Maria da Conceição estão sujeitas à colação – artigo n.º 2 113.º, do Código Civil, "a contrario" – colação absoluta, segundo os defensores da chamada escola de Coimbra, já que os doadores manifestaram de forma expressa e inequívoca a intenção de não dispensar tal colação.

Por isso, segundo tal escola, o valor da meia conferência desses dois terços, juntamente com o valor dos bens móveis não doados, preencherá o valor da legítima subjectiva da donatária e ainda o das legítimas subjectivas do inventariante e dos descendentes da inventariada não donatários.

Se algo restar, do valor dessa meia conferência, o remanescente será imputado na quota disponível da inventariada, juntamente com o valor da meia conferência da restante terça parte da doação – artigo n.º 2 108.º, n.º 1, do Código Civil.

Se seguíssemos a escola de Lisboa, no entanto, diríamos que o valor da meia conferência de duas terças partes da doação começa por se imputar no valor da legítima subjectiva da donatária e, se o exceder, o excesso imputa-se no valor da quota disponível da doadora, juntamente com o valor da meia conferência da restante terça parte da doação, reduzindo-se, apenas, se exceder o valor de todo o quinhão hereditário da donatária – artigo n.º 2 108.º, n.º 2 do Código Civil.

Portanto, enquanto que para os defensores da primeira escola há redução da doação quer por efeito da sua inoficiosidade, quer por efeito da colação, para os defensores da segunda apenas há redução da doação por efeito da sua inoficiosidade.

No caso concreto, dado a reduzido valor dos bens não doados, o resultado prático era o mesmo, quer se seguisse uma, quer outra das escolas.

No caso concreto e dado o disposto no artigo 2 171.º do Código Civil ficaria reduzida a zero o valor da deixa testamentária a favor do inventariante, por ser totalmente inoficiosa, qualquer que fosse a solução seguida.

Não se desconta o valor de qualquer usufruto ao valor da meia conferência dos bens doados, por esse usufruto, segundo a escritura de doação, vagar em metade à morte de um dos doadores.

O quinhão hereditário do filho Manuel José divide-se em duas partes iguais cabendo uma delas, a título de meação, à respectiva viúva.

A outra metade divide-se em quatro partes iguais, cabendo uma delas à mesma viúva, a título hereditário, e o total das restantes três subdivide-se em doze partes iguais, cabendo cada uma delas a cada um dos doze respectivos filhos, netos da inventariada.

Antes da elaboração do mapa de partilhas definitivo deverá ser elaborado um mapa informativo, nos termos do artigo n.º 1 376.º do Código de Processo Civil, e para efeitos do n.º 2 desse preceito legal e artigo n.º 2 174.º do Código Civil.

Mais uma vez a título excepcional, mas com a intenção de melhor demonstrar as duas teses em confronto quanto às doações por conta da legítima vamos concretizar a forma à partilha explanada supra, tomando como pressuposto que a meia conferência dos bens doados à filha Maria da Conceição tinha o valor de 840 000$00, sendo 560 000$00 por conta da legítima e 280 000$00 por conta da quota disponível, e que os bens não doados tinham o valor de 60 000$00.

A herança a partilhar teria, assim, um valor total de 900 000$00, sendo de 600 000$00 o valor da parte indisponível, a dividir por quatro herdeiros legitimários, que teriam, assim, uma legítima subjectiva de 150 000$00, e de 300 000$00 o valor da parte disponível.

Segundo a escola de Lisboa, começa por se preencher com o valor de 560 000$00 a legítima subjectiva da donatária (150 000$00) e o excesso, isto é, 410 000$00 soma-se ao valor de um terço da doação e o total, isto é, 690 000$00 imputa-se no valor da quota disponível (300 000$00), sendo reduzida por inoficiosidade em 390 000$00.

Segundo a escola de Coimbra, a legítima subjectiva de cada um dos descendentes herdeiros legitimários começa por ser preenchida com o valor dos bens não doados 60 000$00 e, como este é manifestamente insuficiente para cobrir a soma dos valores delas, além da do donatário, isto é 300 000$00, pois faltam 240 000$00, este valor vai-se buscar ao valor da parte da doação que foi feita por conta da legítima, que, assim, se reduz naquela medida, por efeito da colação.

Sobram ainda 170 000$00, que, juntamente com os 280 000$00 correspondentes ao valor da parte da doação feita por conta da quota disponível se vão imputar no valor desta quota, reduzindo-se, por inoficiosidade, em 150 000$00.

VIGÉSIMA PRIMEIRA

José Joaquim Fernandes, falecido em 7/12/85, no estado de casado com a inventariante, em primeiras núpcias de ambos e sob o regime da comunhão geral de bens.

Do seu casamento houve nove filhos, dos quais um se mantém solteiro e ausente em parte incerta.

Não fez testamento, mas, em conjunto com a inventariada, fez as seguintes doações:

– por escritura pública de 11/3/75, em comum, a seus filhos Adelino e Horácio, de bens móveis e imóveis, onerada com o usufruto a favor dos doadores a vagar por metade à morte de qualquer deles e com o direito a habitação num dos imóveis doados a favor dos filhos solteiros (no caso, resta apenas solteiro o filho ausente), sendo o valor deste direito por conta da quota disponível dos doadores. Uma terça parte do valor dos bens foi doada por conta da quota disponível dos doadores e as restantes duas terças partes por conta das respectivas legítimas.

– Por escritura de 5/2/82, a favor da filha Adelina, de um imóvel, por conta da legítima da donatária.

Além dos bens doados há apenas um bem não doado. Não há passivo. Houve licitações, mesmo sobre os bens doados, sem ter havido oposição dos respectivos donatários.

Em Esquema

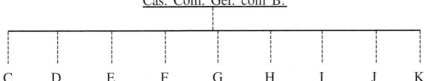

– Doação, de 11/3/75, a favor de D. e E., em comum, sendo um terço por conta da q. d. e dois terços por conta da 1. Direito de habitação a favor de K., por conta da q. d..
– Doação, de 5/2/82, a favor de H., por conta da legítima.

FORMA

Soma-se o valor do bem não doado, com o acréscimo proveniente da licitação e divide-se o total em duas partes iguais, correspondendo uma delas ao valor da meação da inventariante, que, como tal, se lhe adjudica – artigo n.º 1 732 do Código Civil.

O valor da outra metade soma-se com o valor da meia conferência dos bens doados, aumentado do resultado das licitações, e o total divide-se em três partes iguais, sendo uma delas o valor da quota disponível e o total das outras duas o valor da indisponível – artigo n.º 2 159.º do Código Civil.

Esta última divide-se em quatro partes iguais, correspondendo uma delas ao valor da legítima da inventariante – artigo n.º 2 139.º, por força do disposto no artigo n.º 2 157.º, ambos do Código Civil.

O total das restantes três partes subdivide-se em nove partes iguais, correspondendo cada uma delas ao valor da legítima subjectiva de cada um dos nove filhos da inventariada.

Os termos expressos e inequívocos constantes das escrituras de doação colocam-nos, segundo a tese da escola de Coimbra, face a mais um caso de colação absoluta, e não do regime supletivo do n.º 2 do artigo n.º 2 108º do Código Civil.

Por isso, segundo os ensinamentos desta escola, com os dois terços da meia conferência dos bens doados aos filhos Adelino e Horácio e a meia conferência da doação feita à filha Adelina, juntamente com o valor do bem não doado, se preencherão não só as legítimas subjectivas daqueles donatários, mas também a da inventariante e as dos demais descendentes.

Para o efeito, começa por se imputar na quota indisponível a doação mais antiga e depois a mais recente – artigo n.º 2 173.º, n.º 1 do Código Civil.

Se algo restar da doação mais antiga, o excesso é imputado na quota disponível, juntamente com a meia conferência de um terço dos bens doados, abatido da metade do valor do direito de habitação e uso do recheio de um dos imóveis doados, instituído a favor do filho ausente.

Nesta parte, trata-se de uma doação "mortis causa" válida, tendo em conta o disposto no artigo n.º 946.º do Código Civil, tendo a natureza de um legado. Esse legado é imputado igualmente no valor da parte disponível da herança.

Se o total da soma da doação imputável na quota disponível e do legado exceder o valor daquela quota, reduzir-se-ão até esse valor. Tal redução começará pelo legado, nos termos do artigo n.º 2 171.º do Código Civil.

No preenchimento dos quinhões atender-se-á ao resultado das licitações.

VIGÉSIMA SEGUNDA

Procede-se a inventário obrigatório por óbito de Ana Ramos da Silva, que faleceu em 2 de Julho de 1980, na área desta comarca, no estado de casada em primeiras núpcias de ambos e sob regime da comunhão geral de bens com o cabeça-de-casal.

Do casamento houve seis filhos: – Manuel, Maria, José, Ana, Maria Rosa e António.

A filha Maria, porém, faleceu antes da inventariada, no estado de casada, sob o regime da comunhão geral de bens com José Pontes, deixando a representá-la seis filhos, que da inventariada são netos.

Por escritura pública de 10/7/41, juntamente com o cabeça-de-casal, doou pura e simplesmente, em partes iguais, os imóveis descritos sob as verbas 10 a 22, a todos os filhos, a qual doação, sendo, na altura, menores os filhos, produz efeitos jurídicos independentemente da aceitação, por força do disposto no artigo n.º 1 478.º do Código Civil de 1867. A referida doação ficou cativa do usufruto vitalício dos prédios doados, a favor dos doadores, mas a vagar em metade, à morte de cada um deles. A mesma doação foi feita por conta das legítimas subjectivas dos donatários, com o excesso, se o houvesse, a imputar-se na quota disponível dos doadores. Isto para o caso de não virem a ter mais filhos, o que, afinal, veio a confirmar-se. Se viessem a ter mais filhos, a doação seria imputada apenas nas legítimas dos donatários, os quais deveriam repor todo o excesso que se apurasse.

Por escritura pública de 4/5/66, juntamente com o cabeça-de-casal, doou para o casamento do filho António, os bens imóveis descritos sob as verbas 23 a 25, por conta da quota disponível, reservando para cada um dos doadores o usufruto vitalício dos bens doados, a subsistir por inteiro até à morte do último.

Por testamento público lavrado em 15/4/75, legou o usufruto da sua quota disponível, com dispensa de caução, ao aqui cabeça-de-casal.

Sem prejuízo desta disposição, deixou aos filhos Manuel, Maria, Ana e Maria Rosa o valor de uma sexta parte dos prédios não doados do seu casal.

Não há passivo e não houve licitações.

Em Esquema

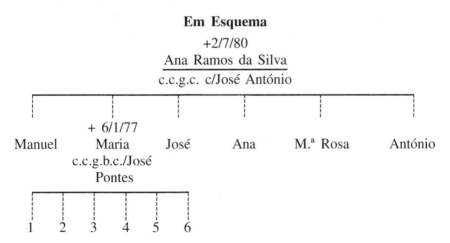

Doação conjunta de 10/7/41 a todos os filhos, em partes iguais, por conta das legítimas dos donatários e toda a quota disponível dos doadores onerada com o usufruto vitalício a favor dos doadores, a vagar em metade à morte de cada um deles. Doação conjunta, de 4/5/66, para o casamento do filho António, por conta da quota disponível dos doadores, onerada com o usufruto vitalício a favor dos doadores e a subsistir, por inteiro, até à morte do último.

Testamento de 15/4/75, em que lega o usufruto da quota disponível ao marido e, sem prejuízo desta liberalidade, deixa aos filhos Manuel, Maria, Ana e Maria Rosa uma sexta parte dos prédios não doados.
Não há passivo. Não houve licitações.

FORMA

Nesta conformidade, deve proceder-se à partilha pela seguinte forma:

Somam-se os valores dos bens não doados, que foram descritos, e divide-se o total em duas partes iguais, sendo uma o valor da meação do cabeça-de-casal, que, como tal, se lhe adjudica (art. n.º 1 108° do Código Civil de 1867).

Ao valor da outra metade soma-se o valor da meia conferência dos bens doados e divide-se o total em três partes iguais, sendo uma o valor da quota disponível da inventariada e o valor das restantes duas o da respectiva quota indisponível (art. n.º 2 159°, n.º 1, do actual Código Civil).

O valor desta última, por seu turno, é dividido em quatro partes iguais, pertencendo uma delas ao cabeça-de-casal, a título de legítima – art. n.º 2 139.°, "ex vi" art. 2 157.° do C. Civil.

O total das restantes três partes é dividido em seis partes iguais, tantas quantos os descendentes da inventariada – art. 2 139.°, "ex vi" art. 2 157.° do Código Civil.

Porém, a parte correspondente à pré-falecida filha Maria subdivide-se em seis partes iguais, tantas quantos os seus representantes – arts. 2 042.° e 2 044.°, "ex vi" art. 2 160°, todos do actual Código Civil.

Como se constata que várias liberalidades concorrem entre si à quota disponível da inventariada e dado que, perante os termos dos contratos de doação supra sumariados, em nenhum dos casos se está em presença daquilo que a chamada "escola de Coimbra" denomina de "colação absoluta", teremos de recorrer, exclusivamente, às regras estabelecidas no Código Civil para a redução das liberalidades por inoficiosidade, previstas nos arts. 2 171.°, 2 172.° e 2 173.°, para melhor podermos esclarecer e indicar a forma de imputar tais liberalidades.

Assim, por força do citado art. 2 173.°, em primeiro lugar, imputa-se no valor da quota disponível o valor da meia conferência dos bens objecto da doação outorgada em 10/7/41, que eventualmente exceda o da legítima subjectiva de cada um dos herdeiros legitimários nela contemplados e, quanto à donatária Maria, o da dos seus representantes.

Claro que a referida doação começará por ser imputada nas legítimas subjectivas dos donatários e até estas ficarem preenchidas. Se o valor dela não chegar para preencher as legítimas subjectivas dos descendentes, aquelas serão completadas com os valores dos bens não doados.

Depois de feita esta imputação, por força do regime supletivo da colação previsto no artigo n.º 2 108.º do Código Civil, verifica-se que, por via da dita doação, todos os descendentes da inventariada ficaram igualados, já que ela foi feita em comum e partes iguais a todos eles. Assim sendo, deixa de ser necessária a procura da sua igualação, ou da melhor igualação possível, por meio de outros bens não doados.

Se esse excesso ultrapassar o valor da quota disponível, terá a doação de ser reduzida em conformidade.

Em segundo lugar, imputa-se no valor da quota disponível, ou no seu remanescente, se algo dela restar, depois daquela primeira imputação, o valor da meia conferência dos bens doados para o casamento do filho António, na escritura de 4/5/66.

Anote-se que, a esse valor, é abatido o valor do usufruto instituído, nessa escritura, a favor do cabeça-de-casal e que, para o efeito, deve ser considerado um legado, dado que a referida doação, nesta parte é, "mortis causa", mas juridicamente válida, quer atendendo ao disposto no art. 1 457.º do Código Civil de 1867, quer ao disposto no art. 946.º, n.º 2, do actual.

Se o valor da doação tiver de sofrer qualquer redução, em virtude da concorrência da respectiva imputação com a da doação anterior, correlativa redução sofrerá o usufruto a favor do cabeça-de-casal. Nesse sentido cfr. Ac. S.T.J., de 21.3.52, in B.M.J. 30,330:

"A reserva do usufruto até à morte do último dos doadores equivale a doação feita por estes um ao outro do usufruto da parte dos bens que cabiam a cada um deles. E se houver de fazer-se a redução por inoficiosidade, este deve abranger tanto a doação da nua propriedade como a do usufruto".

No entanto, tal redução apenas acontecerá se o valor da dita doação para casamento ultrapassar o valor da quota disponível ou do que dela restar depois da primeira imputação mais o valor da legítima subjectiva do donatário, António, já que o excesso da primeira se imputa na última, ou naquilo que desta restar, depois da primeira imputação.

No caso de se verificar esta hipótese, haverá uma parte da doação imputada na legítima subjectiva do donatário António onerada com o encargo do usufruto a favor do inventariante. Neste caso, esta legítima subjectiva é ferida qualitativamente, o que faz impor o funcionamento das regras previstas no artigo 2 164.º do Código Civil – a chamada cautela sociniana.

Em princípio, por via disso, poderia o donatário optar entre o cumprir o legado ou prescindir do seu próprio quinhão na quota disponível.

Só que esta última hipótese é insusceptível de verificação no caso concreto, dado só acontecer, como vimos, se se mostrar já esgotada a dita quota. Então, deixará de funcionar tal disposição legal, caindo-se no regime estabelecido no artigo 2 163.º do Código Civil, isto é, a liberalidade em questão relativa ao usufruto deixa de ser eficaz na medida em que recai sobre a legítima subjectiva do donatário António – neste sentido, Oliveira Ascensão, "Sucessões", 4.ª edição, pág. 390.

Se, depois de efectuada a operação de imputação da segunda doação ainda algo restar do valor da quota disponível, nele se deverá imputar, em primeiro lugar, o valor do usufruto legado pela inventariada ao cabeça--de-casal no testamento supra referido, por força dos termos em que está redigido tal testamento e dado o disposto no n.º 2 do art. 2 172.º do Código Civil, devendo entender-se que o referido valor deverá ser reduzido ao que resta da quota disponível depois das imputações das duas doações e sem esquecer que já foi atribuído ao cabeça-de-casal, imputando-se-lhe igualmente na quota disponível da inventariada o valor do usufruto que onerava a segunda doação e até ao limite daquela quota disponível.

De seguida, serão imputadas conjuntamente as demais liberalidades constantes do dito testamento. Estas liberalidades não poderão deixar de ser consideradas legados de bens comuns do casal, numa data em que testadora e marido eram ainda ambos vivos. Assim, dado o disposto no n.º 1 e n.º 2 do artigo 1 685.º do Código Civil, os contemplados com aquelas liberalidades (um sexto dos prédios não doados) apenas têm direito de exigir o respectivo valor em dinheiro.

Se, por força desta imputação, ficar ultrapassado o valor da quota disponível, far-se-á a redução daquelas liberalidades proporcionalmente, nos termos do n.º 1 do art. 2 172.º, citado.

Convém observar que, tendo falecido a filha Maria, beneficiária do testamento, antes da inventariada, se algo houver de lhe caber, por força daquele instrumento legal, a sua parte caberá aos respectivos representantes, por força do disposto no artigo n.º 2 041.º, n.º 1 do actual Código Civil, norma que faz afastar a aplicação ao caso do direito de acrescer previsto nos arts. 2 301.º e/ou 2 302.º, do Código Civil.

Se, depois da imputação de todas as liberalidades, algum valor restar ainda da quota disponível, será o mesmo dividido pelos herdeiros legitimários, na mesma proporção apontada para a divisão da quota indisponível.

Preenchimento dos quinhões conforme o acordado na conferência de interessados, precedido, se necessário, de mapa informativo. Deve fazer-se notar aqui que os bens doados pela inventariada à pré-falecida filha Maria fazem parte e são comuns do casal formado por ela e pelo respectivo viúvo José Pontes. Ora, como neste inventário se não está a fazer a partilha desse casal, ao adjudicar tais bens doados apenas aos descendentes da referida Maria, deverá ficar bem ressalvado o facto dessa adjudicação trazer como contrapartida o nascimento, a favor do José Pontes de um direito de crédito no valor de metade do valor desses bens doados sobre a herança da falecida mulher, Maria.

CÁLCULOS

Para tornar mais explícita a nossa proposta de solução desta partilha iremos, a título excepcional, já que, afirmamos, a nossa posição é no sentido de que a forma à partilha deve ser apontada em abstracto, não devendo o Magistrado preocupar-se com os cálculos relativos ao caso concreto, apresentar os cálculos aritméticos necessários para fazer a demonstração da forma.

ASSIM:

Valor dos imóveis não doados: 104 660$00
Valor dos imóveis doados através da primeira escritura de doação a todos os filhos do casal: 78 180$00.
Valor dos imóveis doados para casamento ao filho António 4 110$00.
Valor do usufruto sobre estes imóveis relativamente à pessoa do inventariante: 10% × 4 110$00 = 411$00.
Valor da nua propriedade desses imóveis:
4 110$00 - 411$00 = 3 699$00.

Cálculo da meação do inventariante:
104 660$00: 2 = 52 330$00

Cálculo do monte partível:
52 330$00 + 78 180$00 + 4 110$00 = 134 620$00.

Cálculo da quota disponível:
134 620$00 × 1/3 = 44 873$33

Cálculo da legítima subjectiva do inventariante:
89 7466$66: 4 = 22 436$66

Cálculo da legítima subjectiva de cada filho:
(89 746$67 - 22 436$66): 6 = 11 218$33

Cálculo da legítima subjectiva de cada neto:
11 218$33: 6 = 1 869$72

Cálculo do excesso de valor dos bens constantes da primeira doação sobre as legítimas subjectivas dos descendentes, cujo resultado é imputado em primeiro lugar na quota disponível:

89 746$67 (quota disponível) - 22 436$66 (legítima subjectiva do inventariante) - 78 180$00 (valor dos bens constantes da primeira doação) = -10 870$00

Valor da quota disponível, depois de imputada a primeira doação:
44 873$33 - 10 870$00 = 34 003$33.

Valor do usufruto da quota disponível legado ao inventariante, que abrange, por confusão, o usufruto sobre os bens doados ao filho António:
34 003$33 × 10% = 3 400$33.

Cálculo do valor do legado instituído no testamento a favor dos filhos Manuel, Maria, Ana e Maria Rosa, o qual, nos termos do artigo 1 685.º do C. C. é recebido em dinheiro:
104 660$00: 6 = 17 443$33.

Cálculo do remanescente da quota disponível, depois de imputadas as liberalidades:
44 873$33 - (10 870$00 + 3 699$00 + 3 400$33 + 17 443$33) = 9 460$67.

Cálculo do quinhão do inventariante na quota disponível:
9 460$67: 4 = 2 365$67.

Quinhão de cada filho na quota disponível:
(9 460$67 - 2 365$67): 6 = 1 182$50

Quinhão de cada neto da quota disponível:
1 182$50: 6 = 197$08.

Quinhão de cada neto no legado instituído no testamento e a que sucedem por direito de representação:
17 443$33: 4: 6 = 726$80.

RESUMO:

Recebe o inventariante:
52 330$00 + 22 436$66 + 3 400$33 + 2 365$67 = 80 532$66

Recebe cada um dos filhos Manuel, Ana e Maria Rosa:
13 030$00 + 4 360$83 + 1 182$50 = 18 573$33

Recebe cada neto:
2 171$66 + 726$80 + 197$08 = 3 095$54

Recebe o filho António:
13 030$00 + 3 699$00 + 1 182$50 = 17 911$50

Recebe o filho José:
13 030$00 + 1 182$50 = 14 212$50

TOTAL:
80 532$66 + (18 573$33 × 3) + (3 095$54 × 6) + 17 911$50 + 14 212$50 = 186 949$98 (186 950$00 = total do valor dos bens descritos).

NOTA FINAL SOBRE AS FORMAS À PARTILHA:

O esquema gráfico apresentado com o relatório de cada uma das formas à partilha constantes deste trabalho é um mero auxiliar da compreensão de cada caso concreto, não devendo, por isso, ser inserido na própria promoção. Deverá, antes, ser elaborado em folha à parte e servir de guia para a redacção da promoção sobre a forma da partilha.

Nas formas à partilha apresentadas fala-se ainda em segunda avaliação, descrição de bens e outras expressões que eram válidas e correctas, à data em que as mesmas foram elaboradas, face às regras de processo de então.

Actualmente, algumas dessas regras foram alteradas, mas tal em nada influi na forma de partilhar os bens, pelo que se optou por mantê-las intocadas.

ORGANIZAÇÃO DO MAPA DE PARTILHA

Se o escrivão encarregado de elaborar o mapa da partilha, de acordo com o respectivo despacho determinativo, verificar que *há excesso no preenchimento das quotas dos interessados, logo dará uma informação* no processo, sob a forma de mapa, para que tal problema venha a ser solucionado.

Artigo n.º 1 376.º do Código de Processo Civil:

"1 – Se a secretaria verificar, no acto da organização do mapa, que os bens doados, legados ou licitados excedem a quota do respectivo interessado, lançará no processo uma informação, sob a forma de mapa, indicando o montante do excesso.

2 – Se houver legados ou doações inoficiosas, o juiz ordena a notificação dos interessados para requererem a redução nos termos da lei civil, podendo o legatário ou donatário escolher entre os bens legados ou doados os necessários para preencher o valor que tenha direito a receber".

Tal excesso pode dever-se ao facto de os interessados terem licitado em bens de valor superior ao dos seus quinhões, ou, quanto aos donatários e legatários, *ao facto de essas doações ou legados serem inoficiosos.* Também há lugar a tornas, como é óbvio, *no caso de haver excesso derivado do acordo sobre a composição dos lotes.* Por isso, *embora a lei não o diga expressamente, também neste caso haverá lugar a mapa informativo*. No artigo 1 020.°, do Anteprojecto do Código de Processo Civil, consagrou-se igualmente o sistema do mapa informativo, não tendo havido o cuidado de esclarecer este ponto. No entanto, da análise conjunta dos diversos preceitos não se pode deixar de concluir que o escrivão não poderá organizar o mapa definitivo da partilha sem ter, primeiramente, dado oportunidade aos credores de tornas, seja qual for a origem dessas tornas, para se pronunciarem quanto ao seu crédito e o modo de se pagarem.

Portanto, no caso de haver credor de tornas, há que cumprir o disposto no artigo 1 377.°, do Código de Processo Civil, que é do seguinte teor:

"1 – Os interessados a quem hajam de caber tornas são notificados para *requerer a composição dos seus quinhões ou reclamar o pagamento das tornas*.

2 – Se algum interessado tiver licitado em mais verbas do que as necessárias para preencher a sua quota, a qualquer dos notificados é permitido requerer que as verbas em excesso ou algumas lhe sejam adjudicadas pelo valor resultante da licitação, até ao limite do seu quinhão.

3 – O licitante pode escolher, de entre as verbas em que licitou, as necessárias para preencher a sua quota, e será notificado para exercer esse direito, nos termos aplicáveis do n.° 2 do artigo anterior.

4 – Sendo o requerimento feito por mais de um interessado e não havendo acordo entre eles sobre a adjudicação, decide o juiz, por forma a conseguir o maior equilíbrio dos lotes, podendo mandar proceder a sorteio ou autorizar a adjudicação em comum na proporção que indicar".

Dada a redacção do número um deste preceito, *parece que o credor de tornas só poderá exercer uma das faculdades que lhe são propostas em alternativa*: ou requer a composição do seu quinhão em bens; ou reclama o pagamento das tornas.

Acontece que, *se assim fosse*, praticamente *sairia inutilizado um instituto que foi introduzido no actual Código de Processo Civil como forma de tentar minorar os malefícios das licitações*, os quais já foram devidamente salientados oportunamente, e que é mantido inalterado no artigo 1 021.°, do já citado Anteprojecto do Código de Processo Civil.

É que raríssimos seriam os casos em que o valor das tornas corresponderiam exactamente ao valor das verbas ou da verba licitada a mais. Parece, por isso, que os credores de tornas poderão requerer que o seu quinhão seja parcialmente preenchido por bens, tendo a haver a parte que eventualmente restar em tornas.

O que parece não ser admissível é o credor de tornas pedir a composição do seu quinhão em bens, desde que qualquer um dos licitados tenha valor tal que venha a exceder o valor das tornas, obrigando, consequentemente o credor a pagá-las, por seu turno.

O credor de tornas, no caso de ter optado pela composição do seu quinhão em bens, deverá formular um *pedido genérico* nesse sentido. Claro que não está impedido de, logo aí, vir indicar os bens com que gostaria de ver integrado o seu quinhão. Só que esta indicação não deixa de ter mero valor de *sugestão*, pois a *escolha pertence em primeira linha ao devedor das tornas*. Além disso, é bom de ver que só poderá exercer esse direito o credor de tornas que não tenha prescindido dele.

Como é um processo criado para corrigir as más consequências do sistema das licitações *parece que apenas poderá ser usado no caso das tornas derivarem do excesso de bens licitados e nunca do caso de composição de quinhões ou de sorteio.*

Portanto, o licitante, no caso apontado, tem o direito de escolher, de entre as verbas em que licitou, as necessárias para preencher o seu quinhão. Dado o fundamento do instituto, *não poderá o licitante escolher verbas cujo valor exceda em muito o valor do seu quinhão*. Por outro lado *também não poderá escolher verbas que não cheguem para preencher completamente o seu quinhão, obrigando o credor de tornas a dar-lhes tornas*. No caso de serem indivisíveis os bens licitados terá de subordinar o seu direito de escolha ao facto de, com a sua escolha, a sua quota não ficar excedida em mais de metade do seu valor, dado que no artigo n.º 1 377.º, n.º 3, se manda aplicar o n.º 2 do artigo anterior e este, por sua vez, manda aplicar as regras decorrentes do artigo n.º 2 174.º do Código Civil.

Em conclusão, o devedor de tornas *terá de escolher de entre as verbas em que licitou aquela ou aquelas cujo valor mais se aproxima do valor total da sua quota ou que mais ligeiramente o ultrapasse.*

Questão polémica é a de saber se será possível preencher os quinhões do licitante e do não licitante preenchido a menos com verbas adjudicadas em comum ao licitante e ao não licitante ou licitante preenchido a menos.

Claro que, se houver acordo entre eles, nada obsta a que assim se proceda. A questão coloca-se, apenas, *no caso de esse acordo não existir.*

Vem-se entendendo maioritariamente que não, embora certos autores, como o Dr. Lopes Cardoso, in "Partilhas Judiciais", 4.ª edição, II volume, pág. 429 e segs., entenda o contrário.

Feita a escolha pelo licitante, ou pelo juiz, no seu lugar, se ele a não fizer, deverá dar-se conhecimento dela ao requerente da composição e, em seguida, decidir as eventuais reclamações.

Se houver mais do que um credor de tornas a fazer tal requerimento, terá o juiz de intervir, nos termos do n.º 4 do artigo supra transcrito, para decidir os eventuais conflitos. Deverá fazê-lo sempre, tentando assegurar o maior equilíbrio possível dos lotes.

Aqueles a quem hajam de caber tornas, em lugar de requererem a composição do seu quinhão em bens, podem vir reclamar o depósito das tornas, nos termos do artigo n.º 1 378° do Código de Processo Civil:

"1 – Reclamado o pagamento das tornas, *é notificado o interessado que haja de as pagar, para as depositar.*

2 – *Não sendo efectuado o depósito*, podem os requerentes pedir que das *verbas destinadas ao devedor lhes sejam adjudicadas*, pelo valor constante da informação prevista no artigo 1 376°, *as que escolherem* e sejam necessárias para preenchimento das suas quotas, contanto que depositem imediatamente a importância das tornas que, por virtude da adjudicação, tenham de pagar. É aplicável, neste caso, o disposto no n.º 4 do artigo anterior.

3 – Podem também os requerentes pedir que, *transitada em julgado a sentença, se proceda no mesmo processo à venda dos bens adjudicados ao devedor até onde seja necessário para o pagamento das tornas.*

4 – Não sendo reclamado o pagamento, *as tornas vencem os juros legais* desde a data da sentença de partilhas e os credores podem registar hipoteca legal sobre os bens adjudicados ao devedor ou, quando essa garantia se mostre insuficiente, requerer que sejam tomadas, quanto aos móveis, as cautelas prescritas no artigo 1 384.°" (os bens móveis só são entregues se o interessado prestar caução).

O prazo para o pagamento das tornas não resulta da lei. É fixado pelo juiz, que pode suspendê-lo ou prorrogá-lo.

O depósito é feito na Caixa Geral de Depósitos, através de guia própria.

No caso de as tornas serem devidas a menores, incapazes ou ausentes em parte incerta não sofre dúvida, hoje em dia, de que *é ao Magistrado do Ministério Público que cabe pronunciar-se sobre a dispensa do seu depósito* e, apesar de se considerar que já se não encontra em vigor o Decreto n.º 6 007, de 07/08/1919, que determinava a obrigatoriedade de tal depósito, mesmo que fosse em sentido contrário o parecer do Magistrado do Ministério Público, *entendemos que tal dispensa apenas deverá ser concedida em casos contados,* nos casos em que as tornas sejam de valor insignificante e economicamente mais prejudicial do que útil para os interesses dos incapazes aquele depósito.

Por regra, portanto, não deverá ser dispensado, devendo atender-se, sempre que possível, a que o mesmo *deve ser efectuado a prazo de um ano e um dia, com juros a capitalizar,* desde que o permitam os regulamentos da Caixa Geral de Depósitos, em vigor.

No entanto, pode também o Ministério Público optar por requerer, em lugar da reclamação do pagamento das tornas, que o quinhão do menor, incapaz ou ausente em parte incerta seja preenchido com os bens licitados a mais pelos licitantes.

No artigo n.º 1 022º do citado Anteprojecto do Código de Processo Civil encontra-se previsto um regime de pagamento ou depósito das tornas em tudo idêntico ao actualmente em vigor.

*
* *

Resolvidas todas estas questões organizará a secretaria (em regra o chefe da secção de processos, o escrivão) *o mapa definitivo da partilha segundo as regras estabelecidas no artigo n.º 1 375º do Código de Processo Civil:*

"1 – Recebido o processo com o despacho sobre a forma da partilha, a secretaria, dentro de 10 dias, organiza o mapa da partilha, de harmonia com o mesmo despacho e com o disposto no artigo anterior.

2 – Para a formação do mapa acha-se, em primeiro lugar, a importância total do activo, somando-se os valores de cada espécie de bens conforme as avaliações e licitações efectuadas e deduzindo-se as dívidas, legados e encargos que devam ser abatidos; em seguida determina-se o montante da quota de cada interessado e a parte que lhe cabe em cada espécie de bens; por fim faz-se o preenchimento de cada quota com referência aos números das verbas da descrição.

3 – Os lotes que devam ser sorteados são designados por letras.

4 – Os valores são indicados somente por algarismos. Os números das verbas da descrição serão indicados por algarismos e por extenso e quando forem seguidos apontam-se só os limites entre os quais fica compreendida a numeração. Se aos co-herdeiros couberem fracções de verbas, tem de mencionar-se a fracção.

5 – Em cada lote deve sempre indicar-se a espécie de bens que o constituem.".

Deve desde logo salientar-se que, *se o escrivão se defrontar com alguma dificuldade que não consiga ultrapassar na elaboração do mapa, deve expô-la antes de terminado o prazo para o organizar*, a fim de tal prazo poder ser prorrogado e a dificuldade resolvida.

No já citado Anteprojecto do Código de Processo Civil prevê-se a organização do mapa da partilha no artigo 1 018.º, em moldes em tudo idênticos aos actuais. No artigo seguinte, porém, prevê-se que a elaboração do mapa seja dispensada:

"Não se fará mapa da partilha quando todos os interessados, bem como o Ministério Público se o inventário for obrigatório, declarem prescindir da sua organização e ainda quando todos os bens da herança tiverem sido adjudicados a todos os interessados na proporção dos respectivos quinhões".

No preceito ora em análise, estabelece-se que, para determinação do activo da herança, se deduzem as *dívidas, legados e encargos* que devam ser abatidos.

Já vimos, supra, quais são essas dívidas: *todas as que foram aprovadas por unanimidade pelos interessados na conferência e ainda todas as que foram judicialmente reconhecidas*. Resta acrescentar que, neste momento, o funcionário não terá qualquer poder de decidir sobre se determinada dívida deve ou não ser abatida. Quanto a este assunto ele limitar-se-á a cumprir o já determinado pelo juiz. Se tiver qualquer dúvida, deverá formulá-la nos termos já vistos.

Quanto aos legados a abater, deveremos concluir que se abaterão *os que forem instituídos em testamento válido*. Diz-se no Ac. do S.T.J. de 12/1/68, in B.M.J. 173/291: "O legado será válido sempre que a coisa legada, embora não existindo na herança, faça parte de certo género ou espécie. O dinheiro integra-se na categoria de coisas fungíveis, sendo, por isso, irrelevante que a soma legada se encontre ou não no património do falecido, incumbindo ao herdeiro o encargo de obtê-la para a entregar ao legatário".

Os encargos a abater, por sua vez, são aqueles que oneravam os bens pertencentes ao inventariado e também aqueles que ele próprio estabeleceu para serem suportados pelos sucessores.

*Depois de determinado o activ*o, vai o escrivão estabelecer *quanto cabe a cada interessado* no montante global da herança e, por outro lado, quanto cabe a cada interessado relativamente a cada uma das espécies dos bens a partilhar.

Finalmente, vai o funcionário *fazer o preenchimento da quota de cada um dos interessados*. Para isso, recorrer-se-á aos critérios estabelecidos no artigo n.º 1 374° do Código de Processo Civil:

"No preenchimento dos quinhões observar-se-ão as seguintes regras:

a) *Os bens licitados são adjudicados ao respectivo licitante, tal como os bens doados ou legados são adjudicados ao respectivo donatário ou legatário;*

b) *Aos não conferentes ou não licitantes são atribuídos, quando possível, bens da mesma espécie e natureza dos doados e licitados*. Não sendo isto possível, os não conferentes ou não licitantes são inteirados em outros bens da herança, mas se estes forem de *natureza* diferente da dos bens doados ou licitados podem exigir a composição em dinheiro, vendendo-se em hasta pública os bens necessários para obter as devidas quantias.

O mesmo se observará em benefício dos co-herdeiros não legatários, quando alguns dos herdeiros tenham sido contemplados com legados;

c) *Os bens restantes*, se os houver, *são repartidos à sorte* entre os interessados, por lotes iguais;

d) *Os créditos que sejam litigiosos*, ou que não estejam suficientemente comprovados e os *bens que não tenham valor são distribuídos proporcionalmente* pelos interessados.".

Note-se que *a possibilidade da composição do quinhão em dinheiro estabelecida na alínea b) do preceito supra transcrito através da venda judicial de bens, para o efeito, só é possível quando os bens não doados nem legados nem licitados forem de natureza e não de espécie diferente dos doados*, legados ou licitados.

No dizer de Rabindranath Capelo de Sousa, in "Lições de Direito das Sucessões" 1980/82, II volume, pág. 255. "Tal norma constitui um dique às atribuições judiciais que, por maior margem na determinação dos bens a atribuir, não satisfaçam os partilhantes não conferentes ou não licitantes".

Segundo este autor, no caso de ser exercido este direito pelos interessados, deverão ser vendidos *em primeiro lugar os bens não licitados/ou* não objecto de conferência, mas, se o valor arrecadado não chegar, poderão ser vendidas as *verbas licitadas em excesso*. No caso de o produto destas também não chegar, terão os requerentes direito a tornas, isto é, não se avança para a venda dos licitados por preço situado dentro do valor do quinhão a que tem direito o licitante.

Decorre também da alínea c) do supra transcrito preceito que pode haver *necessidade de proceder ao sorteio por lotes iguais*. Claro que a possibilidade do sorteio só subsiste no caso de sobrarem várias verbas, para além das licitadas doadas e legadas e ainda após serem inteirados os não conferentes, não legatários e não licitantes de bens da mesma natureza dos primeiros, sendo tais verbas em número suficiente para distribuir por todos os interessados. Por isso só raríssimas vezes se assiste a um sorteio de verbas distribuídas em lotes iguais, sendo o mais comum a distribuição dos bens restantes por todos os interessados na proporção do que cada um tem direito a receber.

No caso de ter de haver sorteio, a *secretaria organizará primeiro os lotes*, tanto quanto possível de forma igual, que serão identificados por letras, e depois proceder-se-á ao sorteio presidido pelo juiz.

Neste caso, serão organizados vários mapas, tantos quantas as divisões e subdivisões a que se tenha de proceder para se chegar ao valor do quinhão individual de cada um dos interessados, e, de cada um dos mapas, poderão os interessados reclamar nos termos definidos no artigo 1 379.º.

O sorteio efectua-se nos moldes estabelecidos no artigo 1 380.º.

Concluído o sorteio, os interessados podem trocar entre si os lotes que lhes tenham cabido. *No caso de lotes atribuídos a incapazes é necessário obter autorização judicial para se proceder à aludida troca, ouvido o Ministério Público. No caso de inabilitado, é necessária a anuência do curador.*

Finalmente deverá anotar-se que, do mapa definitivo da partilha deverão constar *todos os dizeres indispensáveis ao complemento da partilha*, já que tal mapa, no fundo, é a *estrutura da sentença final do processo*, que a sentença propriamente dita se limita a homologar, do mesmo se tendo necessariamente de passar certidão quando se pretende fazer a prova da partilha.

Por isso, de tal mapa deverá constar, designadamente, *a parte que a cada um dos interessados compete no pagamento do passivo*, devendo o funcionário respeitar, quanto a esse ponto, o determinado pelo juiz. Isto *mesmo que as dívidas da herança apenas tenham sido aprovadas por alguns dos interessados.*

"Os arts. 1 396.º e 1 398.º do Código de Processo Civil (de 1939) admitem – se não ordenam mesmo – a inclusão no mapa de partilha das dívidas da herança, ainda que aprovadas somente por alguns dos interessados, e para o efeito de os credores exigirem daqueles, em execução de sentença, o pagamento da quota parte que lhes tocar" – Ac. Rel. Porto de 8/2/57, in Jur. Rel. 3/208.

SENTENÇA HOMOLOGATÓRIA

No artigo n.º 1 382° do Código de Processo Civil, determina-se:

"1 – O processo é concluso ao juiz para, no prazo de *quarenta e oito horas*, proferir sentença homologando a partilha constante do mapa e as operações de sorteio.

2 – Da sentença homologatória da partilha cabe *recurso de apelação*, com efeito meramente devolutivo."

Como esta sentença é apenas homologatória e de estrutura *muito simples*, o prazo para a proferir é muito curto. No Anteprojecto do Código de Processo Civil esse prazo é aumentado para sete dias. Compreende-se tal alteração se atentarmos no facto de, no sistema daquele anteprojecto, algumas vezes a sentença não ser apenas homologatória, isto é, todas as vezes em que foi dispensada a elaboração do mapa, nos moldes já referidos, casos em que será proferida simultaneamente com o despacho sobre a forma da partilha.

Serve para *autenticar as partilhas, condenar os interessados no pagamento das custas e ordenar o pagamento do passivo* que tenha sido aprovado ou reconhecido.

FORMALIDADES POSTERIORES

Proferida a sentença, procede-se à *notificação* dela a todos os interessados, *entregando-se cópia da decisão*, aguardando-se depois o decurso do prazo da interposição de recurso.

Se transitar, o processo vai *à conta*, seguindo-se os trâmites do pagamento das *custas*, matéria que será abordada mais adiante.

Diz-se no artigo 1°, do Código do Imposto de Selo que:

"1 – O imposto do selo incide sobre (...) as *transmissões gratuitas* de bens.

2 – (...)

3 – Para efeitos da verba 1.2 da Tabela Geral (10%), são consideradas transmissões gratuitas, designadamente as que tenham por objecto:

a) Direito de propriedade ou figuras parcelares desse direito sobre bens imóveis, incluindo a aquisição por usucapião;
b) Bens móveis sujeitos a registo, matrícula ou inscrição;
c) Participações sociais, valores mobiliários e direitos de crédito associados ainda que transmitidos autonomamente, bem como títulos e certificados da dívida pública;
d) Estabelecimentos comerciais, industriais ou agrícolas;
e) Direitos de propriedade industrial, direitos de autor e direitos conexos;
f) Direitos de crédito dos sócios sobre prestações pecuniárias não comerciais associadas à participação social, independentemente da designação, natureza ou forma do acto constitutivo ou modificativo, designadamente suprimentos, empréstimos, prestações suplementares de capital, prestações acessórias pecuniárias, bem como quaisquer outros adiantamentos ou abonos à sociedade;
g) Aquisição derivada de invalidade, distrate renúncia ou desistência, resolução, ou revogação da doação entre vivos com ou sem reserva de usufruto, salvo nos casos previstos nos artigos 970.º e 1765.º do Código Civil, relativamente aos bens e direitos enunciados nas alíneas antecedentes".

Já vimos, acima, também, quais são, neste casos, os sujeitos passivos desse imposto e as importantes isenções subjectivas aí enunciadas.

Diz-se, no artigo 26º, do referido Código:

"1 – O cabeça-de-casal e o beneficiário de qualquer transmissão gratuita sujeita a imposto são obrigados a participar ao serviço de finanças competente a doação, o falecimento do autor da sucessão, a declaração de morte presumida ou a justificação judicial do óbito, a justificação judicial ou notarial da aquisição por usucapião ou qualquer acto ou contrato que envolva transmissão de bens.

2 – A participação a que se refere o número anterior é de modelo oficial, identifica o autor da sucessão ou da liberalidade, as respectivas datas e locais, bem como os sucessores, donatários, usucapientes ou beneficiários, as relações de parentesco e respectiva prova, devendo, sendo caso disso, conter a relação dos bens transmitidos com a indicação dos valores que devam ser declarados pelo apresentante.

3 – A participação deve ser apresentada no serviço de finanças competente para promover a liquidação, até final do 3º mês seguinte ao do nascimento da obrigação tributária.

4 – O cabeça-de-casal deve identificar todos os beneficiários, se possuir os elementos para esse efeito, caso em que os mesmos ficam desonerados da participação que lhes competir.

5 – Os prazos são improrrogáveis, salvo alegando-se e provando--se motivo justificado, caso em que o chefe das finanças pode conceder um adiamento até ao limite máximo de 60 dias.

6 – A participação é instruída com os documentos seguintes, salvo quando estes contenham informação já do conhecimento da administração fiscal através do cumprimento da obrigação da apresentação anual de informação contabilística e fiscal a que se refere o artigo 113.º do Código do IRS e o artigo 113.º do Código do IRC, consoante os casos:

a) Certidão do testamento com que tiver falecido o autor da herança;
b) Certidão da escritura de doação, ou da escritura de partilha, se esta já tiver sido efectuada;
c) (...); d) (...); e) (...); f) (...); g) (...); h) (...); i) (...); j) (...); l) (...); m) (...)

7 – Quando não possa juntar-se a certidão do testamento por este se encontrar em poder de terceiro, o chefe de finanças deve notificá-lo para, dentro do prazo de 15 dias, lhe fornecer aquela certidão.

8 – (...)

9 – Se, no termo do prazo, houver bens da herança na posse de qualquer herdeiro ou legatário, que não tenham sido relacionados pelo cabeça-de-casal, incumbirá àqueles descrevê-los nos 30 dias seguintes.

10 – (...)

No caso de se ter procedido a inventário, como é que os serviços fiscais controlam a liquidação e cobrança desse imposto?

Preceitua-se no artigo n.º 62º, do citado Código:

"1 – Quando houver inventário, o tribunal remeterá, em duplicado, ao serviço de finanças competente, no prazo de trinta dias contados da data da sentença que julgou definitivamente as partilhas, uma participação circunstanciada contendo o nome do inventariado e os do cabeça-de--casal, herdeiros e legatários, respectivo grau de parentesco ou vínculo de adopção e bens que ficaram pertencendo a cada um, com a especificação do seu valor.

2 – Se o inventário for arquivado antes da conclusão, será este facto comunicado ao serviço de finanças no prazo de oito dias.
3 – A participação ou comunicação será junta ao processo".

Serão também enviados ao *Instituto Nacional de Estatística os verbetes* relativos ao processo, nos termos da lei aplicável.
Deverá, ainda, ser cumprido o disposto no artigo *n.º 40º do actual Código de Registo Predial:*

" 1 – Compete ao Ministério Público requerer o registo quando, em inventário judicial, for adjudicado a incapaz ou ausente em parte incerta qualquer direito sobre imóveis.
2 – A obrigação referida no número anterior incumbe ao representante legal do incapaz que outorgue na partilha extrajudicial em sua representação.
3 – Idêntica obrigação incumbe ao doador quanto às doações que produzam efeitos independentemente de aceitação."

Claro que, para efeitos do número um, *deve o escrivão do processo entregar ao Ministério Público as certidões necessárias* à efectivação do registo, as quais lhe podem ser pedidas verbalmente.
Como vimos supra (pág. 55), não faculta a lei, agora, ao Ministério Público mecanismos suficientes para, actuando de per si, conseguir sempre o registo definitivo dos direitos imobiliários que, em processo de inventário, venham a caber aos incapazes, devendo recorrer à ajuda dos representantes legais dos incapazes (se não estiver designado deverá o Ministério Público promover a sua designação) para, nos casos de falta de trato sucessivo, accionarem o processo de justificação administrativa previsto no artigo 116.º do Código de Registo Predial.
Logo que esse registo seja conseguido, deverá o M. º P. º requerer a junção aos autos da respectiva nota e, simultaneamente, pedir que os respectivos emolumentos sejam considerados na conta do respectivo inventário, já que deverão ser considerados encargos, nos termos da alínea d), do n.º 1, do artigo 16.º, do Regulamento das Custas Processuais, como melhor se verá mais adiante.

RECURSOS

No processo de inventário, salvas algumas especialidades que iremos examinar, *são admitidas todas as espécies de recursos e reclamações.*

A admissibilidade do recurso *depende*, em primeira linha, do *valor do próprio processo*, assunto sobre o qual já falamos supra e para onde agora remetemos.

Apenas não deixaremos de recordar aqui o disposto no artigo 24.º da Lei n.º 3/99, de 13 de Janeiro (Lei de Organização e Funcionamento dos Tribunais Judiciais):

"1 – Em matéria cível, a alçada dos tribunais da Relação é de € 30 000 e a dos tribunais de 1ª instância é de € 5 000.

2 – Em matéria criminal não há alçada, sem prejuízo das disposições processuais relativas à admissibilidade do recurso.

3 – A admissibilidade dos recursos por efeito das alçadas é regulada pela lei em vigor ao tempo em que foi instaurada a acção".

Poderá haver recurso a interpor de decisões proferidas em incidentes do processo do inventário e, por isso, convém saber qual o valor a atender para ajuizar da admissibilidade ou inadmissibilidade do recurso.

O valor desses incidentes, quer dos incorporados no próprio processo, quer dos que correm por apenso, *é o do próprio inventário, salvo se eles tiverem realmente valor diverso*. É a doutrina que decorre do disposto no n.º 1 do artigo n.º 313º do Código de Processo Civil:

"1 – O valor dos incidentes é o da causa a que respeitam, salvo se o incidente tiver realmente valor diverso do da causa, porque neste caso o valor é determinado em conformidade dos artigos anteriores". (regras gerais).

Diz-se ainda no artigo 316°, n.º 1 e na parte que interessa:

"1 – Se a parte que deduzir qualquer incidente não indicar o respectivo valor, entende-se que aceita o valor dado à causa; a parte contrária pode, porém, impugnar o valor (...)".

Têm valor autónomo, em processo de inventário, os incidentes da *prestação de contas* (receita bruta ou despesa apresentada); prestação de caução (importância a caucionar); *exercício do direito de preferência* (preço da alienação da quota); *levantamentos de dinheiro depositado na Caixa Geral de Depósito*s (o da importância a levantar); *partilha adicional* (o dos próprios bens a partilhar adicionalmente). *O valor do arrolamento é o dos bens arrolados* (artigo n.º 313.º, n.º 3, alínea f) do Código de Processo Civil.

Interessa recordar também que há despachos dos quais nunca é admissível recurso, que são os previstos no artigo n.º 679º do Código de Processo Civil:

"*Não admitem recurso os despachos de mero expediente* nem os proferidos no uso legal de um poder discricionário."

Em contrapartida há sempre recurso dos despachos previstos nos n.º 2 e n.º 3 do artigo n.º 678º daquele diploma:

"1 – (...)

2 – Independentemente do valor da causa e da sucumbência, é sempre admissível recurso:

a) Das decisões que violem as regras de competência internacional ou em razão da matéria ou da hierarquia, ou que ofendam o caso julgado;

b) Das decisões respeitantes ao valor da causa ou dos incidentes, com o fundamento de que o seu valor excede a alçada do tribunal de que se recorre;

c) Das decisões proferidas, no domínio da mesma legislação e sobre a mesma questão fundamental de direito, contra jurisprudência uniformizada do Supremo Tribunal de Justiça.

3 – Independentemente do valor da causa e da sucumbência, é sempre admissível recurso para a Relação:

a) Nas acções em que se aprecie a validade, a subsistência ou a cessação de contratos de arrendamento, com excepção dos arrendamentos para habitação não permanente ou para fins especiais transitórios;

b) Das decisões respeitantes ao valor da causa nos procedimentos cautelares, com o fundamento de que o seu valor excede a alçada do tribunal de que se recorre."

4 – (...)
5 – (...)
6 – (...)

Exceptuando, em certos casos, o recurso extraordinário de revisão, só pode *recorrer aquele que tenha efectivamente ficado prejudicado* com o sentido da decisão de que se recorre.

Há ainda que *conciliar esta doutrina com a nova redacção* do n.º 1 do artigo n.º 678º do Código do Processo Civil:

"1 – O recurso ordinário só é admissível quando a causa tenha valor superior à alçada do tribunal de que se recorre e a decisão impugnada seja desfavorável ao recorrente em valor superior a metade da alçada desse tribunal, atendendo-se, em caso de fundada dúvida acerca do valor da sucumbência, somente ao valor da causa."

Atendendo à natureza especial do processo de inventário, afigura-se-nos que, na grande maioria dos casos, serão sempre bem fundadas as dúvidas sobre o valor da sucumbência neste tipo de processo, pelo que relevará predominantemente o valor da causa para se ajuizar da admissibilidade de recurso.

Pode acontecer que o recurso seja admissível e o interessado tenha legitimidade para o interpor e, no entanto, não o possa fazer por ter *perdido o respectivo direito*. Vem o caso regulado no artigo n.º 681º do Código de Processo Civil:

"1 – É lícito às partes renunciar aos recursos; mas a renúncia antecipada só produz efeito se provier de ambas as partes.

2 – Não pode recorrer quem tiver aceitado a decisão depois de proferida.

3 – *A aceitação da decisão pode ser expressa ou tácita.* A aceitação tácita é a que deriva da prática de qualquer facto inequivocamente incompatível com a vontade de recorrer.

4 – O disposto nos números anteriores não é aplicável ao Ministério Público.

5 – O recorrente pode, por simples requerimento, desistir livremente do recurso interposto."

Salvos os casos urgentes, de pedido de aclaração, rectificação ou reforma da sentença, o prazo para interposição de recurso, através de requerimento em que se indica a espécie, o efeito e o modo de subida, bem como, nos casos previstos nas alíneas a) e c) do artigo 678.º, supra transcritas, no recurso para uniformização da jurisprudência e na revista excepcional, o respectivo fundamento, é de 30 dias, contados da notificação da decisão, podendo acrescer mais 10 dias, para o recurso e a resposta, se o recurso tiver por objecto a reapreciação da prova gravada.

O requerimento deve incluir a alegação do recorrente, devendo esta observar os formalismos agora contidos nos artigos 685.º-A e 685.º-B, do Código de Processo Civil.

Tratando-se de despachos ou sentenças orais, reproduzidos no processo, o requerimento de interposição pode imediatamente ser ditado para a acta.

Como já dissemos, da sentença homologatória da partilha, cabe recurso – artigo 1382.º, n.º 2, do Código de Processo Civil.

Este recurso, é de apelação, tendo efeito meramente devolutivo.

Cabe ainda recurso de apelação da sentença que julgue a nova partilha, nos termos do artigo 1385.º, do Código de Processo Civil, e das sentenças proferidas em todas aquelas causas que são como que enxertadas no processo de inventário e correm por dependência.

Cabe recurso de revista para o Supremo Tribunal de Justiça do acórdão do tribunal da Relação em que se conheça do mérito da causa – artigo 721.º, n.º 1, do Código de Processo Civil.

Não é admitida revista do acórdão da Relação que confirme, sem voto de vencido e ainda que por diferente fundamento, a decisão proferida na 1ª instância, salvo se se tratar de um dos casos de revista excepcional, previstos no artigo 721.º-A, do Código de Processo Civil.

Estes casos são os seguintes:

a) Estar em causa uma questão cuja apreciação seja claramente necessária para uma melhor aplicação do direito;

b) Estarem em causa interesses de particular relevância social;

c) O acórdão da Relação estar em contradição com outro, já transitado em julgado, proferido por qualquer Relação ou pelo Supremo Tribunal de Justiça, no domínio da mesma legislação e sobre a mesma questão fundamental de direito, salvo se tiver sido proferido acórdão de uniformização de jurisprudência com ele conforme.

Segundo o artigo 722.º, do Código de Processo Civil, a revista pode ter por fundamento:

"1 – (...)

a) A violação de lei substantiva, que pode consistir tanto no erro de interpretação ou de aplicação, como no erro de determinação da norma aplicável;

b) A violação ou errada aplicação da lei de processo;

c) As nulidades previstas nos artigos 668.º e 716.º

2 – Para efeitos do disposto na alínea a) do número anterior, consideram-se como lei substantiva as normas e os princípios de direito internacional geral ou comum e as disposições genéricas, de carácter substantivo, emanadas dos órgãos de soberania, nacionais ou estrangeiros, ou constantes de convenções ou tratados internacionais.

3 – (...)"

O Supremo Tribunal de Justiça só conhece questões de direito e o erro na apreciação das provas e na fixação dos factos materiais da causa só podem ser objecto do recurso de revista se tiver havido ofensa de disposição expressa da lei que exija certa espécie de prova para a existência do facto ou que fixe a força de determinado meio de prova.

Deve salientar-se que, no já várias vezes mencionado Anteprojecto do Código de Processo Civil, se tinha acabado com a diversidade de espécies de recursos então existente, passando-se a admitir, como agora, apenas a apelação e a revista.

Actualmente convém ter em atenção as especialidades previstas para os recursos interpostos em processo de inventário, nos termos do artigo 1 396.º, do Código de Processo Civil:

"1 – Nos processos referidos nos artigos anteriores cabe recurso da sentença homologatória da partilha.

2 – Salvo nos casos previstos no n.º 2 do artigo 691.º, as decisões interlocutórias proferidas no âmbito dos mesmos processos devem ser impugnadas no recurso que vier a ser interposto da sentença de partilha".

O artigo 691.º, n.º 2, do Código Civil, diz o seguinte:

"1. (...)

2. Cabe ainda recurso de apelação das seguintes decisões do tribunal de 1ª instância:

a) Decisão que aprecie o impedimento do juiz;
b) Decisão que aprecie a competência do tribunal;
c) Decisão que aplique multa;
d) Decisão que condene no cumprimento de obrigação pecuniária;
e) Decisão que ordene o cancelamento de qualquer registo;
f) Decisão que ordene a suspensão da instância;
g) Decisão proferida depois da decisão final;
h) Despacho saneador que, sem pôr termo ao processo, decida do mérito da causa;
i) Despacho de admissão ou rejeição de meios de prova;
j) Despacho que não admita o incidente ou que lhe ponha termo;
l) Despacho que se pronuncie quanto à concessão da providência cautelar, determine o seu levantamento ou indefira liminarmente o respectivo requerimento;
m) Decisões cuja impugnação com o recurso da decisão final seria absolutamente inútil;
n) Nos demais casos expressamente revistos na lei."

No anteprojecto do Código de Processo Civil, igualmente se estabelecia, no artigo n.º 1 040.º, um regime especial para os recursos em processo de inventário:

"1 – Chegado o momento da convocatória da conferência de interessados, subirão conjuntamente ao tribunal superior, em separado dos autos principais, todos os recursos interpostos até esse momento.

2 – O recurso da decisão que ponha termo a qualquer dos incidentes regulados nos artigos 1 043.º e seguintes sobe imediatamente e em separado, com ele subindo os recursos até esse momento interpostos de despachos proferidos no inventário".

Portanto, no regime actual, as regras dos recursos, nos processos de inventário, são idênticas às dos demais processos cíveis com aquela especificidade, ou seja, da concentração, na apelação interposta da sentença homologatória da partilha, dos recursos das decisões interlocutórias.

Quanto aos incidentes e aos procedimentos cautelares, a regra é a das alíneas j) e l), do supra citado n.º 2, do artigo 691.º, do C.P.C., ou seja, as apelações interpostas sobem nos termos normais.

As apelações interpostas do despacho de indeferimento do incidente processado por apenso e do despacho que indefira liminarmente ou não ordene a providência cautelar têm efeito suspensivo.

Sobem nos próprios autos as apelações interpostas das decisões que ponham termo ao processo; das decisões que suspendam a instância; das decisões que indefiram o incidente processado por apenso e das decisões que indefiram liminarmente ou não ordenem a providência cautelar.

As restantes apelações sobem em separado.

Os recursos interpõem-se através de requerimento dirigido ao tribunal que proferiu a decisão recorrida, no qual se indica a espécie, o efeito e o modo de subida. Este, requerimento deve incluir a alegação do recorrente.

O recorrente tem o ónus de alegar e formular conclusões, nos termos previstos no artigo 685.º-A, do Código de Processo Civil.

E se não for interposto recurso de apelação da sentença homologatória da partilha? Ficam, por isso, sem efeitos os agravos interpostos?

A resposta a esta questão está contida no n.º 2, do artigo 1 396.º, do Código de Processo Civil, supra transcrito, isto é, como os recursos das decisões interlocutórias, em processo de inventário, são interpostos com o da sentença homologatória da partilha, pura e simplesmente não existirão, se não for interposto recurso de apelação da sentença homologatória.

RECURSOS EXTRAORDINÁRIOS

São duas as espécies de recursos extraordinários previstas actualmente – o recurso de *revisão* e o recurso para *uniformização da jurisprudência*. Segundo se dispõe no artigo n.º 771.º do Código de Processo Civil, são fundamentos de recurso de revisão:

"A decisão transitada em julgado só pode ser objecto de revisão quando:

a) Outra sentença transitada em julgado tenha dado como provado que a decisão resulta de crime praticado pelo juiz no exercício das suas funções;

b) Se verifique a falsidade de documento ou acto judicial, de depoimento ou das declarações de peritos ou árbitros, que possam, em qualquer dos casos, ter determinado a decisão a rever, não tendo a matéria sido objecto de discussão no processo em que foi proferida;

c) Se apresente documento de que a parte não tivesse conhecimento, ou de que não tivesse podido fazer uso, no processo em que foi proferida a decisão a rever e que, por si só, seja suficiente para modificar a decisão em sentido mais favorável à parte vencida;

d) Se verifique nulidade ou anulabilidade de confissão, desistência ou transacção em que a decisão se fundou;

e) Tendo corrido a acção e a execução à revelia, por falta absoluta do réu, se mostre que faltou a citação ou que é nula a citação feita;

f) Seja inconciliável com decisão definitiva de uma instância internacional de recurso vinculativa para o Estado Português;

g) O litígio assente sobre acto simulado das partes e o tribunal não tenha feito uso do poder que lhe confere o artigo 665.º, por se não ter apercebido da fraude.

Tem interesse ainda relativamente a este recurso o que dispõe o artigo 772.º do Código de Processo Civil:

"1 – O recurso é interposto no tribunal que proferiu a decisão a rever.

2 – O recurso não pode ser interposto se tiverem decorrido mais de cinco anos sobre o trânsito em julgado da decisão e o prazo para a interposição é de 60 dias, contados:

a) No caso da alínea a) do artigo 771.º, do trânsito em julgado da sentença em que se funda a revisão;

b) No caso da alínea f) do artigo 771.º, desde que a decisão em que se funda a revisão se tornou definitiva;

c) No caso da alínea g) do artigo 771.º, desde que o recorrente teve conhecimento da sentença;

d) Nos outros casos, desde que o recorrente obteve o documento ou teve conhecimento do facto que serve de base à revisão.

3 – Nos casos previstos na segunda parte do n.º 3 do artigo 680.º, o prazo previsto no n.º 2 não finda antes de decorrido um ano sobre a aquisição da capacidade por parte do incapaz ou sobre a mudança do seu representante legal.

4 – Se, porém, devido a demora anormal na tramitação da causa em que se funda a revisão existir risco de caducidade, pode o interessado interpor recurso mesmo antes de naquela ser proferida decisão, requerendo logo a suspensão da instância no recurso, até que essa decisão transite em julgado.

5 – As decisões proferidas no processo de revisão admitem os recursos ordinários a que estariam originariamente sujeitas no decurso da acção em que foi proferida a sentença a rever."

Segundo se dispunha no artigo 778.º, do Código de Processo Civil, antes da actual revisão era o *seguinte o fundamento do recurso extraordinário de oposição de terce*iro:

"1 – Quando o litígio assente sobre um acto simulado das partes e o tribunal não tenha feito uso do poder que lhe confere o artigo 665.º, por se não ter apercebido da fraude, pode a decisão final, depois do trânsito em julgado, ser impugnada mediante recurso de oposição de terceiro que com ela tenha sido prejudicado.

2 – (...).

3 – *É considerado como terceiro, no que se refere à legitimidade para recorrer, o incapaz que haja intervindo no processo como parte, mas por intermédio de representante legal*".

Portanto, conforme afirma Palma Carlos, in "Dos Recursos", pág. 282, o recurso de oposição de terceiro depende da verificação de uma tríplice condição: existência de simulação processual bilateral na acção em que é proferida a decisão; que essa simulação seja causa de prejuízo para o recorrente e que esse recorrente seja terceiro.

As partes têm a obrigação de não articular factos contrários à verdade e, segundo dispõe o artigo n.º 665° do Código de Processo Civil. "Quando a conduta das partes ou quaisquer circunstâncias da causa produzam a convicção segura de que o autor e o réu se serviram do processo para praticar um acto simulado ou para conseguir um fim proibido por lei, a decisão deve obstar ao objectivo anormal prosseguido pelas partes".

Trata-se da chamada simulação processual, a qual poderá dar lugar, actualmente, como vimos, ao recurso de revisão, se tiver passado despercebida ao tribunal, no momento próprio.

Actualmente, dispõe-se no n.º 3, do artigo 680.º, do Código de Processo Civil:

(...)

"3 – O recurso previsto na alínea g) do artigo 771.º pode ser interposto por qualquer terceiro que tenha sido prejudicado com a sentença, considerando-se como terceiro o incapaz que interveio no processo como parte, mas por intermédio de representante legal."

As consequências da procedência do recurso de revisão são as previstas no artigo 776.º, do Código de Processo Civil.

O outro recurso que poderemos designar como extraordinário, actualmente previsto no Código de Processo Civil, é o chamado recurso para uniformização da jurisprudência, a que se reportam os artigos 763.º a 770.º, do Código de Processo Civil, dos quais convém reter o seguinte:

Artigo 763.º:

"1 – As partes podem interpor recurso para o pleno das secções cíveis do Supremo Tribunal de Justiça quando o Supremo proferir acórdão que esteja em contradição com outro anteriormente proferido pelo mesmo tribunal, no domínio da mesma legislação e sobre a mesma questão fundamental de direito.

2 – Como fundamento do recurso só pode invocar-se acórdão anterior com trânsito em julgado, presumindo-se o trânsito.

3 – O recurso não é admitido se a orientação perfilhada no acórdão recorrido estiver de acordo com jurisprudência uniformizada do Supremo Tribunal de Justiça."

Artigo 766.º:

"O recurso de uniformização de jurisprudência deve ser interposto pelo Ministério Público, mesmo quando não seja parte na causa, mas, neste caso, não tem qualquer influência na decisão desta, destinando-se unicamente à emissão de acórdão de uniformização sobre o conflito de jurisprudência".

Esta uniformização da jurisprudência pode ser alcançada, ainda, através do chamado julgamento ampliado da revista, previsto nos artigos 732.º-A e 732.º-B, do Código de Processo Civil. Diz-se no primeiro destes preceitos legais:

"1 – O Presidente do Supremo Tribunal de Justiça determina, até à prolação do acórdão, que o julgamento do recurso se faça com intervenção do pleno das secções cíveis, quando tal se revele necessário ou conveniente para assegurar a uniformidade da jurisprudência.

2 – O julgamento alargado, previsto no número anterior, pode ser requerido por qualquer das partes e deve ser proposto pelo relator, por qualquer dos adjuntos, pelos presidentes das secções cíveis ou pelo Ministério Público.

3 – O relator, ou qualquer dos adjuntos, propõe obrigatoriamente o julgamento ampliado da revista quando verifique a possibilidade de vencimento de solução jurídica que esteja em oposição com jurisprudência uniformizada, no domínio da mesma legislação e sobre a mesma questão fundamental de direito.

4 – A decisão referida no n.º 1 é definitiva."

Os acórdãos para uniformização da jurisprudência são publicados na 1ª série do Diário da República.

NATUREZA E EFEITOS DA PARTILHA

São *três as teses* em confronto quanto à natureza e efeitos da partilha:

a) A maioria da jurisprudência e a maior parte da doutrina, na qual se destacam o Dr. Paulo Cunha, in "Direito das Sucessões", pág. 325, Cunha Gonçalves, in Tratado, XI, 83 e Rabindranaht Capelo de Sousa, in "Lições de Direito das Sucessões", II vol., pág. 357 e segs., considera que a partilha tem *natureza declarativa e não atributiva*, pelo que os *efeitos dela são retroactivos*. Cada herdeiro, depois da partilha, é considerado o único sucessor do inventariado nos bens que lhe vierem a caber. O direito do sucessor não é diferente do direito do inventariado a esses bens. Reflexos da retroactividade da partilha no nosso direito civil actual encontram-se na proibição da hipoteca sobre a quota de herança indivisa – artigo 690.°; as regras da alienação da quota de herança – artigos 2 124.° e 2 130.° e as regras relativas à evicção – artigo 2 123.°, todos do Código Civil. Como consequência desta tese, *o acto de partilhas, por si só, não é considerado justo título para efeitos de usucapião*.

Também não é possível a resolução da partilha com base no incumprimento do dever de pagamento de tornas.

b) Directamente em confronto com esta primeira tese está aquela dos que defendem o *carácter translativo e os efeitos constitutivos da partilha*, tais como Manuel Flamino Martins dos Santos, in Inventário Orfanológico, vol. II, pág. 328-624 e segs. A obra em questão é escrita na vigência do Código Civil de Seabra e o seu autor defende a dita tese com base essencialmente no artigo n.° 2 159.° daquele Código: "Os co-herdeiros são reciprocamente obrigados a indemnizar-se, em caso de evicção, dos objectos repartidos". Esta obrigação de indemnização apenas cessa se a evicção acontecer por culpa do evicto ou por causa posterior à partilha.

Dizia ele que, se a partilha tivesse efeito retroactivo, só o evicto teria de suportar os efeitos da evicção por causa anterior à partilha. E acrescenta que: "Pode dizer-se que pelas operações da partilha, especialmente pelas licitações e pelo sorteio, tudo se passa, como *se cada interessado vendesse aos outros o seu direito nos bens em que não licitou ou não lhe foram sorteados, e lhes comprasse os respectivos direitos* sobre os bens em que licitou ou lhes couberam em sorte".

Extrai ainda do facto de os rendimentos da herança serem comuns, desde a data da morte do inventariado e até à partilha mais um argumento no sentido de que a mesma não tem efeitos retroactivos.

Acontece, porém, que as regras da evicção, que actualmente estão previstas no artigo 2 123.° do Código Civil apenas determinam a ineficácia parcial da partilha e não a sua resolução.

É certo que no próprio artigo 2 119.° do actual Código Civil, em que se proclama que "feita a partilha, cada um dos herdeiros é considerado, desde a abertura da herança, sucessor único dos bens que lhe foram atribuídos", se ressalva o disposto quanto a frutos, mas isso só vem confirmar que o regime específico dos rendimento dos bens da herança é apenas uma restrição aos efeitos retroactivos da partilha.

c) *A terceira tese*, defendida na doutrina, entre outros, por Gomes da Silva, in "Direito das Sucessões", 1961/62, pág. 342 e Oliveira Ascensão, in "Direito das Sucessões", 1981, pág. 501 e segs. *considera a partilha uma acto modificativo de direitos:* cada herdeiro não adquire nada aos outros. Apenas é modificado pela partilha um direito que já existia na titularidade do inventariado. Relativamente a esta tese, diz Rabindranaht Capelo de Sousa, na obra citada, pág. 359, nota 1 153: "*essa é outra questão*, na qual se não subsume a questão principal de saber do carácter declarativo ou constitutivo dos efeitos da partilha em matéria de determinação do modo e do tempo da transferência da titularidade, v. g., de pro-priedade de cada um dos bens hereditários, ou seja, de saber se o acto de partilha é ou não título translativo de propriedade".

EXECUÇÃO DA SENTENÇA DE PARTILHAS

Logo que transitada a sentença homologatória de partilhas, se o cabeça-de-casal ou o detentor dos bens não os entregam aos *interessados* a quem foram atribuídos, podem estes *executar tal sentença*, já que esta é abrangida pela alínea a) do artigo 46.º do Código de Processo Civil, que define as espécies de títulos executivos. Na verdade, *tal sentença é condenatória*, embora não possa ser considerada sentença proferida em acção de condenação. Tratar-se-á, então, de execução especial para entrega de coisa certa.

Poderá também o *credor* abrangido nessa sentença executá-la contra o interessado ou interessados condenados ao pagamento do passivo, tratando-se, então, de execução sumária para pagamento de quantia certa. Estas execuções *correm por apenso* ao processo de inventário.

Note-se que foi eliminado do respectivo Código o preceito que estabelecia uma garantia do pagamento das custas do processo e que constava do n.º 1, do art. 117.º, do primitivo Código das Custas Judiciais:

"1 – O responsável por custas que tenham sido contadas nos termos do artigo n.º 122º e que as não haja pago no prazo legal não pode obter certidão nem praticar qualquer acto nesse processo, ou nos seus apensos, enquanto não efectuar o pagamento das custas de que é devedor".

Quanto a esta matéria há, ainda, que ter em atenção o disposto no artigo 52.º, do Código do Imposto Municipal sobre as Transmissões Onerosas de Imóveis, aplicável ao imposto de selo, por força do artigo 63.º, n.º 1, do Código do Imposto de Selo:

"Salvo disposição de lei em contrário, não podem ser atendidos em juízo, nem perante qualquer autoridade, autarquia local, repartição pública e pessoa colectiva de utilidade pública, os documentos ou títulos respeitantes a transmissões pelas quais se devesse ter pago IMT, sem a prova de que o pagamento foi feito ou de que dele estão isentas."

Também interessa reter a doutrina do artigo 57.º, do Código do Imposto do Selo:

"Quando, em processo judicial, se mostre não terem sido cumpridas quaisquer obrigações previstas no presente Código directa ou indirectamente relacionadas com a causa, deve o secretário judicial, no prazo de 10 dias, comunicar a infracção ao serviço de finanças da área da ocorrência do facto tributário, para efeitos de aplicação do o presente Código".

Já dissemos supra que se não poderá executar a sentença de partilhas sem ela transitar em julgado, sendo certo que, *normalmente, só se procederá à entrega dos bens aos interessados depois desse trânsito*, cessando, nessa altura o cabeçalato.

Poderá, no entanto, proceder-se a essa entrega antes do trânsito se se observarem certas cautelas – as constantes do artigo n.º 1 384.º, que se passa a transcrever:

"1 – Se algum dos interessados quiser receber os bens que lhe tenham cabido em partilha antes de a sentença passar em julgado, observar-se-á o seguinte:

   a) No título que se passa para o registo e posse dos bens imóveis declarar-se-á que a sentença não passou em julgado, não podendo o conservador registar a transmissão sem mencionar essa circunstância;

   b) Os papéis de crédito sujeitos a averbamento são averbados pela entidade competente com a declaração de que o interessado não pode dispor deles enquanto a sentença não passar em julgado;

   c) Quaisquer outros bens só são entregues se o interessado prestar caução, que não compreende os rendimentos, juros e dividendos.

2 – Se o inventário prosseguir quanto a alguns bens por se reconhecer desde logo que devem ser relacionados, mas subsistirem dúvidas

quanto à falta de bens a conferir, o conferente não recebe os que lhe couberem em partilha sem prestar caução ao valor daqueles a que não terá direito se a questão vier a ser decidida contra ele.

3 – As declarações feitas no registo ou no averbamento produzem o mesmo efeito que o registo das acções. Este efeito subsiste enquanto, por despacho judicial, não for declarado extinto".

Caso tenha de proceder-se a nova partilha por efeito do resultado do recurso ou por efeito da decisão proferida na causa (de anulação de testamento ou de filiação), entretanto instaurada, s*eguem-se as prescrições do artigo 1 385.º do C.P.C.*, se acaso houve entrega antecipada de bens:

"1 – Tendo de proceder-se a nova partilha por efeito da decisão do recurso ou da causa, o cabeça-de-casal entra imediatamente na posse dos bens que deixaram de pertencer ao interessado que os recebeu.

2 – O inventário só é reformado na parte estritamente necessária para que a decisão seja cumprida, subsistindo sempre a avaliação e a descrição, ainda que haja completa substituição de herdeiros.

3 – Na sentença que julgue a nova partilha, ou por despacho, quando não tenha de proceder-se a nova partilha, serão mandados cancelar os registos ou averbamentos que devam caducar.

4 – Se o interessado deixar de restituir os bens imóveis que recebeu, será executado por eles no mesmo processo, bem como pelos rendimentos que deva restituir, prestando contas como se fosse cabeça--de-casal; a execução segue por apenso.

LEVANTAMENTOS DE DINHEIRO DEPOSITADO NA CAIXA GERAL DE DEPÓSITOS

Eis um incidente do processo de inventário que é extremamente frequente, embora *se não encontre regulado expressamente no Código de Processo Civil.*

Quem quiser obter a entrega de dinheiro depositado na Caixa Geral de Depósitos, à ordem do processo, terá de o *requerer expressamente, de forma avulsa*, explicando a sua pretensão.

Será ainda necessário, como era tradicional, fazer a prova de que não é devedor da Fazenda Nacional, nem na área do concelho da respectiva residência, nem no da área onde se situam os bens objecto do inventário?

O entendimento positivo vem-se baseando na interpretação que alguma jurisprudência dava ao preceito contido no artigo 34.° do Código de Processo das Contribuições e Impostos:

"Os magistrados e os funcionários que participem no levantamento ou entrega de valores sem se mostrarem devidamente assegurados os direitos da Fazenda Nacional ou que não citem os chefes de repartição de finanças para os efeitos do artigo 32.° ficarão subsidiariamente responsáveis pelas quantias que não possam ser cobradas dos responsáveis directos e serão executados no respectivo processo de execução fiscal, feita a competente prova documental".

Nesse sentido veja-se, entre outros o Acórdão do S.T.J. de 22/2/83, in B.M.J. 324, 541: "1 – Uma coisa são os meios processuais postos ao alcance do Estado, credor, para, coercivamente, se fazer pagar dos seus créditos provenientes de impostos, e outra as garantias que a lei especialmente consagra para obstar ao seu não pagamento, mesmo quando a Fazenda Nacional não tenha, por qualquer razão, reclamado o seu crédito na devida oportunidade. 2 – Estando em dívida a contribuição predial relativa a imóvel vendido em execução, a que a Fazenda Nacional não acorreu para reclamar o respectivo crédito, não poderão ser entregues aos credores graduados as quantias depositadas provenientes do produto da venda, sem que aquela contribuição se mostre paga, ou se mostre que não é devida" – embora, já na altura, alguns entendessem que "os direitos da Fazenda Nacional que devem ser assegurados são os relativos ao facto tributário decorrente da proveniência ou destino dos valores depositados à ordem do tribunal ou da transmissão de bens apreendidos ou penhorados – Ruben de Carvalho e Francisco Pardal, in Código Anotado, pág. 199.

O dito preceito legal inseria-se na secção IV do título I do Código sob a epígrafe "Das garantias gerais de cobrança". *Acontece que o mencionado Código foi revogado pelo art. 11.° do Dec.-lei n.° 154/91 de 23/4*, que entrou em vigor no dia 11 de Julho de 1991 e que introduziu o chamado Código de Processo Tributário. Este, por sua vez, foi revogado pelo Decreto-Lei n.° 433/99, de 26/10, que aprovou o Código de Procedimento e de Processo Tributário. Ora, este último código, na secção II do capítulo VII, que tem a epígrafe "Das garantias da cobrança" deixou de conter preceito equivalente ao já transcrito artigo 34.° e, nos seus artigos 80.° a 83.° sob a epígrafe "Garantias de cobrança", apenas dispõe quanto à citação para reclamação de créditos tributários; quanto à restituição do remanescente nas execuções; quanto às condições a observar pelo notário aquando da celebração da escritura de trespasse de estabelecimento comercial ou industrial; quanto ao pagamento voluntário e quanto ao pagamento coercivo.

Portanto, actualmente, apenas será de exigir a prova de que não é devido imposto municipal sobre as transacções de imóveis, nos termos do artigo 52.º, do respectivo Código, e imposto de selo, nos termos do artigo 63.º-A, do respectivo Código, que diz o seguinte:

"1 – Nenhuma pessoa singular ou colectiva poderá autorizar o levantamento de quaisquer depósitos que lhe tenham sido confiados, que hajam sido objecto de uma transmissão gratuita, por ela de qualquer forma conhecida, sem que se mostre pago o imposto do selo relativo a esses bens, ou, verificando-se qualquer isenção, sem que se mostre cumprida a respectiva obrigação declarativa a que se refere o n.º 2, do artigo 26.º.

2 – A inobservância do disposto no número anterior importará a responsabilidade solidária da pessoa singular ou colectiva pelo pagamento do imposto, bem como a dos administradores, directores ou gerentes desta última que tomaram ou sancionaram a decisão."

Logo que feita esta prova, vão os autos com vista ao *Ministério Público*, para dar o seu parecer, e, depois, serão conclusos ao Juiz para decidir.

O levantamento é averbado no conhecimento do depósito junto aos autos.

O requerimento *pode ser feito em conjunto* por mais de um interessado, sendo certo que o incidente corre nos próprios e não está isento de custas mas metade do valor pago a titulo de taxa de justiça é convertido em pagamento antecipado de encargos – artigo 22.º, n.º 3, alínea g), do Regulamento das Custas Processuais.

No caso de se tratar de depósito de tornas efectuado a favor de menores, deverão estes juntar *certidão comprovativa de que já atingiram a maioridade*. De facto, neste caso, só quando o menor se torna "sui iuris" é possível o levantamento, através do uso deste meio processual.

Na esteira desta doutrina consta do Ac. da Rel. do Porto, de 22/5//79, in B.M.J. 288/465, que: "O pedido de levantamento de dinheiro depositado na Caixa Geral de Depósitos pertencente a menor e a sua aplicação na reconstrução de uma casa é da competência do Tribunal de Família e não do T. comum".

EMENDA DA PARTILHA

Nem pelo facto de ter transitado em julgado a sentença homologatória da partilha levada a cabo num determinado inventário se pode dizer que este atingiu o seu final.

Na verdade, *pode ainda a partilha ser emendada, mesmo depois.*

Esta especialidade do processo, que se encontra consagrada desde a vigência do Código de Processo Civil de 1876, continua a constar do artigo 1 030.° do anteprojecto e, actualmente no artigo 1 386.° do Código de Processo Civil:

"1 – A partilha, ainda depois de passar em julgado a sentença, pode ser emendada no mesmo inventário por acordo de todos os interessados ou dos seus representantes, se tiver havido *erro de facto na descrição ou na qualificação* dos bens ou *qualquer outro erro* susceptível de viciar a vontade das partes.

2 – O disposto neste artigo não obsta à aplicação do artigo 667.°""

Como resulta do preceito, *também se poderá proceder à emenda em questão depois de proferida a sentença homologatória e antes desta passar em julgado.*

A *enumeração* dos casos de emenda *não pode considerar-se taxativa*, pelo que outras causas poderão admitir-se, para além do erro de facto na descrição ou na qualificação dos bens. Aliás, a norma em questão o refere expressamente.

Ponto é que o erro em causa seja susceptível de viciar a vontade.

Haverá erro de facto na descrição sempre que ela não corresponda à realidade. Como erro de qualificação deverá ser considerado todo aquele que atinja as características dos bens descritos: considerar como livre um prédio onerado; como propriedade plena o que é mero usufruto.

Quanto aos demais erros de facto invocáveis há que ter em atenção o disposto no artigo 247.° e seguintes do Código Civil: "Quando, em virtude de erro, a vontade declarada não corresponda à vontade real do autor, a declaração negocial é anulável, desde que o declaratário conhecesse ou não devesse ignorar a essencialidade, para o declarante, do elemento sobre que incidiu o erro". Não é exigida a desculpabilidade do erro. Basta o erro culposo do enganado.

Também é relevante o erro de direito.

Necessário se torna, no entanto, que tal erro seja objectivo, isto é, que seja comum a todos os interessados e não privativo de qualquer deles. Afirma Rabindranaht Capelo de Sousa, na obra citada, pág. 374 do II volume: "Nos casos de ineficácia parcial da partilha, quer judicial quer extrajudicial, permite-se a emenda da partilha fundindo-se tal emenda com o corpo da partilha e constituindo ambos um mesmo acto jurídico".

Esta emenda *nada tem a ver com a rectificação da partilha*, como, aliás, decorre da ressalva contida no n.° 2 do preceito, *nos termos do artigo n.° 667.° do Código de Processo Civil.*

Determina-se neste último preceito:

"1 – Se a sentença omitir o nome das partes, for omissa quanto a custas, ou contiver erros de escrita ou de cálculo ou quaisquer inexactidões devidas a outra omissão ou lapso manifesto, pode ser corrigida por simples despacho, a requerimento de qualquer das partes ou por iniciativa do juiz.

2 – Em caso de recurso, a rectificação só pode ter lugar antes de ele subir, podendo as partes alegar perante o tribunal superior o que entendam de seu direito no tocante à rectificação.

3 – Se nenhuma das partes recorrer, a rectificação pode ter lugar a todo o tempo".

No preceito fala-se apenas em rectificação de sentença inquinada de meros erros materiais, mas, no que respeita ao processo de inventário essa rectificação não pode deixar de ser extensível ao mapa da partilha, visto que, como já foi dito, este mapa como que é parte integrante da sentença homologatória.

No caso de ter havido omissão de bens na partilha ou indevida inclusão deles não poderá haver lugar nem à rectificação nem à emenda, mas sim, no caso de omissão, a partilha adicional e no caso de indevida inclusão os meios processuais comuns que se encontram à disposição do indivíduo que se arrogar a propriedade dos bens para defender os seus direitos.

Caso de emenda é, no entanto, o previsto no artigo n.° 1 389.° do Código de Processo Civil:

"1 – Não se verificando os requisitos do artigo anterior ou preferindo o herdeiro preterido que a sua quota lhe seja composta em dinheiro, requererá ele no processo de inventário que seja convocada a conferência de interessados para se determinar o montante da sua quota.

2 – Se os interessados não chegarem a acordo, consigna-se no auto quais os bens sobre cujo valor há divergências; esses bens são avaliados novamente e sobre eles pode ser requerida segunda avaliação. Fixar-se-á depois a importância a que o herdeiro tem direito.

3 – É organizado novo mapa de partilha para fixação das alterações que sofre o primitivo mapa em consequência dos pagamentos necessários para o preenchimento do quinhão do preterido.

4 – Feita a composição da quota, o herdeiro pode requerer que os devedores sejam notificados para efectuar o pagamento, sob pena de ficarem obrigados a compor-lhe em bens a parte respectiva, sem prejuízo, porém, das alienações já efectuadas.

5 – Se não for exigido o pagamento, é aplicável o disposto no n.º 4 do artigo 1 378.º". (as tornas vencem os juros legais desde a data da sentença de partilhas e os credores podem registar hipoteca legal sobre os bens adjudicados ao devedor ou, quando essa garantia se mostre insuficiente, requerer que sejam tomadas, quanto aos móveis, as cautelas prescritas no artigo 1384.º).

Trata-se, portanto, da hipótese de *preterição de herdeiro, sem que tenha havido má fé ou dolo dos outros interessados, quer quanto à preterição, quer quanto ao modo como a partilha foi preparada.*

A escolha dos bens a entregar ao herdeiro preterido, no caso de os interessados não lhe pagarem o valor do seu quinhão cabe aos obrigados.

No artigo n.º 1 033.º do Anteprojecto do Código de Processo Civil, encontra-se prevista solução idêntica à exposta, com a diferença de que foram excluídas as previsões dos números 4 e 5 do actual artigo 1 389.º. Isso deve-se ao facto de se tratar de normas repetitivas, logo, redundantes, já que as soluções delas decorrentes resultam de outras normas, quer da lei adjectiva, quer da lei substantiva.

Em princípio, os casos de emenda da partilha, que não sejam os de preterição de herdeiro, são resolvidos pelo acordo de todos os interessados na conferência reunida para o efeito. *Não há limite temporal para a emenda obtida por acordo.*

Se o acordo não for possível, rege o disposto no artigo 1 387.º:

"1 – Quando se verifique algum dos casos previstos no artigo anterior e os interessados não estejam de acordo quanto à emenda, pode esta ser pedida em acção proposta dentro de *um ano*, a contar do conhecimento do erro, contanto este conhecimento seja posterior à sentença.

2 – A acção destinada a obter a emenda segue processo ordinário ou sumário, conforme o valor, e é dependência do processo de inventário".

Portanto, *neste caso, existe um limite temporal bem definido*, convindo realçar o facto de o preceito mencionar a circunstância do conhecimento do erro ser posterior à sentença e não posterior ao trânsito em julgado da mesma, assim se tendo prevenido a hipótese e a definição do meio a utilizar nessas circunstâncias, pois parece que estaria vedado o recurso, no caso de haver necessidade de produzir prova que não fosse exclusivamente documental para demonstração da existência do erro que levou ao pedido de emenda da partilha, prova essa que não podia ser apreciada no tribunal superior.

A acção tem de ser proposta contra todos os interessados pelo directamente prejudicado, pois trata-se de caso de litisconsórcio necessário.

ANULAÇÃO DA PARTILHA

Os casos de anulação da partilha judicial estão directamente previstos no artigo 1 388.º do Código de Processo Civil:

"1 – Salvo os casos de recurso extraordinário, a anulação da partilha judicial confirmada por sentença passada em julgado só pode ser decretada quando tenha havido preterição ou falta de intervenção de algum dos co-herdeiros e se mostre que os outros interessados procederam com dolo ou má fé, seja quanto à preterição, seja quanto ao modo como a partilha foi preparada.

2 – A anulação deve ser pedida por meio de acção à qual é aplicável o disposto no n.º 2 do artigo anterior".

Já falamos supra sobre os casos de recurso extraordinário.
Quanto ao caso de ter havido preterição de herdeiro convém ainda reter que mesmo que tenha havido o dolo e a má fé previstos na norma em questão, nem por isso, se procede automaticamente à anulação da partilha, pois pode o preterido preferir que o seu quinhão seja preenchido por dinheiro, o que significa que, nesse caso, haverá lugar apenas à emenda da partilha, nos termos do artigo 1 389.º, já mencionados.

Para que a preterição ou falta de intervenção de co-herdeiros conduza à anulação da partilha é necessário que haja *dolo e má fé* dos demais interessados. Esse conceito está definido no artigo 253.º do Código Civil:

"1 – Entende-se por dolo qualquer sugestão ou artifício que alguém empregue com intenção ou consciência de induzir ou manter em erro o autor da declaração, bem como a dissimulação, pelo declaratário ou terceiro, do erro do declarante.

2 – Não constituem dolo ilícito as sugestões ou artifícios usuais, considerados legítimos segundo as concepções dominantes no comércio jurídico, nem a dissimulação do erro, quando nenhum dever de elucidar o declarante resulte da lei, de estipulação negocial ou daquelas concepções".

Conforme se diz no Ac. da Rel. de Coimbra de 9/6/76, in Col. Jur. 1.º/291:

"O dolo só tem relevância quando o enganador use sugestões, artifícios, maquinações ou embustes (dolo comissivo) ou ainda silencie (dolo omissivo) com o fim, intuito ou consciência de induzir ou manter em erro o enganado, consiste em o enganador querer usar expedientes enganatórios ou silenciar e saber que com a sua actuação ou omissão induz em erro o enganado".

Este dolo tem que presidir à actuação de todos os demais interessados, isto é, tem de se pressentir *ter havido um conluio entre todos eles* para afastar um dos herdeiros.

A lei distingue entre *preterição e falta de intervenção*, podendo afirmar-se que existe a primeira quando se deixa de indicar como herdeiro alguém que já o é no momento em que o inventário é instaurado e existe a segunda quando, posteriormente à instauração do inventário, alguém adquire a qualidade de herdeiro e, não obstante, não é indicado no processo.

PARTILHA ADICIONAL

Preceitua-se no artigo n.º 2 122.º do Código Civil que:

"A omissão de bens da herança não determina a nulidade da partilha, mas apenas a partilha adicional dos bens omitidos".

Esta partilha adicional vem prevista no artigo n.º 1 395.º do Código de Processo Civil:

"1 – Quando se reconheça, depois de feita a partilha judicial, que houve omissão de alguns bens, proceder-se-á, no mesmo processo, a partilha adicional, com observância, na parte aplicável, do que se acha disposto nesta secção e nas anteriores.

2 – No inventário a que se proceda por óbito do cônjuge supérstite serão descritos e partilhados os bens omitidos no inventário do cônjuge predefunto, quando a omissão só venha a descobrir-se por ocasião daquele inventário".

Como resulta da redacção do preceito, para que haja partilha adicional, *é necessário que tenha havido partilha judicial prévia*. Daí que se afirme no Ac. da Rel. de Lisboa de 11/4/73, in B.M.J., 226, 266, que:

"I – Se determinado processo de inventário veio a terminar por desistência de todos os interessados após realização de partilha extrajudicial em escritura notarial não pode mais tarde tal processo prosseguir para eventual partilha de bens omitidos nessa escritura, antes haverá que instaurar processo autónomo.

II – Com efeito, os artigos 2 122.º do Código Civil e 1 395.º e 1 392.º do Código de Processo Civil pressupõem a prévia existência de partilha judicial para que outros bens possam ser adicionalmente partilhados".

A partilha adicional *constitui uma nova partilha, uma nova causa*. Por isso, quando se partilham bens adicionalmente, repetem-se as fases principais do processo de inventário: citação dos interessados, descrição, avaliação e partilha.

BREVE REFERÊNCIA À ACÇÃO DE DIVISÃO DE COISA COMUM

Como se fez já referência supra, é com muita frequência que certos bens partilhados em processo de inventário são adjudicados, em comum, a mais do que um interessado.

Ora, é sabido que ninguém é obrigado a permanecer na indivisão, e *a lei faculta aos comproprietários meios próprios* para acabar com essa comunhão.

Preceitua-se no artigo n.º 1 413.º do Código Civil:

"1 – A divisão é feita amigavelmente ou nos termos da lei de processo.

2 – A divisão amigável está sujeita à forma exigida para a alienação onerosa da coisa.

Não interessando à economia deste nosso estudo a divisão amigável, apenas nos debruçaremos sobre a *divisão judicial*.
O processo próprio é o constante dos artigos 1 052.º a 1057.º, do Código de Processo Civil, sendo certo que só *corre por apenso ao inventário a acção de divisão de coisa comum relativa a bens situados na área de jurisdição do tribunal onde correu* o inventário.
De facto, segundo se alcança do disposto no n.º 1 do artigo n.º 73.º do Código de Processo Civil o tribunal territorialmente competente para a acção em apreciação é o do juízo da situação dos bens a dividir. Por isso, só quando esse tribunal coincide com aquele por onde correu termos o inventário donde derivou originalmente a indivisão é que o processo respectivo corre por apenso ao dito inventário. Nesse sentido dispõe o n.º 2 do art. 1 052.º do C.P.C.:

"1 – ....
2 – Quando a compropriedade tenha origem em inventário judicial, processado no tribunal competente para acção de divisão de coisa comum, esta corre por apenso ao inventário".

Quando os bens, por sua natureza ou sem detrimento forem indivisíveis o interessado que vier pedir a divisão declará-lo-á na petição e requererá que todos os interessados (é caso de litisconsórcio necessário passivo) sejam citados para contestar, sob pena de se proceder à adjudicação ou à venda.
Na falta de contestação haverá uma conferência, com a presença do M.º P.º, se houver menores ou equiparados, para os interessados declararem se concordam com a adjudicação a qualquer deles, inteirando-se os outros a dinheiro. A deliberação terá de ser tomada pela unanimidade dos interessados presentes. *Se não houver acordo, a coisa será vendida*.
Se houver contestação, o juiz, produzidas as provas necessárias, profere logo decisão sobre as questões suscitadas pelo pedido de divisão, podendo fazer seguir a causa, conforme as regras do processo comum, se não puder decidir apenas com o recurso à prova sumária produzida.
Se o bem for divisível, o autor requererá a divisão, requerendo a citação de todos os interessados para contestarem, sob pena de se proceder à *nomeação de peritos*.

Se houver contestação, o juiz poderá decidir logo, se o puder fazer apenas com o recurso à prova sumária produzida ou fará seguir os autos, segundo as regras do processo ordinário, ou sumário, conforme o valor.

Se não houver contestação, ou esta for julgada improcedente, são nomeados os peritos e é feita a peritagem, com a particularidade de ser feita por um único perito, se as partes, no prazo de dez dias que lhes foi concedido, não indicarem o seu.

Esta peritagem também é feita no caso de ter sido contestada a indivisibilidade, bem como no caso de o autor requerer a divisão e na contestação algum dos interessados afirmar que a coisa não pode ser dividida.

Não havendo oposição ao resultado da diligência, aquele é homologado por sentença, que pode ser precedida de segunda perícia ou quaisquer outras diligências.

Logo que fixados os quinhões haverá uma conferência para se fazer, por acordo, a adjudicação. Na falta deste haverá sorteio. O acordo tem sempre de ser autorizado pelo M.° P.°, se houver menores ou equiparados.

BREVE REFERÊNCIA À AUTORIZAÇÃO OU CONFIRMAÇÃO DE CERTOS ACTOS

Outro tipo de acção conexionada, com muita frequência, com o processo de inventário é a prevista no artigo n.° 1 439.° do Código de Processo Civil e que tem por objecto o *pedido de autorização do representante do interdito para alienar ou onerar bens pertencentes ao incapaz.* E só deste objecto se trata, pois se não deve confundir com autorizações relativas a menores, que correm no tribunal de família, ou autorizações relativas ao inabilitado, que são dadas pelo próprio curador.

Esse artigo 1 439.° tinha sido expressamente revogado pelo Decreto--Lei n.° 272/01, de 13/10, publicado na sequência da Lei de Autorização Legislativa n.° 82/01, de 3/8. No entanto, pela rectificação àquele Decreto--Lei, constante da Resolução n.° 20-AR/ 2001, de 30/11/01, aquela revogação foi anulada.

Na verdade, actualmente, compete ao Ministério Público, em princípio, proferir decisões relativas ao suprimento do consentimento, sendo a causa de pedir a incapacidade ou a ausência em parte incerta da pessoa; autorizar a prática de actos pelo representante do incapaz, quando legalmente exigida; autorizar a alienação ou oneração de bens do ausente, quando, tenha sido deferida a curadoria provisória ou definitiva; confirmar actos praticados pelo representante do incapaz sem a autorização necessária.

Esta competência do Ministério Público não está prevista para o caso de autorização para a prática de actos por parte do representante legal do incapaz quando esteja em causa a autorização para outorgar partilha extrajudicial e o representante legal concorra à sucessão com o seu representado, sendo necessário nomear curador especial, bem como nos casos em que o pedido de autorização seja dependente de processo de inventário ou de interdição, casos em que se mantém a competência do Juiz.

Dispõe o artigo n.º 140.º do Código Civil que: "Pertence ao tribunal por onde corre o processo de interdição a competência atribuída ao tribunal de menores nas disposições que regulam o suprimento do poder paternal".

Esta referência ao tribunal de menores tem de ser entendida como ao Ministério Público junto do Tribunal de Família e Menores, por força do disposto no artigo 16.º do Decreto-Lei n.º 272/01, supra citado.

Se nesse tribunal correu processo de inventário, o pedido corre por apenso ao próprio inventário – n.º 4 do artigo 1 439.º do C.P.C..

O pedido é formulado pelo representante do incapaz e é citado para contestar, para além do M.º P.º o parente sucessível mais próximo. Haja ou não contestação, *o juiz só decide depois de realizadas todas as diligências tidas* por necessárias e depois de ouvido o conselho de família, se for necessário.

Este tipo de processo é *também aplicável*, por força do artigo 1 441.º do Código de Processo Civil, *à confirmação judicial de actos praticados pelo representante legal do interdito* sem a necessária autorização.

ACEITAÇÃO OU REJEIÇÃO DE LIBERALIDADES EM FAVOR DO INTERDITO

Este processo, regulado no artigo 1 440.º do Código de Processo Civil, *pode também correr por dependência do processo de inventário se disser respeito a interditos:*

"1 – No requerimento em que se peça a notificação do representante legal para providenciar acerca da aceitação ou rejeição de liberalidades a favor de incapaz (eles devem fazê-lo ou requerer autorização judicial para o fazer, sem qualquer interpelação no prazo de trinta dias – art. 1 890.º-1 do

Código Civil) o requerente, se for o próprio incapaz (então por intermédio de curador especial), algum seu parente, o Ministério Público ou o doador, justificará a conveniência da aceitação ou rejeição, podendo oferecer provas".

Depois das alterações às competências, introduzidas pelo supra citado Decreto-Lei n.º 272/01, de 13/10, normalmente, ou seja, se não for dependente de processo de inventário ou de interdição, nos termos do artigo 4.º, do referido diploma, as decisões são da competência do Ministério Público.

Nos termos do n.º 6, do artigo 3.º, há possibilidade de requerer a reapreciação da decisão do Ministério Público, no prazo de dez dias, contado da notificação, através da correspondente acção, a decidir pelo Juiz.

Depois, ou o notificado pede autorização para aceitar ou rejeitar dentro do prazo fixado, ou o tribunal supre a sua actividade.

Com a reforma introduzida pelo Dec.-lei n.º 227/94, de 8/9, foi acrescentado um número 4, ao referido artigo 1 890.º, do Código Civil, com o seguinte teor:

"4 – No processo em que os pais requeiram autorização judicial para aceitar a herança, quando dela necessitem, poderão requerer autorização para convencionar a respectiva partilha extrajudicial, bem como a nomeação de curador especial para nela outorgar, em representação do menor, quando com ela concorram à sucessão ou a ela concorram vários incapazes por eles representados."

Neste processo, a totalidade da taxa de justiça paga previamente é convertida em pagamento antecipado dos encargos – artigo 22.º, n.º 2, alínea f), do Regulamento das custas processuais.

A TRIBUTAÇÃO NO PROCESSO DE INVENTÁRIO

Preceitua o artigo 1.º do Regulamento das Custas Processuais:

"1 – Todos os processos estão sujeitos a custas, nos termos fixados pelo presente regulamento.

2 – Para efeitos do presente Regulamento, considera-se como processo autónomo cada acção, execução, incidente, procedimento cautelar ou recurso, corram ou não por apenso, desde que o mesmo possa dar origem a uma tributação própria."

Para além disso, dizem o n.º 1, do artigo 447.º, do Código de Processo Civil e o n.º 1, do artigo 3.º, do Regulamento das Custas Processuais:

"1 – As custas processuais abrangem a taxa de justiça, os encargos e as custas de parte.
(...)"

Por via disso, findo o processo de inventário, a respectiva secção de processos elaborará oficiosamente a conta, no prazo de 10 dias sobre a data do trânsito em julgado da sentença homologatória da partilha, nos termos dos artigos 29.º, n.º 1, alínea a) e 30.º, n.º 3, do Regulamento das Custas Processuais:

"(...)
3 – A conta é processada pela secção do processo, através dos meios informáticos previstos e regulamentados por portaria do membro do Governo responsável pela área da justiça, obedecendo aos seguintes critérios:
    a) – (...)
    b) – (...)
    c) – (...)
    d) – (...)
    e) – (...)
    f) – (...)
    g) – (...)."

Deve notar-se que, se durante o processo ocorreu, como é frequente, qualquer condenação em custas, do cabeça-de-casal ou qualquer outro interessado, nem por isso o processo vai logo à conta.

Só *irá no final*, embora possa vir a ser elaborada conta autónoma, respeitante a tal condenação, a par da conta principal.

Acontece também *não ser apenas no caso de no inventário ter sido prolatada sentença homologatória das partilhas que se elabora a conta.*

Esta terá igualmente de ser elaborada nos casos de *arquivamento do processo, nos de impugnação, com êxito, da legitimidade do requerente, nos de oposição procedente e naqueles em que se arguiu, também com êxito, a excepção da incompetência relativa.*

Segundo o disposto nos números 3 e 6, do artigo 7.º, do Regulamento das Custas Processuais, a taxa de justiça devida pelos incidentes, procedimentos cautelares e procedimentos anómalos é determinada de acordo com a tabela II, do Regulamento, sendo considerados procedimentos ou incidentes anómalos apenas aqueles que, não cabendo na normal tramitação do processo, possam ter sede em articulado ou requerimento autónomo, dêem origem à audição da parte contrária e imponham uma apreciação jurisdicional de mérito.

Como se vê, tudo conceitos relativamente indeterminados que irão dar lugar, certamente, a inúmeras polémicas judiciárias.

Segundo o n.º 5, do mesmo preceito, quando o incidente ou procedimento revistam especial complexidade, o juiz pode determinar, no final, o pagamento de um valor superior ao mínimo previsto na tabela II.

Nos casos de inventários de incapazes, não parece fazer muito sentido a aplicação da regra contida no n.º 3, alínea a), do artigo 29.º, do Regulamento:

"1 – (...)
2 – (...)
3 – Para além dos casos em que o juiz o determine ou as partes o requeiram fundamentadamente, a secção efectua um balanço provisório da conta de custas sempre que:

a) O processo esteja parado por mais de três meses por facto imputável às partes;

b) (...)

4 – Na conta provisória não se incluem as custas de parte.
5 – (...)"

Já não assim se houver incapazes, como é evidente.

Diz-se no artigo 30.º, do Regulamento de que se vem falando, que:

"1 – A conta definitiva abrange todas as custas da acção principal, incidentes, recursos e procedimentos autónomos.

2 – Deve elaborar-se uma só conta por cada sujeito processual responsável pelas custas.

3 – (...)»

E, no n.º 1, do artigo 29.º:

"1 – A conta de custas é elaborada de modo contínuo, ao longo do processo, na secretaria correspondente ao tribunal que funcionou em 1ª instância no respectivo processo (...)".

A conta é elaborada pelo escrivão de direito provido em cada secção de processos dos serviços judiciais da secretaria, sendo certo que o secretário de justiça tem por missão *"dirigir o serviço de contagem* de processos, providenciando pelo correcto desempenho dessas funções, assumindo-as pessoalmente e quando tal se justifique"* – conferir alíneas b) e c) do mapa n.º I anexo ao Dec.-lei n.º 343/99, de 26 de Agosto, Estatuto dos Funcionários de Justiça, que revogou, entre outros diplomas, parcialmente, o Decreto-Lei n.º 376/87, de 11/12 – Lei Orgânica das Secretarias Judiciais.

As regras a observar na conta são as previstas nas sete alíneas do n.º 3, do artigo 30.º, do Regulamento das Custas Processuais.

Interessa referir, ainda, o disposto no artigo 5.º do Regulamento:

"1 – A taxa de justiça é expressa com recurso à unidade de conta processual (UC).

2 – A UC é actualizada anual e automaticamente de acordo com o indexante dos apoios sociais (IAS), devendo atender-se, para o efeito, ao valor de UC respeitante ao ano anterior.

3 – O valor correspondente à UC para cada processo, tal como definido no n.º 2 do artigo 1.º, fixa-se no momento em que o mesmo se inicia, independentemente do momento em que a taxa deva ser paga.

4 – O valor correspondente à UC para o pagamento de encargos, multas e outras penalidades fixa-se no momento da prática do acto taxável ou penalizado."

A primeira actualização da UC segundo estas regras ocorrerá no ano de 2009.

Vem também, a talho de foice, referir que o valor da UC começou por ser de 10 000$00, actualizável, a partir de 1 de Janeiro de 1995, para 12 000$00 e, depois, trienalmente, na medida de um quarto da remuneração mínima mensal mais elevada garantida aos trabalhadores por conta de outrem, que vigorar no dia 1 de Outubro do ano anterior, arredondado, quando necessário, para o milhar de escudos mais próximo ou, se a proximidade for igual, para o milhar de escudos imediatamente inferior – arts. 5.º e 6.º do Dec.-lei n.º 212/89 de 30/6. A partir de 1 de Janeiro de 1998, o valor da UC passou a ser de 14.000$00.

A partir de 1 de Janeiro de 2001, passou a ser de € 79,81 (16.000$00).

A partir de 1 de Janeiro de 2004, passou a ser de € 89 (17.800$00).

A partir de 1 de Janeiro de 2007, passou a ser de € 96 (19.246$00).

Valor atendível

O valor do processo de inventário como causa cível, v.g. para efeito da admissibilidade de recurso é, agora, igual ao valor a atender para efeitos de custas, por força do supra citado n.º 3, do artigo 311.º, do Código de Processo Civil, conjugado com o n.º 1, do artigo 6.º, do Regulamento das Custas Processuais.

Acresce que, no artigo 11.º, do Regulamento das Custas Processuais, se dispõe que:

"A base tributável para efeitos da taxa de justiça corresponde ao valor da causa, com os acertos constantes da tabela I, e fixa-se de acordo com as regras previstas na lei do processo respectivo".

No artigo 12.º, prevê-se a fixação do valor em casos especiais. Nos recursos, o valor é o da sucumbência, quando esta for determinável.

É incompreensível que se não deduzam os valores dos legados, que, como vimos já, rigorosamente não são bens a partilhar e também se não compreende a razão pela qual se não deduz o valor de todas as dívidas aprovadas por unanimidade por todos os interessados ou reconhecidas judicialmente.

Entretanto, como os bens doados por conta da quota disponível e cujo valor total a não exceda não são rigorosamente bens a partilhar, *tem-se entendido que o valor de tais bens não conta para efeitos de custas* – Ac. Rel. Lx. de 6/7/73, in B.M.J. 229-224.

Deve-se, ainda, referir que, agora, o valor do inventário passou a ser o da soma dos bens a partilhar, isto é, o resultante das licitações e de todos os outros processos já estudados de determinar, nos autos, o seu valor.

Portanto, se os interessados, por maioria, aquando da realização da respectiva conferência, deliberaram reduzir o valor dos bens que constavam da descrição, isso tem relevo, agora, para efeito da contagem das custas.

Inventários que não chegam ao seu termo normal

Resulta de tudo o que se expôs anteriormente que, a partir da reforma do processo de inventário e mais propriamente da vigência de um dos seus princípios orientadores – desaparecimento do carácter obrigatório do inventário – desapareceram os chamados casos de processos de inventário nado-mortos.

Por isso, desapareceu, também, do Código das Custas Judiciais agora revogado, uma regra que estava contida na primitiva redacção do n.º 3 do artigo 4.º:

"3 – Quando, antes do despacho determinativo da partilha, cesse a causa justificativa da obrigatoriedade do inventário e não seja requerido o prosseguimento do processo, o despacho que o dê por findo indicará o modo de dividir a herança para os efeitos do número anterior."

No número anterior, estabeleciam-se verdadeiras isenções da tributação de natureza pessoal:

a) a meação e o quinhão do cônjuge ou de cada descendente não ficam sujeitos a encargos se, no conjunto, não ultrapassarem *100 000$00*;
b) não pagam taxa de justiça se, tomados singularmente, não excederem *125 000$00*;
c) a taxa de justiça é *reduzida de 60%* se, nos mesmos termos, excederem *125 000$00 e não ultrapassarem 300 000$00*.

O despacho em questão deveria ser precedido de uma promoção do Ministério Público sobre a forma à partilha, com aquela finalidade.

Quanto ao valor, para efeitos de custas, dos inventários em que não chega a ser determinado o valor dos bens mantém-se, como vimos, uma das regras que vigoravam anteriormente: o valor é o constante da relação apresentada na repartição de finanças.

Quanto aos incidentes do inventário posteriores à partilha, ter-se-á, agora, de conjugar o disposto no artigo 316.º, do Código do Processo Civil, com a tabela II, anexa ao Regulamento. Considerando-se incidentes anómalos, serão tributados em taxa de justiça entre 1 a 3 UC.

Se assim for, facilmente se perceberá que a última reforma judicial das custas judiciais poderá vir a proporcionar o cometimento de autênticas fraudes processuais...

Preparos

Com a última versão do Código das custas agora revogado, foram abolidos quer os preparos iniciais, quer os preparos subsequentes, que eram formas de garantir o pagamento das custas.

Agora, a taxa de justiça é paga integralmente de uma só vez por cada parte ou sujeito processual, nos termos do artigo 13.º, do Regulamento, logo que requerido o inventário, juntando-se o documento comprovativo do seu prévio pagamento, nos termos do artigo 150.º-A, do Código de Processo Civil.

Note-se que, nos termos do artigo 4.º, n.º 1, alínea a), do Regulamento, o Ministério Público está isento de custas nos processos em que age em nome próprio na defesa dos direitos e interesses que lhe são confiados por lei, pelo que, a nosso ver, nos processos de inventário de incapazes ou ausentes em parte incerta requeridos pelo Ministério Público só é devida taxa de justiça a final.

Actualmente, apenas está previsto o pagamento de preparos para despesas, que são garantia do pagamento dos encargos

Os preparos para despesas são calculados pela secção de processos e devem ser pagos após notificação para o efeito ou no prazo de 10 dias, mas o Instituto de Gestão Financeira e das Infra-Estruturas da Justiça, I.P. adiantará o montante da despesa se o responsável pelos preparos estiver isento ou dispensado do pagamento de custas.

Em certos casos, os valores da taxa de justiça paga são convertidos em pagamento antecipado de encargos, nos termos previstos no artigo 22.º, do Regulamento. De acordo com a alínea e) do n.º 2, deste preceito, é convertido metade do valor pago a título de taxa de justiça nos inventários em que não haja operações de partilha ou que terminem antes da fase da conferência de interessados.

Os encargos são as despesas previstas no artigo 16.º do Regulamento e são sempre imputados na conta de custas da parte que é por eles responsável, mesmo que beneficie de apoio judiciário.

No final, os encargos são imputados na conta de custas da parte ou partes que forem nelas condenadas, na proporção da condenação – artigo 24.º, do Regulamento.

Taxa de Justiça

As taxas de justiça devidas pelos processos cíveis, incluindo os de inventário, são as constantes da tabela I-A, anexa ao Regulamento, calculadas em função do valor e da complexidade da causa – artigo 6.º, n.º 1, do Regulamento.

Nos recursos, a taxa de justiça é sempre fixada nos termos da tabela I-B – artigo 6.º, n.º 2, do Regulamento.

Às acções ou recursos que revelem especial complexidade pode o juiz determinar, a final, a aplicação da tabela I-C – artigo 6.º, n.º 5.

Nos termos do n.º 7, do artigo 447.º-A, do Código de Processo Civil, consideram-se de especial complexidade as acções que:

"7 – (. .)

a) Digam respeito a questões de elevada especialização jurídica, especificidade técnica ou importem a análise combinada de questões jurídicas de âmbito muito diverso;

b) Impliquem a audição de um elevado número de testemunhas, a análise de meios de prova extremamente complexos ou a realização de várias diligências de produção de prova morosas."

Existe ainda a possibilidade de o juiz fixar uma taxa sancionatória excepcional, nos termos do artigo 447.º-B, do Código de Processo Civil, a qual pode variar entre 2 UC e 15 UC – artigo 10.º, do Regulamento.

Encargos

Segundo se dispõe no artigo 16.º, do Regulamento das Custas Processuais:

"1 – As custas compreendem os seguintes tipos de encargos:

a) Os reembolsos ao Instituto de Gestão Financeira e das Infra-Estruturas da Justiça, I.P.:

i) De todas as despesas por este pagas adiantadamente;
ii) Dos custos com a concessão do apoio judiciário;
iii) Dos custos com a digitação das peças processuais ou documentos;
iv) Dos custos com a aquisição de suportes magnéticos necessários à gravação das provas, franquias postais, comunicações telefónicas, telegráficas, por telecópia ou por meios telemáticos, nos termos a fixar por portaria do ministro responsável pela área da justiça;

b) Os reembolsos por despesas adiantadas pela Direcção-Geral dos Impostos;

c) (...)

d) Os pagamentos devidos ou pagos a quaisquer entidades pela produção ou entrega de documentos, prestação de serviços ou actos análogos, requisitados pelo juiz a requerimento ou oficiosamente, salvo quando se trata de certidões extraídas oficiosamente pelo tribunal;

e) As compensações devidas a testemunhas;

t) Os pagamentos devidos a quaisquer entidades pela passagem de certidões exigidas pela lei processual, quando a parte responsável beneficie de apoio judiciário;

g) (...)

h) As retribuições devidas a quem interveio acidentalmente no processo;

i) As despesas de transporte e ajudas de custo para diligências afectas ao processo em causa.

2 – (...)".

Como já dissemos noutro local (supra pág. 255), quando o Ministério Público, nos termos do artigo 40.º do Código de Registo Predial, procede ao registo a favor dos incapazes dos direitos sobre imóveis que lhes venham a caber em processo de inventário o custo das certidões necessárias, para o efeito, bem como as importâncias de emolumentos devidos pelos actos de registo, entram em regra de custas, isto é, tais valores serão considerados como encargos previstos na alínea d), do n.º 1, do artigo 16.º, do Regulamento das Custas, a levar em consideração aquando da elaboração da conta.

Como, normalmente, o M.º P.º só consegue efectuar o registo definitivo a favor de tais incapazes muito tempo depois de o processo ter sido remetido à conta, a liquidação de tais encargos (cuja existência até aí era desconhecida) deverá processar-se de acordo com as regras que adiante analisaremos da rectificação ou da reforma da conta, consoante estejam ou não já pagas as demais custas.

Custas de parte

Diz-se no artigo 447.º-D, do Código de Processo Civil:

"1 – Sem prejuízo do disposto no n.º 4, as custas da parte vencedora são suportadas pela parte vencida, na proporção do seu decaimento e nos termos previstos no Regulamento das Custas Processuais.

2 – Compreendem-se nas custas de parte, designadamente, as seguintes despesas:

a) As taxas de justiça pagas;

b) Os encargos efectivamente suportados pela parte;

c) As remunerações pagas ao agente de execução e as despesas por este efectuadas;

d) Os honorários do mandatário e as despesas por este efectuadas.
3 – (...)
4 –(...)
5 – (...)"

Como no processo de inventário, atenta a sua especial natureza, não há parte vencedora nem arte vencida, não deve atender-se, na respectiva conta, às custas de parte.

Apenas deverão ser contemplados os encargos, como se disse supra.

Custas nos incidentes

O conceito de incidente para efeitos processuais (aqueles que têm processado próprio ou os expressamente regulados como tal em capítulo próprio da lei adjectiva) é diferente do conceito de incidente para fins tributários.

Diz-se no Ac. Rel. Lx. de 30/6/37 na Rev. da Just. 23-41:

"Quem vem pôr em movimento a actividade judicial, desviando uma causa dos seus termos normais, origina um incidente em que deverá haver condenação em custas, mesmo que esse incidente não seja dos que, como tais, estão classificados na lei.".

É precisamente este entendimento que, como vimos acima, se encontra estabelecido, para os procedimentos ou incidentes anómalos, no n.º 6, do artigo 7.º, do Regulamento:

(...)
"6 – Consideram-se procedimentos ou incidentes anómalos apenas aqueles que, não cabendo na normal tramitação do processo, possam ter sede em articulado ou requerimento autónomo, dêem origem à audição da parte contrária e imponham uma apreciação jurisdicional de mérito."

Contém, ainda, o actual Código de Processo Civil a alusão a um conceito de incidente supérfluo, no artigo 448.º, n.º 2:

(...)
"2 – Devem reputar-se supérfluos os actos e incidentes desnecessários para a declaração ou defesa do direito. As custas destes actos ficam à conta de quem os requereu (...)".

Nesta matéria da tributação dos incidentes, há que atentar na redacção do artigo 446.º, números 1 e 2, do Código de Processo Civil:

"1 – A decisão que julgue a acção ou algum dos seus incidentes ou

recursos condenará em custas a parte que a elas houver dado causa ou, não havendo vencimento da acção, quem do processo tirou proveito.
2 – Entende-se que dá causa às custas do processo a parte vencida, na proporção em que o for.
3 – (....)".

Bem como na redacção do n.º 1, do artigo 453.º, do mesmo Código de Processo Civil:

"1 – A taxa de justiça dos procedimentos cautelares e dos incidentes é paga pelo requerente e, havendo oposição, pelo requerido.
2 – (...)
3 – (...)".

Segundo tais preceitos, há que atender às regras de condenação em custas e saber se estas ficam a cargo de todos os interessados a elas sujeitos ou se, embora apenas a cargo de alguns, a actividade que lhes deu causa aproveita a todos.

Ficarão a cargo de todos os interessados a elas sujeitos as custas dos incidentes julgados procedentes sem impugnação. Por outro lado, considera-se que a actividade que deu causa às custas aproveita a todos os interessados quando dessa actividade resulta um aumento do valor do monte partível.

Valor a atender na tributação dos incidentes

Actualmente, no processo de inventário, para efeitos tributários, só interessa saber o valor nos incidentes de intervenção provocada principal ou acessória e de oposição provocada, pois a taxa de justiça só é variável nestes incidentes – cfr. Tabela II anexa ao Regulamento das Custas Processuais.

Esse valor, de acordo com o artigo 313.º, do Código de Processo Civil, será o valor do próprio processo de inventário, no momento em que o incidente for instaurado.

Quanto aos demais incidentes possíveis em processo de inventário, a respectiva taxa de justiça é fixa e, por isso, parece-nos indiferente saber o seu valor processual.

Claro que se não deve confundir o conceito de incidente com o de acção, mesmo que esta corra por apenso ao processo de inventário.

Assim, o valor a ter em conta nos processos de prestação de contas que corram por apenso aos processos de inventário é o da receita bruta ou o da despesa apresentada, se lhe for superior – artigo 307.º, n.º 4, do Código de Processo Civil.

Na prestação ou substituição da caução, é o valor a caucionar ou cuja substituição se pede – artigo 313.º, n.º 2, do Código de Processo Civil.

Na divisão de coisa comum, atende-se ao valor da coisa que se pretende dividir – artigo 311.º, n.º 2, do Código de Processo Civil.

Taxa de justiça

Quanto à taxa de justiça a aplicar à tributação dos procedimentos cautelares e aos incidentes do processo de inventário, importa reter as seguintes regras, constantes da tabela II, anexa ao Regulamento:

Procedimentos cautelares:

Até € 300 000 .... 3 UC
Igual ou superior a € 300 000,01 8
De especial complexidade .... 9 a 20.

Incidente de intervenção provocada principal ou acessória de terceiros e oposição provocada:

Até € 300 000 .... 2 UC
Com valor superior a € 300 000,01 4
Incidentes/procedimentos anómalos 1 a3;
Verificação do valor da causa .... 1 UC.

Embora se não trate, propriamente de incidentes mas de acções enxertadas no processo de inventário, deverá atentar-se, ainda, no artigo 22.º, n.º 3, alíneas f) e g), do Regulamento:

"(...)

3 – É convertido (*em preparos*) metade do valor pago a título de taxa de justiça nos seguintes casos:

(...)

f) Autorizações ou confirmações de actos de incapazes, autorizações para alienar ou onerar bens do ausente, divisões de coisa comum, prestações de contas de cabeça-de-casal e semelhantes, processadas na dependência de processos de incapazes, quando não haja representação pelo M.º P.º;

g) Depósitos e levantamentos."

Quem paga as custas dos incidentes em processo de inventário

Nesta matéria regem as disposições combinadas dos artigos 1 383.º n.º 2 e 446.º, ambos do Código de Processo Civil.

Art. 1 383.º-2: "Às custas dos incidentes e recursos é aplicável o disposto nos artigos 446.º e seguintes."

Art. 446.º: "1 – A decisão que julgue a acção ou algum dos seus incidentes ou recursos condenará em custas a *parte que a elas houver dado causa* ou, não havendo vencimento da acção, *quem do processo tirou proveito*.

2 – Entende-se que dá causa às custas do processo a parte vencida, na proporção em que o for.

3 – No caso de condenação por obrigação solidária, a solidariedade estende-se às custas.".

Partilha adicional

Quanto a esta, regia o artigo 20.º, n.º 2, do agora revogado Código das Custas Judiciais, segundo o qual se contava de novo o processo e se descontava o que tivesse sido pago através da primitiva conta.

Desaparecida esta norma especial, parece que, agora, terá de ser feita uma conta autónoma, sendo que o valor a ter em conta deverá ser o da soma do valor dos bens a partilhar adicionalmente, como se se tratasse de um novo inventário.

Se a partilha adicional foi requerida mas a pretensão foi indeferida, as custas ficarão a cargo, naturalmente, do requerente.

Actos posteriores à conta

Elaborada a conta no processo de inventário, é a mesma notificada ao Ministério Público, aos mandatários ou às próprias partes quando não haja mandatário, e à parte responsável pelo pagamento, para que, no prazo de 10 dias, peçam a reforma, reclamem da conta ou efectuem o pagamento – artigo 31.º, n.º 1, do Regulamento das Custas Processuais.

De facto, com a entrada em vigor do Código das Custas Judiciais ora revogado, deixou aquele magistrado de registar em livro próprio a conta, nos termos dos artigos 138.º – 2 e 245.º do anterior C.C.J.:

Art. 138.º-2 "Para efeito de exame e de registo é dada vista, por cinco dias, imediatamente após o recebimento do processo com a conta, ao Ministério Público, que tem faculdade de reclamar dentro do prazo do exame e enquanto o possam fazer os interessados que tenham custas a pagar e a receber".

Art. 245.º:

"1 – À medida que for examinando as contas, nos termos do n.º 2 do artigo 138.º, o magistrado do Ministério Público lançará em livro próprio o número da conta, o número do processo e a data do exame.

2 – Instaurada a execução ou recebido o processo para o visto fiscal, o magistrado anotará no livro a data correspondente".

Esta existência do livro de registo das contas era por nós criticada nos seguintes termos, na 2.ª edição deste livro:

Se se compreende perfeitamente a razão de ser do exame da conta por parte do magistrado do Ministério Público, não se entende muito bem para que serve o registo da mesma em livro próprio, sendo tal tarefa mais um bom exemplo do excesso de burocracia que vai dominando os serviços judiciários.

De facto, tal registo é uma *autêntica repetição* daquele que é feito na secção central, onde existe também um livro próprio para o efeito.

Este livro da secção central existe por força do disposto no art. 278.º alínea a) do Estatuto Judiciário:

"Haverá ainda, além dos destinados ao serviço da tesouraria judicial, os livros seguintes:

a) Do registo de contas em processos cíveis";

Essa existência foi mantida na vigência do Dec.-lei n.º 450/78 de 30 de Dezembro, dado o disposto nas disposições combinadas dos arts. 62.º-1 e 56.º-2, alínea u), sendo certo que tal diploma não revogou expressamente as normas do Estatuto Judiciário. Essa revogação expressa apenas surge com a entrada em vigor do art. 5.º da lei n.º 35/80, de 29 de Julho, que veio ratificar com algumas alterações aquele decreto-lei.

Foi mantida ainda pelo arts. 56.º-2, u) e 62.º-1 do Dec.-lei n.º 385//82, de 16/9, que revogou a lei n.º 35/80, de 29/7.

Deixou de se fazer referência a tal livro no Decreto-Lei n.º 186-A//99, de 31/5, diploma que revogou os anteriores, pois que, no que diz respeito a livros das secretarias, a costumada enunciação passou a ser substituída por um preceito, dando maior flexibilidade aos serviços:

Art. 26.º, n.º 1: *"Nas secretarias judiciais e nos serviços do Ministério Público há os registos indispensáveis ao serviço, os quais constarão dos livros que forem necessários ou de aplicações informáticas devidamente aprovadas."*

Ora, a existência de tal livro na secção central ainda se poderá justificar, quanto mais não seja com a finalidade de um controlo estatístico. O que não se justifica é que o Magistrado do M.º P.º tenha, depois, de repetir uma tarefa cuja utilidade se não alcança.

Ainda bem que o legislador parece ter dado ouvidos a esta e semelhantes críticas acabando com tão burocrática tarefa.

O livro de registo de contas da secção central de cada tribunal estava previsto no artigo 133.º do C.C.J., sendo constituído pelos duplicados das contas, os quais, depois de pagas as custas, eram extraídos para formarem um livro arquivo. No entanto, tal preceito foi revogado com a informatização das custas.

O exame da conta pelo M.º P.º tem por finalidade dar oportunidade àquele Magistrado de reclamar.

Ele poderá fazê-lo, ou pedir a reforma da conta, como já vimos, no prazo de 10 dias.

Note-se que qualquer interveniente processual pode pedir a reforma da conta ou dela reclamar até 5 dias após o recebimento de quaisquer quantias.

Como atrás referimos, ao falarmos dos encargos, logo que o M.º P.º consiga efectuar o registo definitivo dos direitos imobiliários que caibam aos interessados incapazes ou equiparados em processo de inventário, nos termos do art. 40.º do C.R.P., deverá requerer a junção aos autos das respectivas certidões, donde constem os emolumentos devidos às diversas entidades intervenientes nesse registo, a fim de o seu montante ser considerado na elaboração da conta.

Se esta ainda não foi elaborada, ou se o foi, mas ainda não foram pagas as custas, basta aquele pedido de junção e eventualmente o pedido de reforma da conta, nos termos do n.º 1, do artigo 31.º, do Regulamento das Custas Processuais.

Se as custas já se encontrarem pagas, como é o caso mais frequente, além de requerer a junção aos autos das referidas certidões, parece-nos que pode agora o M.º P.º pedir a reforma da conta, nos termos conjugados dos números 4 e 7, do referido artigo 31.º, pois poderá invocar a persistência de erros materiais na conta, consistentes no facto de não terem sido levados em consideração aqueles emolumentos.

Os incidentes da reforma e da reclamação da conta processam-se nos precisos termos estabelecidos no citado artigo 31.º.

A quem são enviados os avisos para pagamento de custas

A regra geral quanto ao pagamento de custas (pessoas responsáveis) em processo de inventário está contida no art. 1 383.º n.º 1 do Cód. Proc. Civil:

"1 – *As custas do inventário são pagas pelos herdeiros, pelo meeiro e pelo usufrutuário de toda a herança ou de parte dela*, na proporção do que recebam, respondendo os bens legados subsidiariamente pelo pagamento; se a herança for toda distribuída em legados, as custas são pagas pelos legatários na mesma proporção".

Da leitura do preceito se conclui que *os donatários não pagam quaisquer custas e os legatários só as pagam nos termos constantes da norma em questão*. E isto pelo simples facto de estes interessados não o serem directamente na partilha.

Não havendo reclamação da conta de custas, as custas devem ser pagas no prazo de 10 dias, conforme se dispõe no n.º 1, do citado artigo 31.º, depois de se ter procedido à respectiva notificação. O pagamento deve ser feito, preferencialmente, através dos meios electrónicos disponíveis e de acordo com o estabelecido no artigo 32.º, do Regulamento das Custas Processuais.

A responsabilidade pelo pagamento das custas cabe a todos os interessados indicados no art. 1 383.º do C.P.C., pelo que deve ser enviado aviso da conta para cada um deles.

O pagamento voluntário das custas deverá ser feito nos prazos supra mencionados.

Esse pagamento, em princípio, é feito por inteiro.

No entanto estabelece o Regulamento, a possibilidade do pagamento faseado das custas, agravadas em 5%, no seu artigo 33°:

– Em seis prestações mensais, se o seu valor for superior a 3 UC e não ultrapassar 12 UC, quando se trate de pessoa singular, ou 20 UC, quando se trate de pessoa colectiva;
– Em 12 prestações mensais, não inferiores a 1 UC, quando estejam ultrapassados aqueles valores.

No regime do Código das Custas anterior ao agora revogado, só era permitido o pagamento em prestações das custas dos inventários obrigatórios, nas interdições, nas habilitações e nos processos do foro laboral, exigindo-se a prestação de uma caução idónea, ficando o respectivo incidente isento de custas.

A falta de pagamento de qualquer das prestações importa o funcionamento do disposto no art. 781.º do Código Civil:

"Se a obrigação puder ser liquidada em duas ou mais prestações, a falta de realização de uma delas importa o vencimento de todas".

Se não forem pagas as custas voluntariamente e segundo as duas modalidades acabadas de analisar, o tribunal tem o direito a reter qualquer bem na sua posse ou quantia depositada à sua ordem que:

"a) Provenha de caução depositada pelo responsável pelas custas;

b) Provenha de arresto, consignação em depósito ou mecanismo similar, relativos a bens ou quantias de que seja titular o responsável pelas custas;

c) Provenha da consignação, venda ou remição relativa a bens penhorados que fossem propriedade do responsável pelas custas;

d) Deva ser entregue ao responsável pelas custas." – Artigo 32.º do Regulamento.

Sobre a totalidade das quantias contadas, com excepção das multas e penalidades, incidem juros de mora à taxa legal mínima.

Não tendo sido possível obter-se o pagamento das custas por estas formas, seguir-se-á o processo do seu pagamento coercivo, nos termos dos artigos 35.º e 36.º, do Regulamento das Custas Processuais.

Nesta execução das custas devidas em processo de inventário apenas poderão ser penhorados os bens da herança, conforme resulta do princípio expresso no n.º 1, do artigo 2071.º, do Código Civil:

"1 – Sendo a herança aceita a benefício de inventário, só respondem pelos encargos respectivos os bens inventariados, salvo se os credores ou legatários provarem a existência de outros bens".

O crédito das custas e o direito à devolução de quantias depositadas à ordem de quaisquer processos prescreve no prazo de 5 anos, a contar da data em que o titular foi notificado do direito a requerer a respectiva devolução – artigo 37.º, do Regulamento.

O destino das custas processuais será fixado por portaria dos membros do Governo responsáveis pelas áreas das finanças e da justiça – artigo 39.º do Regulamento.

O imposto municipal sobre as transmissões onerosas de imóveis e o processo de inventário

O actual Código do Imposto Municipal sobre as Transmissões Onerosas de Imóveis (CIMT) prescreve no seu artigo 3.º, alíneas a) e b):

"São simultaneamente sujeitas a IMT e a imposto de selo, nos termos do respectivo Código, as transmissões de bens imóveis:

a) Por meio de doações com entradas ou pensões a favor do doador, ou com o encargo de pagamento de dívidas ao donatário ou a terceiro, nos termos do artigo 964º do Código Civil;

b) Por meio de sucessão testamentária com o encargo expresso do pagamento de dívidas ou de pensões devidas ao próprio herdeiro ou legatário, ou a terceiro, tenham-se ou não determinado os bens sobre que recai o encargo e desde que, quanto ao herdeiro, o seu valor exceda a respectiva quota nas dívidas.

Por sua vez, na alínea a), do artigo 4.º, prescreve-se que:

(...)

"a) Nas divisões e partilhas, o imposto é devido pelo adquirente dos bens imóveis cujo valor exceda o da sua quota nesses bens."

Portanto, *se a herança compreender bens imóveis e se a determinado herdeiro forem adjudicados bens dessa natureza cujo valor exceda o valor da quota-parte do mesmo herdeiro, pela diferença é devido IMT, já que se entende que, naquela medida, houve uma verdadeira aquisição a título oneroso de bens imóveis.*

Nos termos do n.º 3, do art. 21º, do citado Código, o imposto em questão é liquidado no serviço de finanças competente para a liquidação do imposto de selo.

Os bens imóveis sobre que incide o imposto têm de constar, obviamente, da herança a partilhar e têm de se situar no território nacional, ou melhor, no Continente e Ilhas Adjacentes. Com a revogação do antigo Código Municipal da Sisa e do Imposto sobre as Sucessões e Doações, parece ter desaparecido uma regra segundo a qual era devido imposto pela transmissão dos jazigos(que não são propriedade pública, nem privada e não são prédios rústicos, nem urbanos), dado o disposto no n.° 3.° do §1.° do art. 2.° do C.S.I.S.S.D.:

"§ 1° – Consideram-se, para este efeito, transmissões de propriedade imobiliária:
(...)
3° – As concessões de terrenos para sepulturas ou construção de jazigos, salvo as dadas em compensação do abandono forçado de outras anteriores, bem como as transmissões desses terrenos ou dos próprios jazigos".

Nos termos do n.° 2, do artigo 1.°, do Código do IMIT, o conceito de prédio é o definido no Código do Imposto Municipal sobre Imóveis (CIMI), o que acontece no artigo 2.°, deste último Código, que se passa a transcrever:

"1 – Para efeitos do presente Código, prédio é toda a fracção de território, abrangendo as águas, plantações, edifícios e construções de qualquer natureza nela incorporados ou assentes, com carácter de permanência, desde que faça parte do património de uma pessoa singular ou colectiva e, em circunstâncias normais, tenha valor económico, bem como as águas, plantações, edifícios ou construções, nas circunstâncias anteriores, dotados de autonomia económica em relação ao terreno onde se encontrem implantados, embora situados numa fracção de território que constitua parte integrante de um património diverso ou não tenha natureza patrimonial.

2 – Os edifícios ou construções, ainda que móveis por natureza, são havidos como tendo carácter de permanência quando afectos a fins não transitórios.

3 – Presume-se o carácter de permanência quando os edifícios ou construções estiverem assentes no mesmo local por um período superior a um ano.

4 – Para efeitos deste imposto, cada fracção autónoma, no regime de propriedade horizontal, é havida como constituindo um prédio."

Face a esta definição de prédio tão abrangente, parece-nos que as sepulturas, jazigos ou mausoléus, que não os terrenos onde se encontram implantados, devem ser considerados prédios.

Face ao disposto no artigo 4°, deste Código – "Prédios urbanos são todos aqueles que não devam ser classificados como rústicos, sem prejuízo do disposto no artigo seguinte."(prédios mistos) – os referidos sepulturas, jazigos e mausoléus devem ser considerados prédios urbanos.

Qual o valor desses bens imóveis a atender para efeitos de liquidação do imposto municipal sobre as transmissões onerosas de imóveis?

Dispõe do seguinte modo a regra 1ª, do n.° 4, do art. 12.°:

"11ª – Nas partilhas judiciais ou extrajudiciais, o valor do excesso de imóveis sobre a quota-parte do adquirente, nos termos da alínea c) do n.° 5 do artigo 2.°, é calculada em face do valor patrimonial tributário desses bens adicionado do valor atribuído aos imóveis não sujeitos a inscrição matricial ou, caso seja superior, em face do valor que tiver servido de base à partilha."

Esta regra não é de muito fácil interpretação.

Na verdade, parece que, pela leitura da alínea c), do n.° 5, do artigo 2.°, do Código do IMIT, a taxa do imposto deveria incidir sobre a diferença entre o valor matricial dos prédios e o valor da adjudicação ao devedor de tornas – "c) O excesso da quota-parte que ao adquirente pertencer, nos bens imóveis, em acto de divisão ou partilhas, bem como a alienação da herança ou quinhão hereditário". Parece, assim, que apenas haveria que pagar imposto quando fossem devidas tornas.

Mas não é assim.

A regra 11.ª do n.° 4, do art. 12.°, supra transcrita, veio tornar obrigatório o controle do valor da transmissão pelo valor matricial, pois, se ele não existisse, seria muito fácil fugir ao pagamento do imposto.

Portanto, primeiro, calcula-se o valor do excesso atendendo ao valor matricial e, no caso de o valor resultante do inventário ser superior, determina-se a matéria colectável na proporção do excesso, determinado pela primeira forma.

No Código da Sisa e Imposto sobre as Sucessões e Doações anotado por A. Baptista da Silva e José Alves Rodrigues, edição de 1983, pág. 358/59 vem apontado um exemplo que pode esclarecer este ponto e que passamos a transcrever, com a ressalva de que, naturalmente, se reporta à sisa:

"Os imobiliários duma herança a partilhar por três interessados, em partes iguais, têm os seguintes valores:

	Na matriz	No inventário ou escritura
1	150 contos	200 contos
2	120 "	180 "
3	70 "	100 "
4	80 "	120 "
	420 "	600 "

A **A** ... coube o prédio n.º 1 a **B**.... o prédio n.º 2 e a **C** ... os prédios 3 e 4.

De harmonia com o § 2.º do art. 8.º a quota-parte de cada interessado é de 140 000$00 (420 000$00 a dividir por 3).

Vê-se que apenas **A** e **C** levam bens em excesso sobre a sua quota, só estes devendo pagar a sisa.

Para apurar o valor respectivo aplica-se a regra 16.ª do § 3.º do art. 19.º, do C.I.M.S.I.S.S.D.

Assim:

A devia levar 140 contos e leva 150 contos;
Logo o excesso é de 1/15.
150 000$: 200 000$ :: 140 000$: x = 200 000$ × 140 000$ = 186 666$65
200 000$ – 186 666$65 = 13 333$35 que é o excesso sujeito a imposto.

C devia levar 140 contos e leva 150 contos; o excesso é também 1/15.
150 000$ :: 220 000$: 140 000$: x = 220 000$ × 140 000$ = 205 333$33

220 000$ - 205 333$33 = 14 606$67 que é o excesso sujeito a imposto.

(Este é o exemplo a que se refere a acta do dia 20-12-58, relativa à reunião dos Directores de Finanças, a p. 13)".

Repare-se, no exemplo dado, que, se o imposto fosse devido apenas pelo devedor de tornas só o interessado **C** o pagaria, porque só este é devedor de 20 contos de tornas a **B**.

Segundo o disposto no artigo 17.º do Código do IMIT, as taxas deste imposto são as seguintes:

a) Aquisição de prédio urbano ou de fracção autónoma de prédio urbano destinado exclusivamente a habitação serão as constantes da tabela seguinte....
b) (...);
c) Aquisição de prédios rústicos – 5%;
d) Aquisição de outros prédios urbanos e outras aquisições onerosas – 6,5%".

Portanto, *na liquidação do imposto, nos casos supra referidos, terão os serviços fiscais de levar em consideração a natureza dos imóveis adjudicados aos devedores do mesmo,* de acordo com as taxas supra discriminadas

A incidência do imposto regula-se pela lei vigente ao tempo em que se efectua a transmissão, pelo que, no que diz respeito ao inventário, será a vigente na data do trânsito em julgado da respectiva sentença homologatória.

ÍNDICE DA LEGISLAÇÃO CITADA

Código Civil actual:

Artigos		Páginas
25.º	Âmbito da lei pessoal..	103
31.º, 1	Determinação da Lei Pessoal.............................	104
62.º	Lei reguladora das sucessões.............................	103
66.º	Começo da personalidade....................................	34
71.º, 1	Ofensa a pessoa já falecida...............................	108
82.º	Domicílio voluntário geral..................................	43
93.º	Relação dos bens e caução................................	23; 82; 84
94.º	Direitos e obrigações do curador provisório.....	78
95.º	Prestação de contas...	80
97.º	Substituição do curador provisório....................	79
99.º	Justificação da ausência.....................................	74
114.º	Requisitos da morte presumida.........................	74
132.º	Emancipação...	34
139.º	Capacidade do interdito e regime da interdição	73; 77; 79; 80; 82
140.º	Competência dos tribunais comuns....................	279
143.º	A quem incumbe a tutela....................................	73; 78
146.º	Escusa da tutela e exoneração do tutor............	78; 79
152.º	Pessoas sujeitas a inabilitação...........................	35
154.º	Administração dos bens do inabilitado..............	73
156.º	Regime supletivo da inabilitação.......................	73; 79; 77; 80
157.º	Campo de aplicação do regime das pessoas colectivas...	25
163.º	Representação das pessoas colectivas...............	76
204.º	Coisas imóveis...	116
216.º	Benfeitorias..	120
219.º	Liberdade de forma dos contratos.....................	139
220.º	Inobservância da forma legal............................	140
240.º	Define simulação..	170
247.º	Erro da declaração..	272

253.º	Dolo	275
309.º	Prazo ordinário da prescrição	66
416.º	Conhecimento do preferente	99
420.º	Transmissão do direito de preferência	109
496.º, 2	Danos não patrimoniais	107; 108
496.º, 3	Danos não patrimoniais	108
551.º	Actualização das obrigações pecuniárias	123; 222
564.º, 2	Indemnização por danos futuros	108
623.º	Formas de prestação de caução	83
625.º	Falta de prestação de caução	84
690.º	Bens excluídos da hipoteca	265
705.º	Credores com hipoteca legal	84
706.º	Valor da hipoteca a favor de incapazes	84
721.º	Expurgação da hipoteca	143
725.º	Exercício antecipado do direito hipotecário contra o adquirente	143
781.º	Dívida liquidável em prestações	297
944.º	Doação conjunta	210
946.º	Doação por morte	235; 238
951.º, 2	Aceitação por parte de incapazes	189
1106.º	Transmissão por morte	110
1113.º	Morte do arrendatário	110
1143.º	Forma do contrato de mútuo	140
1174.º	Casos de caducidade do mandato	78
1273.º	Benfeitorias necessárias e úteis	121
1293.º a 1301.º	Regras da usucapião	22
1403.º	Noção de compropriedade	98
1404.º	Aplicação a outras formas de comunhão	98
1409.º	Direito de preferência do comproprietário	98; 100
1413.º	Processo da divisão de coisa comum	277
1417.º	Constituição da propriedade horizontal	150
1468.º, a)	Relação de bens do usufrutuário	23
1601.º, a)	Impedimentos de casamento	34
1612.º	Autorização dos pais para o casamento	34
1649.º	Casamento de menores	34
1678.º, 3	Administração dos bens do casal	166
1682.º-A	Alienação ou oneração de imóveis	85
1685.º	Disposições para depois da morte	239
1720.º	Regime imperativo da separação de bens	186
1732.º	Regime da comunhão geral	231; 234

1733.º	Bens incomunicáveis	185
1763.º, 2	Doações recíprocas entre cônjuges	29
1764.º	Objecto e incomunicabilidade dos bens doados	29
1765.º	Livre revogabilidade das doações entre casados	29
1878.º	Conteúdo do poder paternal	70
1881.º	Poder de representação	70; 72
1890.º, 4	Aceitação e rejeição de liberalidades	281
1898.º	Prestação de caução pelos pais	82; 83
1906.º	Exercício do poder paternal em caso de divórcio e outros	70
1920.º, 2	Protecção dos bens do filho	80; 82; 83
1921.º	Menores sujeitos a tutela	70
1931.º	Tutor designado pelo Tribunal	71
1933.º	Quem não pode ser tutor	71
1934.º	Escusa de tutela	77
1935.º	Direitos e obrigações do tutor	82
1943.º	Relação dos bens do menor sujeito a tutela	23
1944.º	Obrigação de prestar contas	80
1948.º	Remoção do tutor	79
1949.º	Acção de remoção	79
1950.º	Exoneração do tutor	79
1960.º	Remoção e exoneração dos vogais do conselho de família	79
2024.º	Noção de sucessão	103
2025.º	Objecto da sucessão	103
2028.º	Sucessão contratual	28
2029.º	Partilha em vida	28
2030.º, 1	Espécies de sucessores	29
2030.º, 2	Distinção entre herdeiro e legatário	30
2030.º, 3	Herdeiro do remanescente	30
2030.º, 4	O usufrutuário é legatário	31
2031.º	Momento e lugar da abertura da sucessão	43
2033.º, 2, a)	Capacidade sucessória dos nascituros	34
2033.º, 2, b)	Capacidade sucessória das pessoas colectivas	36
2034.º	Incapacidade por indignidade	21
2041.º	Representação na sucessão testamentária	212; 239
2042.º	Representação na sucessão legal	175; 237
2044.º	Partilha, havendo direito de representação	237
2049.º	Notificação dos herdeiros	21
2052.º	Espécies de aceitação da herança	22

2053.º	Aceitação a benefício de inventário	25
2058.º	Transmissão do direito de suceder	22; 200; 213
2059.º	Caducidade do direito de aceitar a herança	22
2063.º	Forma do repúdio	22
2068.º	Responsabilidade da herança	22; 133
2071.º	Responsabilidade do herdeiro	298
2072.º	Responsabilidade do usufrutuário	138
2079.º	Cabeça-de-casal	55
2080.º	A quem incumbe o cargo	56
2081.º	Herança distribuída em legados	57
2082.º	Incapacidade da pessoa designada	57
2083.º	Designação pelo Tribunal	57
2085.º	Escusa do cargo de cabeça-de-casal	65
2086.º, 1, c)	Causa anterior à instauração de inventário (eliminada, na redacção do Dec.-Lei n.º 227/94)	55; 63; 64
2092.º	Entrega de rendimentos da herança	68
2093.º	Prestação de contas do cabeça-de-casal	66; 68
2095.º	Intransmissibilidade do cargo	55
2096.º	Sonegação de bens	63; 131
2097.º	Responsabilidade da herança indivisa	138
2098.º	Pagamento dos encargos após a partilha	141; 142
2099.º	Remição de direitos de terceiro	144
2100.º	Pagamento dos direitos de terceiro	144
2102.º, 2	Casos de inventário de incapazes	25; 27
2103.º	Inventário com interessado único	286
2103.º -A	Direito de habitação da casa de morada de família	193
2104.º	Noção de colação	190
2108.º	Como se efectua a conferência	160; 190; 191; 231; 232; 234; 238
2109.º	Valor dos bens doados	109; 123
2112.º	Perda da coisa doada	109
2113.º	Dispensa de colação	231
2115.º	Benfeitorias nos bens doados	121
2117.º	Doação de bens comuns	231
2118.º	Ónus real do registo da colação	159; 191
2119.º	Retroactividade da partilha	266
2122.º	Partilha adicional	276
2123.º	Partilha de bens não pertencentes à herança	169; 265; 266
2124.º	Disposições aplicáveis à alienação da herança .	265

2130.º	Direito de preferência	265
2139.º	(redacção de 1966)	201
2139.º	(redacção de 1977) Sucessão do cônjuge e dos descendentes	174; 231; 234; 237
2142.º	Sucessão do cônjuge e ascendentes	184
2144.º	(redacção de 1966) Sucessão de irmãos e descendentes	188
2146.º	Irmãos germanos e unilaterais	187
2146.º	(redacção de 1966) legatário legítimo	188; 221
2157.º	Herdeiros legitimários	175; 231; 234; 237
2158.º, 1	(redacção de 1966) Legítima dos filhos ilegítimos	200; 201
2159.º	Legítima do cônjuge e dos filhos	231; 234; 237
2160.º	Legítima dos descendentes do 2.º grau e seguintes	237
2162.º	Cálculo da legítima	29; 231
2163.º	Proibição de encargos sobre a legítima	146; 239
2164.º	Cautela sociniana	192; 224; 239
2165.º	Legado em substituição da legítima	193
2168.º	Liberalidades inoficiosas	159
2171.º	Ordem da redução	192; 207; 232; 235; 237
2172.º	Redução das disposições testamentárias	192; 237; 239
2173.º	Redução das liberalidades feitas em vida	192; 235; 237
2174.º	Termos em que se efectua a redução	157; 192; 232; 245
2175.º	Perecimento ou alienação dos bens doados	160
2187.º	Regras de interpretação dos testamentos	30
2240.º	Administração da herança ou legado a favor de nascituro	34
2249.º	Aceitação e repúdio dos legados	31
2276.º	Encargos impostos ao legatário	139
2277.º	Pagamento dos encargos da herança pelo legatário	138
2286.º	Substituição fideicomissária	31
2301.º - 2302.º	Direito de acrescer	239

Código de Processo Civil actual

10.º	Forma de estar em juízo, dos incapazes	70
11.º	Representação por curador especial ou provisório	72; 73; 83
14.º	Representação das pessoas impossibilitadas de receber a citação	74; 88

15.º	Defesa do ausente e do incapaz pelo Ministério Público	83
26.º	Conceito de legitimidade	37
46.º	Espécies de títulos executivos	267
65.º, 1, a)	Factores de atribuição da competência internacional	42
69.º	Tribunais de competência específica	43
73.º	Foro da situação dos bens	277
77.º	Inventário e habilitação	43
77.º, 2	Abertura da sucessão fora do país	43
77.º, 3	Inventariados casados	43
77.º, 4	Tribunal competente, em caso de cumulação ...	45
83.º, 1, a)	Competência para as providências cautelares ...	50
109.º, 2	Regime de arguição da incompetência relativa.	47
110.º	Conhecimento oficioso da incompetência relativa	47
117.º	Pedido de resolução do conflito de competência	47
150.º-A	Pagamento de taxa de justiça	285
153.º	Regra geral sobre o prazo	86
160.º	Prazo para os actos dos magistrados	55; 78
163.º	Composição de autos e termos	58
166.º, 1	Prazo para o expediente da secretaria	281
203.º	Quem pode invocar a nulidade	169
204.º	Até quando podem ser arguidas	169
205.º	Regra geral sobre o prazo da arguição	123; 169
207.º	Regras gerais sobre o julgamento das nulidades	123
209.º-A	Distribuição por meios electrónicos	41
222.º	Espécies de distribuição	41
231.º	Citação ou notificação de incapazes	88
233.º	Modalidades da citação	86
234.º	Citação da regra da oficialidade	42
236.º	Citação por via postal registada	87
237.º	Impossibilidade de citação pelo correio da pessoa colectiva ou da sociedade	87
238.º	Data e valor da citação por via postal	87
239.º	Citação por funcionário judicial	87
240.º	Citação com hora certa	87
242.º	Incapacidade de facto do citando	35; 74; 88
244.º	Ausência do citando, em parte incerta	36; 88
245.º	Citação promovida pelo mandatário judicial	87

246.º	Regime e formalidades da citação promovida pelo mandatário judicial	87
247.º	Citação do residente no estrangeiro	87
248.º	Citação edital, por incerteza do lugar	88
249.º	Conteúdo dos editais e anúncios	88
250.º	Contagem do prazo para a defesa	88
251.º	Citação edital, por incerteza das pessoas	88
251.º-A	Prazos de dilação	88
255.º	Notificação às partes, quando não tenham mandatário	90; 91; 92
279.º	Suspensão do processo por vontade do juiz	48
293.º	Liberdade de desistência, confissão e transacção	170
302.º	Oferecimento imediato das provas, nos incidentes	64
303.º	Prazo para a oposição, nos incidentes	64; 99
304.º	Limite do número de testemunhas, nos incidentes	64; 80; 129
307.º, 4	Valor das acções de prestação de contas	289
308.º, 4	Momento em que se define o valor, no processo de inventário	54
311.º, 3	Valor da acção determinado pelo valor da causa	54; 283
313.º	Valor dos incidentes e dos procedimentos cautelares	255; 289
315.º	Fixação do valor	55
316.º	Valor dos incidentes, na falta de indicação pela parte	255; 284
317.º	Determinação do valor quando não sejam suficientes a vontade das partes e o poder do juiz	54
376.º	Habilitação do adquirente ou cessionário	96
381.º	Âmbito das providências cautelares não especificadas	54
388.º	Contraditório subsequente ao decretamento da providência	51
389.º	Caducidade da providência	51
392.º	Aplicação subsidiária aos procedimentos nominados	54
421.º	Fundamento do arrolamento	50
422.º	Legitimidade e responsabilidade do requerente	50
425.º	Casos de imposição de selos	53
426.º	Quem deve ser o depositário	50; 51
446.º	Regra geral em matéria de custas	288; 291
447.º	Custas processuais	281

447.º-A	Taxa de justiça	285
447.º-B	Taxa sancionatória excepcional	286
447.º-D	Custas de parte	287
448.º	Actos e diligências que não entram na regra geral das custas	287
453.º	Custas dos procedimentos cautelares, dos incidentes e das notificações	288
467.º,1 , f)	Obrigatoriedade de declarar o valor da causa...	54
483.º	Revelia absoluta do réu	92
486.º	Prazo para a contestação	94
581.º	Prestação de compromisso pelos peritos	122
593.º	Acto de inspecção por parte dos peritos (revogado)	122
603.º	Bases legais da avaliação (revogado)	112; 114; 115; 123; 124
604.º	Quem faz a avaliação (revogado)	115; 123
609.º	Prazo e função do segundo arbitramento (revogado)	150
665.º	Uso anormal do processo	263
667.º	Rectificação de erros materiais	272
678.º	Decisões que admitem recurso	256; 257
679.º	Despachos que não admitem recurso	256
680.º	Quem pode recorrer	264
681.º	Perda do direito de recorrer	257
685.º-A	Ónus de alegar e formular conclusões	257; 261
685.º-B	Ónus a cargo do recorrente que impugne a decisão relativa à matéria de facto	257
685.º-C	Despacho judicial de admissão do recurso	55
691.º	De que decisões pode apelar-se	260; 261
721.º	Decisões que comportam revista	258
721.º-A	Revista excepcional	258
722.º	Fundamentos da revista	258
732.º-A	Uniformização de jurisprudência	265
732.º-B	Especialidades no julgamento	265
763.º	Fundamento do recurso para uniformização de jurisprudência..	264
766.º	Recurso por parte do Ministério Público	264
771.º	Fundamentos do recurso de revisão	262
772.º	Prazo para a interposição deste recurso	262
776.º	Termos a seguir quando a revisão é procedente ..	264

778.º	Fundamento do recurso de oposição de terceiro (actualmente revogado)	263
825.º	Penhora de bens comuns do casal	163
864.º	Citação dos credores e do cônjuge, em processo executivo	141
909.º	Casos em que a venda judicial fica sem efeito	169; 170
909.º, e)	(eliminada pela reforma) Conluio	169
981.º	Prestação provocada de caução	84
983.º	Oposição do requerido	84; 85
984.º	Apreciação da idoneidade da caução	83; 84; 85
988.º	Prestação espontânea de caução	82
989.º	Caução a favor de incapazes	82; 84; 85
998.º a 1007.º	Processo especial da expurgação de hipotecas	143
1001.º	Expurgação realizada no processo judicial em que a coisa foi adquirida (revogado)	143
1014.º	Processo de prestação de contas objecto da acção	66
1016.º, 4	Saldo das contas apresentadas	68
1019.º	Prestação de contas por dependência	66; 80
1020.º	Prestação espontânea pelo tutor ou curador	80; 81
1021.º	Prestação forçada	81
1022.º	Nos casos de cessação da incapacidade ou falecimento	81
1022.º -A	Aplicação do processo a outros casos	80
1052.º	Acção de divisão de coisa comum	277
1057.º	Divisão de águas	277
1094.º	Necessidade de revisão da sentença estrangeira ..	104
1108.º	Entrega dos bens do ausente	74
1110.º	Justificação, no caso de morte presumida	75
1132.º	Liquidação da herança em benefício do Estado ..	50
1326.º	Função do inventário	23; 31; 49
1327.º	Legitimidade para requerer ou intervir no inventário	37; 38; 57
1328.º	(redacção anterior ao Dec.-lei 227/94). Apreciação da existência de fundamento	37; 69
1328.º	Notificação aos interessados (redacção actual) ...	89
1329.º	Representação de incapazes e ausentes	73;74; 75; 82; 80; 92
1330.º	Redacção anterior à reforma	90; 91
1330.º	Intervenção principal	95; 96

1331.º	Intervenção de outros interessados	132
1332.º	Habilitação	46; 92; 96; 101
1333.º	Exercício do direito de preferência	98; 100; 101
1334.º	(redacção anterior ao Dec.-lei 227/94)	
	Intervenção de qualquer interessado	132
1334.º	(redacção actual) Tramitação dos incidentes do inventário	64
1335.º	Questões prejudiciais e suspensão do inventário.	34; 47; 48; 49 ; 128;135
1336.º	Questões definitivamente resolvidas no inventário	130
1337.º	Cumulação de inventários	44; 45
1338.º	Requerimento do inventário	30
1339.º	Nomeação, substituição, escusa ou remoção do cabeça-de-casal	56; 65; 66
1340.º	Declarações do cabeça-de-casal	57; 58; 59; 93
1341.º	Citação dos interessados	69
1342.º	Forma de efectivar as citações	89; 96
1343.º	(redacção anterior ao Dec.-lei 227/94)	
	Conceito de sonegação	131
1343.º	(redacção actual) Oposição e impugnações	47; 65; 94; 95
1344.º	Tramitação subsequente	94; 128
1345.º	(redacção anterior ao Dec.-lei 227/94)	
	Reclamação de créditos	132
1345.º	(redacção actual) Relação de bens	101; 111
1346.º	Indicação do valor	111
1347.º	Relacionação dos bens que não se encontram em poder do cabeça-de-casal	126; 130
1348.º	Reclamação contra a relação de bens	92; 114; 126; 127; 129
1349.º	Decisão das reclamações apresentadas	127; 130; 132; 133
1350.º	(redacção anterior ao Dec.-lei 227/94)	
	Descrição de bens	133
1350.º	(redacção actual) Insuficiência das provas para decidir das reclamações	128
1351.º	(redacção anterior ao Dec.-lei 227/94)	
	Segundo exame e vista do processo	92; 93; 134
1351.º	(redacção actual) Negação de dívidas activas	92; 114
1352.º	Saneamento do processo e marcação da conferência de interessados	92; 135

1353.º	Assuntos a submeter à conferência de interessados	93; 136; 137; 138; 147; 148; 149; 150
		142; 143
1354.º	Reconhecimento das dívidas aprovadas por todos	140; 141
1355.º	Verificação de dívidas pelo juiz	140
1356.º	Divergências entre interessados sobre a aprovação	140
1357.º	Pagamento das aprovadas por todos	141; 142
1358.º	Pagamento das aprovadas por alguns	142
1359.º	Deliberação dos legatários e dos donatários	139
1361.º	Insolvência da herança	144
1362.º	Reclamação contra o valor atribuído aos bens	147; 148; 149
1364.º	Pedidos de adjudicação de bens	151; 152; 153; 165
1365.º	Avaliação de bens doados no caso de ser arguida inoficiosidade	154; 156; 157; 160; 166
1366.º	Avaliação de bens legados no caso de ser arguida inoficiosidade	161
1367.º	Avaliação, a requerimento do donatário ou legatário, sendo as liberalidades inoficiosas	156; 157; 161
1368.º	Consequências da inoficiosidade do legado	162
1369.º	Realização da avaliação	149; 163
1370.º	Quando se faz a licitação	164
1371.º	Como se faz a licitação	166
1372.º	Anulação da licitação	168
1373.º	Despacho sobre a forma da partilha	171
1374.º	Preenchimento dos quinhões	249
1375.º	Mapa da partilha	247
1376.º	Excesso de bens doados, legados ou licitados	24; 232; 243
1377.º	Opções concedidas aos credores de tornas	244; 245
1378.º	Pagamento ou depósito das tornas	246
1379.º	Reclamações contra o mapa	250
1380.º	Sorteio dos lotes	250
1382.º	Sentença homologatória da partilha	251; 258
1383.º	Responsabilidade pelas custas	292; 295; 296
1384.º	Entrega de bens antes do trânsito em julgado	48; 268
1385.º	Nova partilha	258; 269
1386.º	Emenda da partilha por acordo	271
1387.º	Emenda da partilha na falta de acordo	274
1388.º	Anulação da partilha	275

1389.º	Composição da quota ao herdeiro preterido	163; 273; 274; 275
1390.º	(revogado expressamente pelo Dec.-lei n.º 227/94) Habilitação dos sucessores dos interessados falecidos	46
1391.º	(revogado expressamente pelo Dec.-lei n.º 227/94) Novo inventário	46
1392.º	Inventário do cônjuge supérstite	44
1393.º	(revogado expressamente pelo Dec.-lei n.º 227/94) Aproveitamento da avaliação ou da descrição	125
1395.º	Partilha adicional	276
1396.º	Regime dos recursos em inventário	260; 261
1398.º	(revogado expressamente pelo Dec.-lei n.º 227/94) Inventário para descrição e avaliação	23; 105
1399.º	(revogado expressamente pelo Dec.-lei n.º 227/94) Remoção do cabeça-de-casal	64
1403.º	(revogado expressamente pelo Dec.-lei n.º 227/94) Audiência obrigatória do inabilitado	64
1406.º	Processo de separação de meações	163
1439.º	Autorização judicial para a prática de actos	27; 279; 280
1440.º	Aceitação ou rejeição de liberalidades a favor de incapazes	280
1441.º	Alienação ou oneração dos bens do ausente ou confirmação de actos praticados pelo representante do incapaz	280
1451.º	Curadoria provisória dos bens do ausente	88
1458.º	Notificação para preferência. Termos a seguir	99
1462.º	Direito de preferência pertencente a herança	99
1464.º, 2	Direito de preferência pertencente em comum a várias pessoas	100
1465.º	Preferência quando a alienação já tenha sido efectuada	101
1467.º	Declaração de aceitação ou repúdio de herança jacente	21

Código Civil de 1867

1108.º	Noção genérica de comunhão	237
1109.º	Bens próprios dos casados em comunhão de bens	185; 186; 196; 202; 204
1235.º	Incomunicabilidade de čertos bens do bínubo	186; 202; 204

1236.º	Sucessão nos bens dos filhos de anterior matrimónio	186; 187; 202
1457.º	....	238
1478.º	Eficácia das doações puras	235
1493.º	Ordem de redução das liberalidades	163
1499.º	Imóveis indivisíveis	163
1566.º § 2.º	Direito de preferência do maior consorte	100; 151
1784.º	Medida da porção legitimária	185; 195; 196; 200
1785.º	Concorrência, na legítima, de legítimos e ilegítimos	177; 178; 180; 181; 182; 183; 195; 197
1786.º	Legítima dos pais	195
1788.º	Cautela sociniana	192
1991.º	Concorrência de filhos legítimos e ilegítimos	177; 181; 195; 197
1992.º	Limite da quota global dos perfilhados depois	179; 198
1995.º	Usufruto atribuído ao consorte sobrevivo	184
1999.º	Sucessão dos ascendentes ilegítimos	184
2000.º § único	Sucessão de irmãos e sobrinhos ilegítimos	188; 219
2003.º § único	Usufruto do cônjuge sobrevivo	187
2027.º § 2.º	Conceito de aceitação tácita da herança	22
2035.º	Efeitos do repúdio da herança	175
2107.º § 4.º	Como se faz a colação dos bens doados	157
2111.º	Doação que exceda a legítima do donatário	228
2159.º	Evicção dos objectos repartidos	266

Anteprojecto do Código de Processo Civil

973.º	Pessoas citadas no processo de inventário	85
979.º	Legitimidade para a oposição	94
983.º	Reclamação contra a relação de bens	127
991.º	Alteração da relação de bens	133
992.º	Suspensão do inventário	48; 134
1003.º	Deliberação sobre o valor exacto dos bens	149
1004.º	Composição dos quinhões pelos partidores	137
1005.º	Abertura das licitações	165
1006.º	Avaliação de coisas indivisíveis	151
1014.º	Oposição ao resultado das licitações	171
1016.º	Forma da partilha	248
1018.º	Mapa da partilha	248
1019.º	Dispensa da elaboração do mapa	244

1020.º	Excesso de bens doados, legados ou licitados	244
1021.º	Opções concedidas aos interessados	244
1022.º	Pagamento ou depósito das tornas	247
1030.º	Emenda da partilha por acordo	271
1033.º	Composição da quota ao herdeiro preterido	274
1040.º	Regime dos recursos	260

Código das Custas Judiciais

4.º, 3	Primitiva redacção	285
20.º, n.º 2	Partilha adicional	292
138, 2	(redacção revogada) Exame e reforma da conta	292
133.º	Livro de registo de contas	294
151.º	Relação de processos e de bens	26; 39
245.º	(redacção revogada) Registo da conta	293
267.º	(anterior redacção) Relação sucessória da Repartição de Finanças	39

Regulamento das Custas Processuais

1.º	Regras gerais	281
3.º	Conceito de custas	282
4.º	Isenções	287
5.º	Unidade de conta	284
6.º	Regras gerais	285; 287
7.º	Regras especiais	282; 290
10.º	Taxa sancionatória excepcional	288
11.º	Regra geral	285
12.º	Fixação do valor em casos especiais	285
13º	Responsáveis passivos	286
16.º	Encargos 255; 287; 288; 289
22.º	Conversão da taxa de justiça paga	271; 281; 287; 292
24.º	Imputação na conta de custas	287
29.º	Conta de custas	282; 283
30.º	Conta	283; 284
31.º	Reforma e reclamação	294; 295; 296
32.º	Pagamento voluntário	296; 297
33.º	Pagamento faseado	296
34.º	Incumprimento e direito de retenção	297

35.º	Execução	297
36.º	Cumulação de execuções	297
37.º	Prescrição	298
39.º	Destino das custas processuais	298
	Tabela I	287
	Tabela II	283; 286; 291; 292

Código do Imposto Municipal de Sisa e do Imposto sobre as Sucessões e Doações (Revogado)

2.º § 1.º – 3.º	Incidência do imposto sobre sepulturas	300
138.º	Papel do Ministério Público	139

Código do Imposto Municipal sobre as Transmissões Onerosas de Imóveis

Artigo 1.º, 2	Incidência geral	300
Artigo 2.º, 5, c)	Incidência objectiva e territorial	301
Artigo 3.º, 1, a) e b)	Incidência simultânea a IMT e selo	299
Artigo 4.º	Incidência subjectiva	301
Artigo 4.º, a)	Nas divisões e partilhas	301
Artigo 12.º, 4	Regra 11ª Valor tributável nas partilhas	299
Artigo 13.º	Regras especiais – Usufruto	124
Artigo 17.º	Taxas	303
Artigo 21.º, 3	Competência para a liquidação	300
Artigo 52.º	Não atendimento de documentos	267; 270

Código de Registo Civil

83.º	Suprimento da omissão do registo	40; 41
207.º	Cadáveres não encontrados	41
208.º	Naufrágio	41
210.º	Comunicações a efectuar pelo conservador	39
210.º-A a 210.º-R	Procedimentos simplificados de sucessão hereditária	52
233.º a 240.º	Justificação judicial	41
241.º	Processo de justificação	41

Decreto-Lei n.º 287/03, de 12 de Novembro

Artigo 15.º	Avaliação de prédios já inscritos na matriz	117

Artigo 16.º	Prédios urbanos não arrendados. Actualização do valor	117
Artigo 17.º	Regime transitório para os prédios urbanos arrendados	118
Artigo 19.º	Prédios parcialmente arrendados	118
Artigo 27.º	Liquidação do IMT e do imposto de selo	119

Portaria n.º 1337/03, de 5 de Dezembro 118; 120

Código do Imposto Municipal sobre Imóveis

Artigo 2.º	Conceito de prédio	300
Artigo 37.º a 46.º	Da iniciativa da avaliação	120

Código sobre o Rendimento das Pessoas Singulares

Artigo 123.º	Comunicações obrigatórias	145

Código do Registo Predial

9.º	Obrigatoriedade de inscrição	60
34.º, 2	Princípio do trato sucessivo	61
40.º	Registo a favor de incapazes	60; 62; 254; 287; 295
41.º	Modo de efectuar o registo	60
116.º	Processo de justificação	61; 254
117.º-A a 117.º-P	Processo de justificação	61; 62

Código do Notariado

80.º, j)	Exigência de escritura	27

Decreto-Lei n.º 272/01, de 13/10 – Lei de autorização n.º 82/01, de 3/8 – Processos civis da competência do M.º P.º e dos Conservadores do Registo Civil 279; 280

Decreto-Lei n.º 312/90, de 2 de Outubro

3.º a 11.º	Cria um processo especialíssimo de reatamento do trato sucessivo (Revogado)	61

Lei n.º 3/99, de 13 de Janeiro (Lei de Organização e Funcionamento dos Tribunais)

24.º	Estabelece as alçadas dos tribunais	255
81.º, c)	Competência dos tribunais de família	42

Constituição da República Portuguesa

36.º, 4	Proibição da discriminação entre filhos legítimos e ilegítimos	177
62.º	Direito à propriedade privada	21

Código de Processo Civil de 1939

1406.º, b)	Licitação em bem doado indivisível	157; 158

Código de Processo Civil Brasileiro

982.º	Obrigatoriedade (universal) do processo de inventário	37

Estatuto do Ministério Público (Lei n.º 60/98, de 27/8)

3.º p)	Exercer as demais funções conferidas por lei	62
5.º, 1, p)	Intervenção principal no processo de inventário ...	37

Decreto n.º 19 126, de 16/12/30 – Reforma do Código Civil de 1867   175; 178

Decreto-Lei n.º 496/77, de 25/11 – Reforma do actual Código Civil   175

Decreto-Lei n.º 227/94, de 8/9 – Reforma as regras do processo de inventário no Código de Processo Civil

Preâmbulo	....	112
3.º	Norma revogatória	44; 46

Decreto-Lei n.º 273/01, de 13/10 – Reforma do CRP

8.º	Norma revogatória	61

Decreto n.º 6 007, de 7/8/1919 – Obrigatoriedade do depósito das tornas   246

Código de Processo das Contribuições e Impostos

34.º	Comprovação da inexistência de dívidas fiscais ...	269; 270

Decreto-Lei n.º 154/91, de 23/4 – Estabelece o Código de Processo Tributário e revoga o Código de Processo das Contribuições e Impostos

11.º	Revogação do dito Código	270

Decreto-Lei n.º 443/99, de 26/10 – Código do Procedimento e do Processo Tributário

Artigos 80.º a 83.º Das garantias de cobrança...........................	270
Artigos 141.º e 142.º Regime do arrolamento	131

Código do Imposto do Selo, republicado pelo Decreto-Lei n.º 287/03, de 12/11

Artigo 1.º	Incidência objectiva	251
Artigo 1.º, n.º 5, alínea a) e f) Incidência objectiva		147
Artigo 2.º	Incidência subjectiva	146
Artigo 6.º, alínea e)	Isenções subjectivas	147
Artigo 23.º	Competência para a liquidação	146
Artigo 26.º	Participação da transmissão	252
Artigo 29.º	Sonegação de bens	131
Artigo 42.º	Responsabilidade tributária	145
Artigo 57.º	Obrigações dos tribunais	268
Artigo 62.º	Participação de inventário	253
Artigo 63.º, n.º 1	Obrigações de fiscalização	267
Artigo 63.º-A	Levantamento de depósitos	270

Estatuto Judiciário

278.º Livro de registo de contas da Secção Central	293

Decreto-Lei n.º 450/78, de 30/12 – Lei Orgânica das Secretarias   293

Lei n.º 35/80, de 29/7 – Ratifica, com alterações, a anterior Lei Orgânica das secretarias e revoga as normas correspondentes do Estatuto Judiciário 293

Do inventário – descrever, avaliar e partir 321

Decreto-Lei n.º 385/82, de 16/9 – Revoga a Lei n.º 35/80, de 29/7   293

Decreto-Lei n.º 343/99, de 26/08 – Actual lei orgânica das secretarias judiciais (Revogou o Decreto-Lei n.º 376/87, de 11/12)

    Mapa anexo Competência dos funcionários 283

Decreto-Lei n.º 200/04, de 18/8 – Introduz o Código da Insolvência e da Recuperação de Empresas

2.º, n.º 1, alínea b)	Sujeitos passivos da declaração de insolv.	144
3.º, n.º 2	Situação de insolvência	145
81.º	Transferência dos poderes de administração	75

Regulamento (CE) 44/01, de 22/12/00 42

Lei n.º 6/2006, de 27 de Fevereiro – Regime Jurídico do Arrendamento

57.º	Transmissão do direito ao arrendamento para habitação	110
58.º	Transmissão do direito ao arrendamento para comércio	110

Lei n.º 2125 – Regime Jurídico das Farmácias 109

Decreto-Lei n.º 48 547, de 27/6/68 – Regulamenta a anterior 109

Decreto-Lei n.º 307/2007, de 31 de Agosto – Revoga os 2 anteriores 109

Decreto-Lei n.º 121/76, de 11 de Fevereiro – Presunção de notificação postal 109

Decreto-Lei n.º 84/84, de 16 de Março – Estatuto da Ordem dos Advogados 91

Lei n.º 15/05, de 26 de Janeiro – Novo Estatuto da Ordem dos Advogados 91

Decreto-Lei n.º 212/89, de 30 de Junho – Altera o Código das Custas Judiciais

5.º	Cria a unidade de conta processual	283
6.º	Actualização anual da unidade de conta processual	283

Decreto-Lei n.º 513-X/79, de 27 de Dezembro 80

Decreto-Lei n.º 149/95, de 24 de Janeiro – Contrato de leasing

Art. 11.º   Transmissão 110

Decreto-Lei n.º 329-A/95, de 12 de Dezembro 47

Lei n.º 14/06, de 26 de Abril 86

Portaria n.º 1433-A/2006, de 29 de Dezembro 299

Decreto-Lei n.º 324/2007, de 28 de Setembro 52

Portaria n.º 1594/2007, de 17 de Dezembro 53

**Portaria n.º 114/2008, de 6 de Fevereiro – Tramitação
electrónica dos processos** 86

JURISPRUDÊNCIA CITADA

Ac. S.T.J., de 26/10/76, in B.M.J. 260, 113	23
Ac. Rel. do Porto, de 04/11/80, in C.J., 1980, tomo 5, 113	32
Ac. S.T.J., de 21/03/85, in B.M.J. 245, 355	104
Ac. Rel. de Coimbra, de 15/01/80, in C.J. 1980, tomo 1, 112	121
Ac. S.T.J., de 21/03/52, in B.M.J. 30, 330	238
Ac. S.T.J., de 12/01/68, in B.M.J. 173, 291	248
Ac. Rel. do Porto, de 08/02/57, in Jur. das Relações 3, 208	250
Ac. S.T.A., de 11/01/74, in B.M.J. 238, 262	250
Ac. S.T.J., de 22/02/83, in B.M.J. 324, 541	270
Ac. Rel do Porto, de 22/05/79, in B.M.J. 228, 465	271
Ac. Rel. de Coimbra, de 09/06/76, in C.J. ano I, 291	275
Ac. Rel. de Lisboa, de 11/04/73, in B.M.J. 226, 266	276
Ac. Rel. de Lisboa, de 06/07/73, in B.M.J. 229, 224	284
Ac. Rel. de Lisboa, de 30/06/37, in Rev. da Justiça, 23, 45	288
Ac. Rel. de Évora, de 14/06/07, inédito	106

Ac. S.T.J., de 26/09/02, inédito 106

CIRCULARES

11/79, de 11 de Maio, da P.G.R 39
30/80, de 14 de Outubro, da Direcção-Geral das Contribuições e Impostos 302

ÍNDICE GERAL*

	Páginas
Prefácio da sexta edição	7/8
Prefácio da quinta edição	9
Prefácio da quarta edição	11/12
Prefácio da terceira edição	13
Prefácio da segunda edição	15 a 17
Prefácio	19

1.	Generalidades	21 a 24
	Espécies de sucessão	21
	Ordem da devolução sucessória	21
	Necessidade da aceitação da herança	21
	Aceitação expressa e aceitação tácita	21/22
	Repúdio da herança	22
	Caducidade do direito de aceitar e sua transmissão	22
	Extinção do direito de peticionar a herança	22
	Aquisição dos bens da herança por usucapião	22
	Aceitação pura e simples e a benefício de inventário	22
	Funções do inventário:	
	Protecção – O inventário arrolamento	23
	Divisão – O inventário divisório	23
	Redução das liberalidades – O inventário com um único herdeiro	23/24
1.1.	Natureza do processo	24
1.2.	Haverá casos em que é obrigatório o inventário?	25 a 29
	Inventário de incapazes	25 a 27
	Partilha em vida	27/28
	Dificuldades que este instituto suscita	28/29

* (Todos os artigos citados, sem qualquer outra indicação, são do Código de Processo Civil).

1.3.	Distinção entre herdeiro e legatário	29 a 33
	Critério legal	30
	Casos duvidosos:	
1.3.1.	Deixa do remanescente	30
1.3.2.	Deixa genérica de móveis, por um lado, e de imóveis, por outro	30
1.3.3.	Deixa de usufruto	31
1.3.4.	Deixa de fideicomisso	31
	Consequências da distinção	32
	Se é, ou não eventualmente obrigatória a instauração de inventário, quando a incapacidade se verifica na pessoa de um legatário	32/33
2.	Casos de inventário que pode ser requerido pelo Ministério Público	33 a 37
2.1.	Cônjuge do herdeiro	33
2.2.	Menores	33/34
2.3.	Nascituro já concebido	34
2.4.	Nascituro ainda não concebido	34/35
2.5.	Interditos	35
2.6.	Inabilitados	35
2.7.	Incapazes ainda não reconhecidos judicialmente ...	35/36
2.8.	Pessoas colectivas	36
2.9.	Ausentes em parte incerta	36
2.10.	Insolventes	36
2.11.	Obrigatoriedade universal do inventário	36/37
3.	Legitimidade para requerer inventário	37 a 40
3.1.	Os herdeiros	37
3.2.	O cônjuge do herdeiro	37/38
3.3.	O Ministério Público	38 a 40
	Como tem conhecimento dos casos	38/39
	Artigo 210.º do Código de Registo Civil	39
	Artigo 151.º do Código das Custas Judiciais	39
4.	Como se inicia o processo – art. 1338.º	40/41
4.1.	Requerimento/certidão de óbito	40
	Processo de suprimento da omissão do registo do óbito	40/41
4.2.	Outras formalidades	41/42

	Distribuição	41
	Registo	41
5.	Tribunal competente	429 a 46
5.1.	Competência internacional	42
5.2.	Em razão da matéria	42
5.3.	Em razão da hierarquia	42
5.4.	Em razão do valor	43
5.5.	Competência territorial – Regra geral	43
	Excepções:	
5.5.1.	Inventário do cônjuge supérstite – art. 1392.º, 1	43/44
5.5.2.	Inventários cumulados – art. 1337.º	44/45
5.5.3.	Interessado falecido na pendência do inventário ou depois de feita a partilha – art. 1332.º	46
5.6.	A excepção da incompetência relativa	47
	Processamento	47
	Processamento do eventual conflito de competência	47
6.	Suspensão do inventário de incapazes	47 a 49
	Casos de suspensão	47/48
	Solução do Anteprojecto	48
	Solução actual – artigo 1335.º	48/49
7.	Breve referência ao arrolamento, imposição de selos e providências cautelares, no processo de inventário	50 a 52
	Arrolamento preliminar e incidental	50
	Pressupostos da sua decretação	51
	Como se processa o arrolamento	51
	Formas de oposição	51
	Se caduca, ou não, o arrolamento decretado, pelo decurso do tempo	51/52
7.1.	Breve referência aos procedimentos simplificados de sucessão hereditária	52/53
7.2.	Imposição de selos	53
7.2.	Providências cautelares não especificadas	53/54
8.	Incidente da verificação do valor	54/55
	Utilidade/Prazo	54
9.	Nomeação do cabeça-de-casal	55 a 62

	Funções do cabeça-de-casal	55
	Ordem de deferimento do cargo	56/57
	Juramento do cabeça-de-casal	57
	Declarações do cabeça-de-casal	57/58
	Formalismo a observar – art. 1340.º	58
9.1.	Valor das declarações	58/59
9.2.	Poderes de administração do cabeça-de-casal	59/60
9.3.	Dever de juntar os documentos necessários ao registo dos direitos imobiliários	60
	A questão deste registo, face ao novo Código de Registo Predial	60 a 62
10.	Remoção do cabeça-de-casal – art. 1339.º, 3	62 a 64
	Casos:	
10.1.	Sonegação de bens	63
10.2.	Má administração	63
10.3.	Infracção dos deveres processuais	63/64
10.4.	Incompetência do cabeça-de-casal	64
	Processamento do incidente	64
	Algumas formalidades posteriores	64
11.	Escusa do cargo de cabeça-de-casal	64/65
	Processamento do incidente – art. 1339.º, 3	65
12.	Impugnação da competência do cabeça-de-casal – art. 1343.º –	65/66
	Legitimidade	65
	Processamento do incidente	66
13.	Prestação de contas do cabeça-de-casal – art. 1019.º –	66/68
	Fundamento	66
	Processamento do incidente:	
13.1.	Prestação forçada	67
13.2.	Prestação espontânea	68
13.3.	Exigência do saldo	68
14.	O inventário nado-morto – artigo 1328.º, na redacção anterior à que foi introduzida pelo Dec.-Lei n.º 227/94, de 8/9	69/70

	Prosseguimento do processo – art. 1341.º	69/70
15.	Representação dos incapazes	70 a 85
15.1.	Menores	70/73
	Pais	70
	Tutor – Conselho de Família	70/71
	Quem são os Vogais do Conselho de Família	71/72
	Quando intervém o Conselho de Família, no inventário?	72
	Um, ou mais que um, Conselhos de Família?	72
	O curador especial – art. 1329.º, 1 –	73
15.2.	Interditos	73
	Ordem de nomeação do tutor do interdito	73
15.3.	Inabilitados	73
	Nomeação do curador do inabilitado	73
15.4.	Incapazes de receber a citação	74
15.5.	Ausentes em parte incerta	74/75
	Havendo curadoria instituída	74/75
	Curadoria provisória	74
	Curadoria definitiva	74
	Declaração de morte presumida	74/75
	Não havendo curadoria instituída – art. 1329.º, 2 –	75
15.6.	Insolventes	75/76
15.7.	Pessoas colectivas	76
15.8.	Necessidade de ajuramentar o representante dos incapazes	76/77
15.9.	Escusa dos cargos de tutela curatela ou curadoria provisória dos bens do ausente	77/78
	Fundamentos	77
	Do tutor provisório	77
	Do curador nomeado aos incapazes	77/78
	Do curador do ausente em parte incerta	78
15.10.	Exoneração daqueles cargos	78/79
	Pressupostos dessa exoneração	79
15.11.	Remoção daqueles cargos	79/80
	Casos de remoção	79
	Processamento do incidente	79/80
15.12.	Prestação de contas dos representantes – art. 1019.º –	80 a 82
	Quando se processa no inventário	80
	Processamento do incidente:	
15.12.1.	Prestação espontânea	81

15.12.2.	Prestação forçada	81/82
15.13.	Prestação de caução	82 a 85
	Casos de prestação de caução	82
	Processamento do incidente:	
15.13.1.	Prestação espontânea	82/83
15.13.2.	Prestação forçada	83/84
	Consequências da falta de prestação de caução	84
16.	Citações	85 a 89
	Quem é citado? – art. 1342.º, 1	85/86
	Como se fazem as citações:	
	O Ministério Público	86
	Os interessados residentes no país	86/87
	Os interessados residentes no estrangeiro	87
	Os representantes das pessoas colectivas	88
	Os anómalos notórios	88
	Os ausentes	88
	Dilação	88/89
	Consequências da falta de citação	89
17.	Notificações	89 a 92
	Finalidades das notificações no inventário	89
	Problemas decorrentes da redacção do artigo 1330.º, anterior à que lhe foi introduzida pelo Dec.-Lei 227/94, e a redacção do art. 255.º, introduzida pelo Dec.-Lei 242/85, de 9/7	89 a 91
	Notificação dos interessados residentes no estrangeiro	91
	Efeitos da revelia absoluta no processo	92
18.	Sustação do processo	92/93
	Casos em que os termos do processo se suspendem	93
19.	Finalidades das citações	93/94
20.	Oposição ao inventário	94/95
	Quem tem legitimidade para se opor ao inventário – art. 1343.º –	94
	Processamento	94
	Fundamentos para a oposição	94/95
21.	Impugnação da legitimidade dos interessados – art. 1343.º – .	95

22.	Intervenção principal de qualquer interessado – art. 1330.º, 1 –	95/96
23.	Habilitação de cessionário ou adquirente de quota – art. 1332.º, 6	96/98
	Os termos da habilitação são os do art. 376.º	96/97
	Trata-se de substituição processual facultativa	97
	Fundamentos da contestação	97
24.	Exercício do direito de preferência – art. 1333.º –	98 a 101
	Processamento do incidente	98
	Fundamento do direito de preferência	98
	A quem cabe o direito de preferência no inventário?	98
	Consequências da promessa de alienação de um quinhão hereditário	99
	Consequências da alienação de um quinhão sem notificação para preferência	99/100
	Apresentação de mais do que um dos co-herdeiros a preferir	100
	Exercício do direito depois da alienação, sem ter havido habilitação de cessionário	101
	Exercício do direito, dependendo de produção de prova não documental	101
25.	Habilitação dos sucessores dos interessados falecidos – art. 1332.º–	101/102
	Distinção entre este incidente e os casos de cumulação	101/102
26.	Relação de bens – art. 1345.º –	102 a 122
	O que deve ser relacionado	102 a 122
	Casos duvidosos:	
26.1.	Bens situados no estrangeiro	103/105
	Tese da relacionação	103/104
	Tese da não relacionação	104/105
26.2.	Seguros de vida	105
26.3.	Bens expropriados por utilidade pública	106
26.4.	Depósitos bancários constituídos pelo "de cujus" e outrem ..	106/107
26.5.	Direito de indemnização por morte	107/109
	Tese da não relacionação	107
	Tese da relacionação	108/109
26.6.	Bens com titulares pré-determinados	109

26.7.	Bens doados, consumidos pelo donatário	109
26.8.	Direitos intransmissíveis	110
26.9.	Direito ao arrendamento	110
26.10.	Os direitos decorrentes dos contratos de leasing e de ALD	110/111
27.	Como se relacionam – art. 1345.º –	111 a 122
	Aspectos formais da relação de bens	111/112
	Critérios legais para a avaliação – art. 603.º–	112/113
	Especificando:	
27.1.	Direitos de crédito	114
27.1.1.	Negação de dívida activa – art. 1351.º –	114
27.2.	Outros direitos	114
27.3.	Títulos de crédito	115
27.4.	Dinheiro, moedas estrangeiras, objectos de ouro, prata, pedras preciosas e semelhantes	115
27.5.	Estabelecimento comercial ou industrial	116
27.6.	Restantes coisas móveis ....,...	116
27.7.	Bens imóveis	116 a 120
27.8.	Benfeitorias	121 a 122
27.9.	Dívidas passivas	122
27.10.	Avaliação feita por louvado	122 a 123
	Nomeação do louvado	122
	Tomada de compromisso	122
	Consequências da falta de indicação das bases da avaliação ..	123
	Formalidades da avaliação pela secretaria	123 a 124
	Cálculo do valor do usufruto	124 a 125
27.11.	Questões finais	125 a 126
27.11.1.	Bens cujo valor já consta do inventário	125
27.11.2.	Bens em poder de pessoas que não o cabeça-de-casal – art. 1347.º –	126
28.	Exame do processo – art. 1348.º –	126 a 133
	Fundamento do exame	126/127
28.1.	Acusação da falta de relacionação de bens – art. 1349.º –	127 a 130
	Legitimidade para a dedução do incidente	128
	Até quando pode ser deduzido..	129
	Processamento do incidente..	129 a 130
	A intervenção de estranhos no processo – art. 1336.º –	130
28.2.	Sonegação de bens – art. 1349.º, 4 –	130/131
	Conceito de sonegação	130/131

	Sanção civil aplicável ao sonegador	131
	Sanções de outra natureza	131
28.3.	Exclusão de bens relacionados – art. 1349.º, 6 –	132
28.4.	Reclamação de créditos – art. 1331.º, 2 –	132/133
	Até quando podem ser reclamados os créditos	132
	Quais os meios processuais ao dispor do credor	132
	Que créditos podem ser reclamados no processo de inventário	133
29.	Descrição de bens	133/134
30.	Segundo exame do processo	134/135
	Para que servia este segundo exame do processo	134
	Causas de suspensão do inventários no regime do Anteprojecto	134/135
31.	Conferência de interessados – art. 1352.º –	135 a 150
	Se precisa, ou não, de ser requerida	135
	Como se convoca a conferência	136
	Quem é convocado e quem precisa de comparecer	136
	Casos de adiamento da conferência – art. 1352.º, 5	136
	Assuntos a submeter à conferência de interessados:	
31.1.	Composição de quinhões – art. 1353.º, 1 –	136/138
	Inovação do Código actual/Sua necessidade	137
	Como se consegue a composição	137
	O que acontece, se o acordo não é conseguido	138
31.2.	Aprovação do passivo	138 a 147
	Quem se pronuncia relativamente ao passivo:	
31.2.1.	Herdeiros e respectivos cônjuges	138
31.2.2.	Usufrutuário da totalidade da herança	138
31.2.3.	Legatários	139
31.2.4.	Donatários – art. 1359.º, 2 –	139/140
31.2.5.	Ministério Público	139/140
	Documentos necessários à aprovação de algumas dívidas ...	140
31.2.6.	Representantes dos incapazes	140
	Que passivo se abate ao activo da herança:	
31.2.7.	O aprovado por unanimidade – art. 1354.º –	140
31.2.8.	O reconhecido totalmente pelo Juiz – art. 1355.º –	140
31.2.9.	O reconhecido parcialmente pelo Juiz – art. 1356.º –	141
31.2.10.	Pagamentodo passivo – art. 1357.º –	141/144

	Papel do credor, na conferência de interessados	142
	Pagamento do passivo aprovado, apenas, por alguns dos interessados – art. 1358.º –	142
	Dívidas não vencidas	142
	Dívidas hipotecárias	142 a 144
31.2.11.	O inventário e o processo de falência – art. 1361.º –	144/145
31.2.12.	Deveres fiscais da secretaria, havendo créditos descritos no processo de inventário	145 a 147
31.3.	Reclamação contra o valor atribuído aos bens – art. 1353.º e 1362.º –	147 a 149
	Não pode ser usado pelos credores, nem pelos legatários ou donatários	148
	Sobre que bens pode recair?	148
	Como é tomada a deliberação	148/149
	Solução do Anteprojecto	149
	Solução proveniente da reforma	149
31.4.	Questões cuja resolução possa influir na partilha	149/150
	Que questões?	149/150
	Como é tomada a deliberação	150
32.	Avaliação – Licitações	150 a 171
	Princípio geral: no inventário, não há segundo arbitramento...	150/151
32.1.	Coisas indivisíveis – art. 1364.º –	151/152
	Regra reflexo da chamada "super-preferência"	151
	Pressupostos a observar, para a regra funcionar	152
32.2.	Bens fungíveis ou títulos de crédito art. 1364.º, 2 –	153
32.3.	Coisas que, por força da lei ou de contratos não podem ser licitadas – art. 1364.º, 3 –	153/154
	De que bens trata o preceito	153/154
32.4.	Bens doados – art. 1365.º –	154 a 160
	Como é que os donatários podem ser desapossados dos bens doados	155
	O conflito entre os donatários e os herdeiros legitimários não-donatários	155
	Soluções encontradas pelo legislador para dirimir este conflito: Permitir aos interessados a declaração de licitação sobre os bens doados	155
	Permitir aos donatários opor-se à licitação	155
	Facultar, então, aos não-donatários, requerer a avaliação dos bens doados	156

	Permitir aos donatários requerer avaliação dos bens não doados logo quando, pelo valor constante da relação, se detecta a inoficiosidade..	156
	Permitir ao donatário requerer avaliação dos bens não doados quando, apenas no final da avaliação dos doados e, eventualmente, da licitação, se detecta a inoficiosidade – segunda parte do n.º 1 do art. 1367.º –	157
	O que acontece a primitiva declaração de licitação sobre os doados?...	157
	O que acontecerá, se se reconhecer que haverá inoficiosidade?...	157
	Actualmente, o donatário nunca é admitido a licitar...........	158/159
	E se o donatário alienou o bem a terceiro?.........................	159
	O ónus real da colação protege o princípio da intangibilidade da legítima	159/160
32.5.	Bens legados – art. 1366.º –	161/163
	O conflito entre o legatário e os herdeiros legitimários	161
	Meios ao alcance do legatário e dos interessados:	
	Declaração de licitação nos bens legados	162
	Oposição do legatário	162
	Avaliação dos bens legados...	162
	Avaliação dos bens não-legados logo quando, pelo valor constante da relação, se detecta a inoficiosidade – art. 1367.º –	162
	Avaliação dos bens não-legados, quando se detecta a inoficiosidade depois da avaliação dos legados e, eventualmente, das licitações	162
	O que acontece ao legado inoficioso?	162
	Diferenças, relativamente ao regime das doações................	162/163
32.6.	Outros casos de avaliações	163
32.7.	Como se faz– art. 1369.º –	163
32.8.	Abertura das licitações – art. 1370.º –	164 a 168
	Vantagens e desvantagens das licitações.............................	164
	A abertura das licitações, em princípios é oficiosa..............	164
	Dia em que se processam/Possibilidades de adiamento.......	164/165
	Sobre que bens se licita	165
	Solução do Anteprojecto	165
	Como se processam as licitações – art. 1371.º –	166
	Quem pode licitar:	
	O donatário não licita, em caso algum	166

	Os credores não são admitidos a licitar	166
	Nem o usufrutuário	166
	Não é necessário o consentimento do cônjuge do herdeiro...	166/167
	Só pode licitar o herdeiro, que não o cônjuge	167
	Pode licitar o cessionário, quando devidamente habilitado ...	167
	Bem como o representante do incapaz	167
	O M.°P.°, em princípio, não licita	167
	Natureza jurídica das licitações e suas consequências	167/168
32.9.	Anulação das licitações – art. 1372.° –	168 a 170
32.10.	A transferência do domínio dos bens não se opera com as licitações	170/171
32.11.	Oposição ao resultado das licitações, no Anteprojecto	171
	A solução da reforma	171
33.	Partilha – art. 1373.° –	171 a 243
33.1.	Generalidades sobre a forma à partilha e respectivo despacho determinativo	172 a 193
	Segundo exame do processo e sua finalidade	172/173
	Necessidade de relat6rio, na forma à partilha	173
	A forma à partilha no Anteprojecto	173
	Despacho determinativo da partilha	173/174
	Desse despacho não há recurso autónomo	174
	Cautelas a observar nas formas à partilha:	
33.1.1.	Inventariado único, sendo sucessores apenas o cônjuge e descendentes	174 a 184
	O art. 2139.°, do Código Civil	174/175
	O direito de representação	175
	A importância da data da abertura da sucessão	175
	A sucessão legitimária do cônjuge e descendentes art. 2157.°, do Código Civil	175/176
	Sucessão dos adoptados e dos adoptantes	176
	Filiação legítima e ilegítima	176/177
	O problema, hoje	177
	De 1 de lunho de 1967 a 25 de Abril de 1976	177
	O problema, no domfnio do Código Civil de Seabra	177 a 184
	Concorrência de filhos legítimos com perfilhados antes do casamento	177/178
	Concorrência de filhos legítimos com perfilhados depois do casamento	178/180

	Concorrência de filhos legítimos com perfilhados antes e depois do casamento	180/181
	Sucessão legítima de filhos ilegítimos	181/182
	Sucessão, por direito próprio, de netos legítimos, em concurso com ilegítimos	182/183
	Sucessão por direito de representação, sendo ilegítimos todos os cabeças de estirpe	182
	Todos os cabeças de estirpe são legítimos, mas todos os respectivos representantes são ilegítimos	183
	Concurso de cabeças de estirpe ilegítimos com cabeças de estirpe e seus descendentes legítimos	183
	Concurso de estirpes ilegítimas com estirpes legítimas, representadas por parentes ilegítimos	183
	Concurso de estirpes legítimas, com membros legítimos e com membros ilegítimos, e estirpes legítimas, com membros ilegítimos	183
	Concurso de estirpes ilegítimas com estirpes cujo cabeça era ilegítimo, mas com membros legítimos e ilegítimos	183/184
33.1.2.	Sucessão do cônjuge e ascendentes, ou só destes	184/185
	No plano da sucessão legítima	184
	No plano da sucessão legitimária	184
	Não vigora o direito de representação	184
	A ilegitimidade do parentesco, na linha ascendente, não é causa de pior tratamento	184
	O regime do art. 1995.º, do Código Civil de Seabra	184/185
33.1.3.	Os inventários cumulados	185 a 187
	Breve referência aos regimes de bens matrimoniais	185/186
	O problema das segundas núpcias, na vigência do Código Civil de 1867 – arts. 1235.º e 1236.º, daquele diploma	186/187
	Cuidados a observar, na forma à partilha de inventários cumulados	187
33.1.4.	Sucessão de irmãos, descendentes deles, demais colaterais e do Estado	187/188
	Irmãos germanos, em concurso com irmãos uterinos ou consanguíneos	187
	Sucessão dos sobrinhos, por direito próprio, no domínio do Código Civil de 1867	187/188
	O cônjuge como legatário legítimo	188
	Não concorrência de irmãos e sobrinhos legítimos com irmãos e sobrinhos ilegítimos, até 25 de Abril de 1976	188

	Sucessão dos demais colaterais	188
	Contagem dos graus de parentesco	188
33.1.5.	Sucessão, havendo testamento ou doações	189 a 193
	Espécies de doação – breve referência	189
	Conceito de imputação das liberalidades	189
	Conceito de colação – art. 2104.º, do Código Civil	190
	A colação absoluta:	
	Escola de Coimbra	190/191
	Escola de Lisboa	191
	A colação relativa (escola de Coimbra)	191
	Redução das liberalidades inoficiosas	192
	A cautela sociniana	192/193
	O legado em substituição da legítima	193
33.2.	Exemplos de formas à partilha (casos práticos)	193 a 243
33.2.1.	Cônjuge, descendente único, comunhão de adquiridos	193/194
33.2.2.	Descendentes ilegítimos (Código de Seabra)	194/195
33.2.3.	Descendentes ilegítimos (Código de Seabra)	196/199
33.2.4.	Descendentes ilegítimos (Código actual) e testamento	199/201
33.2.5.	Segundas núpcias (Código de Seabra) e testamento	201/202
33.2.6.	Segundas núpcias (Código de Seabra)	203/204
33.2.7.	Inventários cumulados	204/206
33.2.8.	Inventários cumulados, segundas núpcias e doações	206/208
33.2.9.	Inventários cumulados, segundas núpcias e doações	208/211
33.2.10.	Inventários cumulados, testamento e cessão de quota hereditária	211/213
33.2.11.	Inventários cumulados (vários regimes legais)	213/215
33.2.12.	Sucessão de irmãos e descendentes	216/217
33.2.13.	Irmãos e sobrinhos, testamento	218/219
33.2.14.	Inventários cumulados; sucessão de irmãos	219/222
33.2.15.	Doações (redução por inoficiosidade)	222/223
33.2.16.	Cautela sociniana	223/224
33.2.17.	Doações (redução por inoficiosidade – ordem da redução)	225/226
33.2.18.	Doações; adiantamentos por conta	227/228
33.2.19.	Imputação de doações por conta da quota disponível	228/229
33.2.20.	Imputação de doações por conta da quota disponível e da indisponível	230/233
33.2.21.	Imputação de doações por conta da quota disponível e da indisponível	233/235
33.2.22.	Imputação de doações por conta da quota disponível e da indisponível	235/242

33.3.	Nota final sobre as formas à partilha	243
34.	Organização do mapa da partilha	243 a 251
	O mapa informativo – art. 1376.º –	243/244
	Meios processuais facultados aos credores de tornas – art. 1377.º –	244/246
	Meios processuais facultados aos credores de tornas – art. 1378.º –	246
	Actuação do Ministério Publico (cuidados a observar)........	246/247
	O mapa definitivo – art. 1375.º –	247/248
	A dedução dos legados; dívidas e encargos	248/249
	O preenchimento da quota de cada um dos interessados – art. 1374.º –	249
	Pressupostos do preenchimento do quinhão em dinheiro	249/250
	A necessidade de sorteio	250
	Do mapa, deve constar a forma de pagamento do passivo ...	250/251
35.	Sentença homologatória da partilha – art. 1382.º –	251
36.	Formalidades posteriores	251 a 254
	Participação à Repartição de Finanças	251/254
	Verbetes estatísticos	254
	Cumprimento do art. 40.º do Código de Registo Predial	254
37.	Recursos	251 a 254
	A alçada dos tribunais	251/254
	O valor dos incidentes para efeitos do recurso – art. 313.º – .	255
	Despachos que não admitem recurso – art. 679.º –	256
	Despachos que admitem sempre recurso – art. 678.º –	256
	Quem pode interpor recurso	256
	Regra da sucumbência	256/257
	Perda do direito de recorrer – art. 681.º –	257
	Prazo	257
	Espécies de recurso ordinário	257/258
	Casos em que é admissível o recurso de revista	258
	Fundamentos dos recursos em processo de inventário	258/259
	Especialidades dos agravos interpostos em processo de inventário	260/261
	Recursos nos incidentes, propriamente ditos	261

	Recursos nos procedimentos cautelares	261
	Se chegam, ou não, a subir os recursos interpostos, se não houver recurso de apelação – art. 735.º –	261
37.1.	Recursos extraordinários	262 a 265
	Revisão	262/263
	O antigo recurso de oposição de terceiro	263/264
	O recurso para uniformização da jurisprudência	264
	O julgamento ampliado da revista	265
38.	Natureza e efeitos da partilha	265/267
	Tese da natureza declarativa	265/266
	Tese da natureza constitutiva	266
	Tese da partilha como acto modificativo de direitos	266/267
39.	Execução da sentença de partilhas	267 a 269
	Trata-se de execução especial para entrega de coisa certa ..	267
	Ou de execução para pagamento de quantia certa, se a iniciativa partir de credor	267
	Cautelas fiscais a observar	267/268
	Entrega dos bens aos interessados, antes do trânsito em julgado da sentença homologatória da partilha – cautelas – art. 1384.º –	268
	Consequências da modificação eventual daquela sentença – art. 1385.º –	269
40.	Levantamentos de dinheiro depositado na Caixa Geral de Depósitos – incidente não regulado expressamente	269 a 271
41.	Emenda da partilha – art. 1386.º –	271 a 274
	Relevância do erro de facto	272
	Relevância do erro de direito	272
	Emenda e rectificação	272/273
	Emenda por via de ter havido preterição de herdeiro – art. 1389.º –	273/274
	Como se processa a emenda, nos casos normais	274
	Solução, para o caso de falta de acordo – art. 1387.º –	274
42.	Anulação da partilha – art. 1388.º –	275/276
	O que se entende por dolo, ou má-fé – art. 253.º, do Código Civil –	275

43.	Partilha adicional – art. 1395.º –	276/277
	Tem de haver partilha judicial prévia	276
	Constitui uma nova partilha	277
44.	Breve referência à divisão de coisa comum	277 a 279
	Quando é que corre por apenso ao processo de inventário ...	277/278
	O requerente declara a indivisibilidade dos bens	278
	No caso de os bens serem divisíveis	278/279
45.	Breve referência à autorização, ou confirmação de certos actos	279/280
	Quando é que corre por apenso ao processo de inventário ...	280
	Competência do Ministério Público	279/280
46.	Aceitação ou rejeição de liberalidades a favor do interdito ..	280/281
47.	A tributação no processo de inventário	281 a 303
47.1.	Generalidades	281 a 283
	Prazo para a remessa à conta	281/282
	Quem a elabora	282/283
	Prazo para a contagem	283
	Regras da elaboração da conta	283
	O que se entende por unidade de conta processual	283
47.2.	Valor atendível, para efeitos de custas	283/284
47.3.	Inventários que não chegam ao seu termo normal	284/285
47.4.	Preparos, em inventários	285/286
47.5.	Taxa de justiça	286
47.6.	Encargos	287/288
	Os derivados da obrigação do registo predial por parte do Ministério Público	287
47.7.	Custas de parte	287/288
47.8.	Custas, nos incidentes	288/289
	O conceito de incidente, para efeitos de custas	288
	Incidentes tributáveis e não tributáveis	289
47.9.	Valor a atender, na tributação do incidente	289/291
47.10.	Taxa de justiça aplicável	291/292
47.11.	Quem paga as custas dos incidentes	292
47.12.	A partilha adicional e as custas	293
47.13.	Actos posteriores à conta	293 a 295
	O registo da conta (sua utilidade)	293/294

	O respectivo exame	294
	A reclamação da conta	295
	A reclamação da conta, para consideração, nela, dos emolumentos devidos pelos actos de registo predial...........	295
47.14.	A quem são enviados os avisos, para o pagamento	295 a 299
	Quem paga as custas – art. 1383.º –	295/296
	Como podem ser pagas..	296/297
	Prazos para o pagamento	296/297
	O pagamento das custas em prestações	297
	Execução patrimonial das custas	297/298
47.15.	O imposto municipal sobre as transmissões onerosas de imóveis e o processo de inventário	299 a 303
	Em que caso é devido, em processo de inventário	299
	Qual o valor a atender, para efeitos de liquidação do imposto...	299 a 301
	Taxas a considerar	303
	Artigo 17.º...	303
48.	Índice da legislação citada	305 a 324
	Índice geral	305 a 342